# 平 衡

## THE DICHOTOMY OF LEADERSHIP

## 打造超级团队的二元领导力法则

［美］约克·威林克（Jocko Willink）◎著
立夫·巴宾（Leif Babin）

王雪◎译

北京时代华文书局

**图书在版编目（CIP）数据**

平衡：打造超级团队的二元领导力法则 /（美）约克·威林克,（美）立夫·巴宾著；王雪译. -- 北京：北京时代华文书局, 2020.5
ISBN 978-7-5699-3593-6

Ⅰ.①平… Ⅱ.①约…②立…③王… Ⅲ.①企业领导学 Ⅳ.① F272.91

中国版本图书馆 CIP 数据核字 (2020) 第 009119 号

著作权合同登记号 图字：01-2020-0258

Copyright © 2018 Jocko Command LLC and Leif Babin LLC

## 平衡：打造超级团队的二元领导力法则

| 著　　者 | [美]约克·威林克，[美]立夫·巴宾 |
|---|---|
| 译　　者 | 王　雪 |
| 出 版 人 | 陈　涛 |
| 图书监制 | 俞根勇 |
| 产品经理 | 方　方　关　欣 |
| 责任编辑 | 徐敏峰　韩明慧 |
| 装帧设计 | 水玉银文化 |
| 责任印制 | 郝　旺 |
| 出版发行 | 北京时代华文书局 http://www.bjsdsj.com.cn |
|  | 北京市东城区安定门外大街 136 号皇城国际大厦 A 座 8 楼 |
|  | 邮编：100011　电话：010-83670692　64267677 |
| 印　　刷 | 唐山富达印务有限公司 |
|  | （如发现印装质量问题，请与印刷厂联系调换） |
| 开　　本 | 690mm×980mm　1/16 |
| 印　　张 | 18 |
| 字　　数 | 170 千字 |
| 版　　次 | 2020 年 5 月第 1 版 |
| 印　　次 | 2020 年 5 月第 1 次印刷 |
| 书　　号 | ISBN 978-7-5699-3593-6 |
| 定　　价 | 56.00 元 |

**版权所有，侵权必究**

海豹突击队"猛汉"行动组、排爆拆弹专家和伊拉克士兵在拉马迪东部马拉博区进行清扫行动,并肩作战的还有美国红色科拉西特遣队队员,也就是著名的101空降师506伞降步兵团1营(506团1营)的"兄弟连"成员。照片中前排右侧是506团1营的连长"六号枪手",他是一位出色的战士和职业军人。

(照片由托德·皮特曼提供)

献给海豹突击队三队"猛汉"行动组的铁血蛙人[1]们,尤其是:战死疆场的马克·李、迈克·孟苏尔、瑞安·乔布;我们的朋友,传奇人物克里斯·凯尔;以及我们的兄弟,德尔塔排排长塞斯·斯通。让我们对他们致以永远的敬意。

---

1. 蛙人,本意是指携带装备、身穿脚蹼和橡胶衣在水下长期作业的人。蛙人部队是美国水下爆破队的别称,该队是海豹突击队的前身。因此海豹突击队员也自称蛙人。——译者注

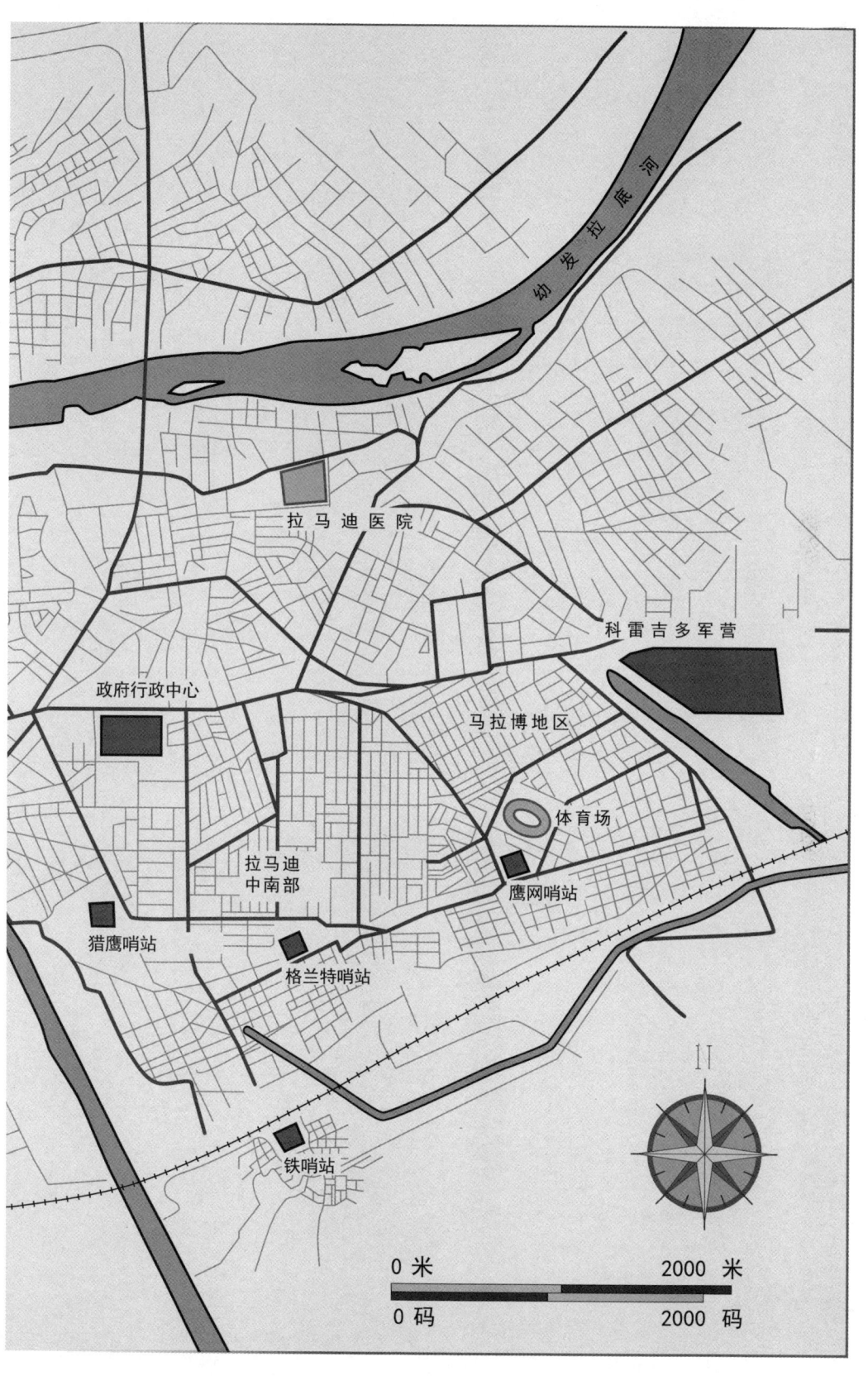

# 序言

战争是噩梦。战争是可怕的、冷漠的、致命的、邪恶的。

战争是地狱。

但是战争也是一个极好的老师——一个残忍的导师。我们从战争中吸取教训,用鲜血写就的关于悲伤、失败和痛苦的教训。战争也让我们认识到人类生命的脆弱不堪和人类精神的伟大力量。

当然,我们学到了战略、战术。我们学会如何最有效地迎击敌人。我们学会怎样分析目标,收集和利用信息,寻找敌人弱点并且加以利用。我们学以致用,让敌人为他们的罪行付出了代价。

但是当我们真正理解了领导力的影响的时候,我们发现在战争中学到的所有东西中,只有这一点是普遍适用的。我们见过优秀的领导者在不可能的情况下创造胜利。我们也见过糟糕的领导者给看似永远胜利的队伍带来失败。

经验告诉我们,领导的原则"简单,但不容易"。有些战略、技术、技巧需要花时间学习和实践才能得到有效的运用。对于合格的领导者来说,首要的要求就是谦虚，这样他们就能全面了解和认识自己的短板。我们在战场上学到很多知识，并且尝试把这些知识传播出去，但是我们仍需保持谦逊，因为我们还会犯错，仍有很多东西要学。

本书是我们第一本书《极限控制：美国海豹突击队的实战启示》[1]的延伸。应众多读者要求，我们写了这本续作。对于在《平衡》中提出的概念，我们都提供了清晰的描述和相关背景，所以本书可以独立于上本书进行阅读。如果对于接下来几页中提到的概述需要更详细的解释，读者可能需要对《极限控制》的内容和背景进行更深一层的了解。虽然对上本书的理解会利于对本书的解读，但这并不是必需的。

在这两本书中我们都引用了我们作为海豹突击队[2]军官在军队服役时的经历。我们的主要经验来自于2006年的拉马迪战役，当时我们是海豹三队"猛汉"行动组的负责人。在那场战役中，"猛汉"行动组的队员们表现出惊人的勇气和不屈不挠的精神，但是"猛汉"行动组组员也遭受了严重伤亡，那些牺牲将会被永远铭记。

从美国海军退役之后，我们创建了先头梯队（Echelon Front）公司，和不同岗位的领导者们分享我们的实战启示。2015年，我们出版了《极限控制》。通过这本书，全世界的一百多万读者掌握了"极限控制"的思维模式和战斗四法则：掩护并行动，简单明了，划分主次并付诸实践，分散指挥。在他们的专业领域和个人生活中进行实践并取得了意想不到的成果。

但是，把这些原则运用到极致是很不容易的。如果对一些微小的差别

---

1. 《极限控制：美国海豹突击队的实战启示》是本系列的第一部作品。"极限控制"的概念指的是领导者要在领导团队的过程中全面承担责任，当出现问题时不归咎于他人，主动承认错误并寻求解决方法，领导团队取得成功。——译者注
2. 海豹突击队(SEAL)是美军三栖特种部队的别名，海豹(SEAL)是Sea(海)、Air(空)、Land(陆)的缩写。——译者注

有所忽略和误解，就会造成难以克服的困难。我们写这本书是为了提供细致的解读，这些解读通常就是决定成功与失败的关键。在任何情况下，不管是在战场、商场还是在生活中，本书都会让你能够更好地在你的领域里理解、分析、运用这些领导原则。

《平衡》的结构与《极限控制》是一样的：全书分三部分，每部分有四章，一章有三节。每章的第一节讲述了海豹突击队在战斗或者训练中的经历；第二节是对相关原则的讨论；第三节则提供了关于如何将这些概念在商场中进行实践的指导。

《平衡》不是关于伊拉克战争的备忘录或者历史书。正如我们在《极限控制》中所说："这本书是关于领导方法的。它是写给团队领导者的，无论团队大小；写给愿意提升自己的人，无论是男是女。"虽然书中描述了一些刺激的海豹突击队作战行动，但这本书集合了我们在过去的经历中学到的东西，是用来帮助领导者成功的。如果这本书可以有效地指导希望建立、培养、领导高效成功团队的领导者们，那么这本书的意义也就实现了。

我们提到的战斗和训练经历都是真实的故事。但是这些经历并不能用来作为历史参考。书中的对话是用来传达对话中的信息和含义的。这些对话并不精妙，并且由于时间的流逝和记忆的缺失，这些对话也不是准确再现。我们还隐去了一些特定的战术、技巧和流程，以保证不泄漏任何关于某次行动的时间、地点、参与人员的保密信息。按照美国国防部的要求，我们把这本书的手稿交给五角大楼并通过了安全审查。我们没有使用海豹突击队队员的真实姓名，除非他们已经牺牲或者已经在公开场合露过脸。那些还在海豹突击队服役的兄弟们是不能暴露的职业军人，在尽责任保护他们这件事上我们是极其严肃认真的。

为了保护在拉马迪战役和其他战役中与我们并肩作战的杰出陆军和海

### 平衡：打造超级团队的二元领导力法则

军陆战队[1]将士，我们采取了同样的谨慎措施。为了保护他们的隐私和人身安全，除非有人已经为大众所知，否则我们不会在书中提及他们的名字。

同样，对于我们领导力咨询公司先头梯队的客户，我们也是不遗余力地保护他们的隐私。我们不使用真实的公司名，替换客户的姓名和职位，在某些案例中删改了行业相关信息。同在《极限控制》中使用的方法一样，虽然书中商业案例是基于真实经历，但是我们有时会把不同的场景合并，缩短时间线，更改细节，从而保守机密并且更清晰地突出案例中我们想要阐述的观点。

我们很高兴看到《极限控制》在全世界的覆盖和影响，尤其是看到领导者们使用书中的指导原则后取得的成功时。但是有些读者误解了书名和书中强大的基本原则："极限控制"的思维模式和思考方法。在大多数非极端情况下，领导团队需要平衡。领导者必须找出对立力量之间的平衡点。锐意进取但谨慎小心，规定严格但不死板僵化，做一个领导者同时又是一个跟随者——这适用于领导力的几乎所有维度。在矛盾对立中找到恰当的平衡是领导方法中最难的部分。

我们写了这本《平衡》来帮助领导者们理解这个困难并且能够使他们最有效地领导，并找到成功的平衡点。无论在什么环境里，想要达到理想的成绩就必须取得平衡。如果一个领导者过分使用权威，团队就会变得不愿尽职工作；如果权威不够，团队又会丧失方向。如果领导者太激进，他们会把团队和任务都置于危险中；但是如果他们犹豫不决，结果同样会是灾难性的。如果领导者过度训练下属，他们会筋疲力尽；但是如果没有经历困难和实际操作，团队会对将要面临的真实情况全无准备。矛盾对立情

---

1. 此处原文为 Soldiers and Marines，按美国国防部要求，字母 S 在 U.S.Soldier（美军陆军）中，字母 M 在 U.S.Marine（美国海军陆战队）中都要大写。——作者注

况一直存在，每种都需要领导者找到平衡。

《极限控制》出版后，我们同来自几百家公司和组织的几千位领导者进行了合作，我们收到的大多数问题都是关于这个概念、困扰：在矛盾对立的领导方法之间找到平衡。

我们写这本书就是为了着重解决这些问题的。正如我们在《极限控制》的前言中提到的，我们并没有全部问题的答案，任何一个人都没有。但是我们作为战场上的领导者，从失败和成功中吸取了可以令我们提高认知、非常有价值的经验教训。错误和失败带来的经验教训通常会帮助我们学习和成长。我们直到今天都还在学习和成长。

鉴于《平衡：打造超级团队的二元领导力法则》是对《极限控制》中理论的延伸，我们前作中写在前言的话同样适用：

"我们写这本书是为后人总结领导力的理论原则，这样当大家将其遗忘，当新的战争开始又结束的时候，这些非常重要的经验教训就不会用鲜血再书写一遍。我们写这本书是为了让这些关于领导力的经验教训影响战场之外的一切其他环境中的团队，他们可以是在任何公司、团队或者组织中努力实现目标和任务的一群人。我们写这本书，是为了让各行业的领导者们能够利用这些理论原则去领导团队并取得成功。"

美国陆军M2布莱德利战车和M1A2艾布拉姆斯坦克在拉马迪中南部一次作战行动中给地面上的美国和伊拉克步兵部队以及查理排的海豹突击队队员提供了关键火力支持。它们来自由上尉"主力枪"迈克·巴耶玛带领的"斗犬"队(即布拉沃连),该连隶属第1装甲师1旅37装甲团1营"暴徒"特遣队。"斗犬"队和"暴徒"特遣队是优秀、果敢、专业的陆军部队,他们在战场上的勇敢表现多次把"猛汉"行动组从作战行动中拯救出来。

(照片由迈克·巴耶玛提供)

# 引言一

## 寻找平衡

立夫·巴宾

**伊拉克，拉马迪中南部，J 号街区：2006 年**

"准备爽一把。"有人在组内无线电频道上说，他的声音听起来沉着冷静，跟空姐告诉乘客收起小桌板，准备降落时的口气一样。我们面前的街道空无一人。像变戏法一样，居民突然一下子全不见了。我们知道这意味着什么：敌袭要来了。我脖子上的汗毛都在严阵以待。

在拉马迪经历了多次激烈枪战后，"准备爽一把"成了开打前用来缓解紧张气氛的经典玩笑话。在极糟糕的情况下说得越没心没肺，玩笑话也就越好笑。

当时是大白天，我们海豹突击队和伊拉克士兵组成的巡逻队沿着两边伫立着高墙的狭窄街道步行巡逻。

突然，街上爆炸了。几十颗子弹划破空气，每一颗都带着出膛时的尖啸在我身旁的混凝土墙上爆开，一片轰鸣。混凝土碎片飞得到处都是。密集的枪炮声就好像很多把电钻同时响起，把街道和墙壁都湮没了。

我们已经走进了敌人的包围圈。叛军从各个方向用弹链式供弹机枪攻击我们。我看不到敌人，也看不到他们从哪里开枪，但我知道空中乱飞的敌方子弹数量惊人。

无处可藏。拉马迪中南部街道狭窄，两边都是高墙，不能提供任何掩护。我们和敌方机关枪之间的唯一阻隔是一辆停在前方街边的车和随处可见的垃圾。巡逻是按照双纵队模式进行的——马路两边各有一队，此刻大家都蹲在墙边。没有任何可以让我们藏身其后躲避子弹的东西。但是我们身旁有东西：强悍的火力。我们每次巡逻走进这个敌人控制的街区时都料到会发生枪战，所以我们带了很多装备。每个班的八名海豹突击队队员都配备有四把弹链式供弹机枪，用来压制任何敌袭。交火时，我们的第一反应是回以激烈又密集的火力，此时办法只有一个：掩护并行动。几个月来多次令人震撼的巷战经历让"猛汉"行动组把这条基本枪战原则实践了多次。

在几毫秒内，前面背着重机枪的海豹突击队员展开了你能想象到的最狠最致命的火力攻击。尽管短兵相接的巷战很激烈，我还是忍不住笑了。

该死的，我爱这些家伙们——这些"铁血蛙人"在伊拉克的酷暑中顶着烈日，除了防弹衣、头盔、无线电台、水和一切他们要携带的东西之外，还要扛着沉重的Mk48[1]、Mk46机枪（读作"马克48"和"马克46"）和负担几百颗弹药的重量。

那些海豹机枪手让我们活了下来。我们的狙击手击毙了很多敌人并且

---

[1] Mk48：就是马克48，是一种使用7.62毫米北约标准步枪弹的中型机关枪，是为美国海豹突击队专门设计的。它是马克46机枪的升级版。马克46是略轻的中型机关枪，适用口径小些的5.56毫米北约标准步枪弹。——作者注

当之无愧地受到了很多褒奖，但是每当我们遇袭时，是海豹机关枪手压制了敌人的火力。他们或站或跪，扛着机枪对敌人开火，弹无虚发。机枪的火力消灭了向我们开枪的叛军，或者迫使他们寻找掩护（意味着他们就不能精准地锁定我们），这让我们得以进行移动、包抄，或者只是撤出街区，避开危险。

尽管有数十颗子弹向这条路袭来，打中了我们周围的墙壁，但是没有人受伤。这就是"掩护并行动"的妙之所在。

作为查理排的排长和一名老兵，我很想下道口头命令让大家撤退，在附近找一栋建筑作为据点，这样我们可以用混凝土墙做掩护，设置警戒并且在屋顶上占据制高点。然后，我们就可以找到袭击者，派一个班去包抄他们，或者叫坦克来把他们轰上天。我从小就梦想成为一名战斗指挥官。早在中学的时候，听说了传奇的美国海军特种部队的事迹后，我就想当一名海豹突击队队员。在拉马迪这样的地方指挥激烈的战斗让我的梦想得以完美实现。我身上的每一块骨头都想站出来指挥战斗，让大家在密集的炮火中都能听到我发号施令。

但是指挥不是我。

这次作战行动的负责人是查理排资历最浅的排副指挥官（也叫作副排长，缩写为 AOIC），他是排里经验最少的军官。这是他负责的行动，要由他做决定。

必要的时候，如果他或者其他人有需要，我当然会站出来做决策。但是他是一个出色的指挥官，而且和他搭档的是我们排非常优秀而且经验丰富的士官长托尼·伊伏拉提，我对我的副排长有绝对的信心，而他也一次次地证明了自己。

很快，副排长指出了一栋大点的建筑作为据点。在前方的海豹突击队员压制对方火力的同时，其他队员向入口的大门——街边小道——移动，然后进入院里。

我从原来的位置移动到巡逻队中部，然后发现在几个路口之外的地方至少有一个敌方射击点，M203 榴弹发射器就架在我的 M4 步枪下，于是我用它抛出了几个 40 毫米榴弹。我发射的烈性爆炸物"金蛋"飞过巡逻队头顶落在敌方阵地，炸得火光四射。虽然只是小小一击，却能有效地让敌人们抬不起头来，是对机关枪火力的补充。

之后我跑向院子的入口，马克·李带着他的 Mk48 机枪就站在我前面，打出了一发又一发要人命的子弹。马克这个臭小子，他掩护了我们。敌军的子弹仍然沿着街飞来打在我们周围，但是由于马克的猛攻，敌方瞄不准了。

我转身朝向巡逻队的队尾。街上最后一名海豹突击队员正奋力向我这边跑过来。

"我们走！"我一边冲他喊，一边挥手指向大门让他过去。

突然，就在仅仅距离我和作为屏障的混凝土墙还有一米的地方，这个海豹突击队员猛地向前摔去，面朝下重重地扑倒在了地上。我吓得赶紧向他跑去。

"有人倒下了。"我想，"子弹肯定打中了他的胸或者头。"

我冲了过去，以为会看到他浑身浴血。结果我惊奇地看到他躺在那仰头冲我笑。

"你还好吗？"我在枪声中大吼。子弹仍在我们身边呼啸，在几米外激起尘土，在附近墙上弹开。

"我没事。"他答道，"绊了一下。"

我松了口气，冲他笑了，很庆幸他没受重伤也没死。

"兄弟！"我在嘈乱的枪声中大喊，"我以为你脑袋让人给轰了！"我们都嘿嘿笑了。

引言一

我迅速地把他拉起来。然后我们冲进了大门。这个海豹突击队员进了院子之后，我跑过去拍了下马克的背。

"最后一个！"我喊道，让他知道我们所有人都没落下。马克朝天举着还在冒烟的枪后撤，我替他掩护，之后我们一起跑进了大门。终于，所有人都从街上撤了出来，跑出了敌人的烽火线，进入了有墙遮挡的院子。多亏马克和我们其他的机关枪手，以及海豹射击手和他们M4步枪的加持，尽管敌人穷凶极恶、火力猛烈，但是我们没有一个中弹。

我走上屋顶，突击队的射击手已经准备好进行射击。当敌方射击手还在房子间移动继续进行攻击的时候，我们锁定了他们。副排长和查理排的无线电技师正在屋顶上分析形势。

"你打算怎么办？"我问他。

"叫坦克火力支援。"他冷静地说，副排长在遇到攻击时很沉着，这是每个领导者都应该努力达到的优秀品质。

"收到！"我说。这是非常正确的决定。我们取得了制高点。混凝土墙在我们前面提供了很好的保护。海豹无线电技师联系了陆军的一支小队"斗犬"队（即隶属第1装甲师1旅37装甲团1营的布拉沃连），叫来了M1A2艾布拉姆斯坦克，它们正携带大量弹药开过来。我们爱这些由上尉"主力枪"迈克·巴耶玛带领的陆军战士们。IED[1]已经在拉马迪中南部毁了好几辆坦克，即使冒着这样的死亡威胁，每次我们请求支援，"主力枪"迈克总是亲自准备好坦克，带着另一辆"斗犬"队坦克无畏地前来提供帮助。我们之所以能够冒着巨大风险深入危险的敌占区，就是因为当我们有难时，"斗犬"队会来救我们。迈克和他的陆军士兵都是杰出、大胆的战士。

---

1. IED：简易爆炸装置 improvised explosive device 的缩写，这是一种致命的路边炸弹，是叛军最主要最有效的武器。——作者注

无论情况多么危险或困难，他们都会竭尽所能来支援我们。当他们驾着坦克到来时，他们"带了雷霆万钧"。

坦克兵登上坦克再把坦克开到我们的位置还需要几分钟。我们继续承受着来自敌军四面八方的火力攻击。一个海豹突击队员为了确定那些坏蛋的位置，把头从屋顶墙边慢慢探了出去。当他这么干的时候，他的头猛地弹回来然后人摔倒在地。他坐了起来，毫发无伤，纳闷刚才到底发生了什么。当他把头盔拿下来检查的时候，发现头盔上有个大口子，那是敌人的子弹从他装在头盔前面的夜视镜上弹飞后留下的。再向下一两英寸，子弹就会轰掉他的头。

"怎么了？"他旁边一个海豹突击队员问。

"我中弹了。"他指着自己的头盔笑着说。

这可是与死亡擦肩而过，很庆幸我们还能把这事当笑话讲。

当我们在屋顶等待的时候，我把自己的无线电打开，监听"斗犬"队所连的通讯网。我听到"主力枪"迈克问我们能不能标记敌军射击手所在的建筑。

"你有红色烟榴弹吗？"无线电技师问道。我没有。

"我们有曳光弹。"我提议道。这个无线电技师有一整匣曳光弹，当这些子弹划过天空时会一路发出显眼的橙色光芒。马克·李也有，他的弹链上每15颗子弹就会有一颗曳光弹。我们把这个计划告诉了"主力枪"迈克和他的坦克兵们。当沉重的艾布拉姆斯坦克向我们开来时，街上传来了坦克履带走在水泥路上发出的喀啦喀啦声，我听到无线电里有人说要标记目标，于是我下达了口头命令。

"标记目标！"我喊道。马克和无线电技师用曳光弹照亮了敌人的位置。

当迈克的艾布拉姆斯坦克转动巨型炮塔，把那120毫米加农炮口对准敌人所在的建筑时，我想的是"准备爽一把"。坦克向那座建筑发起了猛攻，以其雷霆之怒结束了敌人的攻击。没被消灭的叛军仓皇地撤了。多亏了迈克和他的"斗犬"队员，那天我们没有再受到敌人的攻击。坦克再一次解救了我们。海豹突击队和陆军的联合作战让叛军无法招架。我的副排长又一次证明了他是一个可靠的领导者，他很有能力，即使在近距离作战的压力下也能保持头脑冷静。

但是，正如我的副排长必须随时做好指挥队伍的准备，在这种情况下，我也要做好服从指挥的准备。所有领导者的目标都应该是垂拱而治。你永远不可能独自做到完美，但是通过让资历浅的军官指挥和让前线作战人员战斗，我们海豹排和行动组的效率要高很多。这在队伍的各个层级创造了一种领导者文化。在领导者和跟随者之间找准定位就是平衡极限的一种体现。每个领导者都必须在矛盾之间找平衡点，要做好带领团队的准备，但是也要知道何时听从别人的指示。领导者要"极限控制"，对影响任务的一切事务负责，但是同时也要放权给别人，进行分散指挥。识别众多矛盾和平衡对立力量的能力是能让各个层级的领导者们带领团队取得成功的利器。

引言二

## 二元：平衡"极限控制"遇到的挑战

约克·威林克，立夫·巴宾

我们的第一本书《极限控制》引起了很多读者的共鸣。领导者必须负起责任来，极限控制一切，对影响任务完成的一切负责。这个想法改变了很多人对领导力的看法。如果错误发生了，好的领导者不会归咎他人。他们会把错误揽在自己身上，找到错误源头，做出纠正错误的方案，并且防止将来再次发生错误。

即使最好的团队和最好的领导者都不会做到事事完美，没有人可以滴水不漏。让最好的领导者和最好的团队变得优秀的是：当他们犯错时，他们承认错误、承担责任、纠正错误，然后他们会表现得更好。每经过一次循环，团队和领导者都会提升他们的效率。长此以往，这样的团队就会在竞争中笑傲全场，尤其当他们遇到这样的竞争团队——团队文化是寻找借口和指责他人，问题永远都得不到解决，绩效也永远不会得到提升。

我们的战斗四法则已经帮助国内外大大小小的团队和公司从根本上提

高了绩效。这些团队和公司来自几乎所有行业,不光是商界,还有军队、警察和消防部门、慈善组织、学校行政部门,以及体育团队。

**战斗法则第一条:掩护并行动。**这是团队合作——每个人以及团队中的小团队,互相帮助完成任务。团队中的部门、小组,甚至是团队之外但是对团队成功有重要影响的人,都必须打破筒仓[1],协同合作以取得成功。个体在团队中的成功与否不重要:如果团队失败了,所有人都失败了;但是如果团队成功了,所有人都成功了。每个人都应该分享胜利果实。

**战斗法则第二条:简洁明了。**复杂的事物会带来混乱和灾难,尤其是出问题的时候。然而问题总是会有的。如果计划和指令太复杂,负责执行的人就不能理解它们。如果团队成员不能理解计划和指令,他们就不能付诸行动。所以,计划必须简化,让团队内所有人都能理解"领导的整体意图"——任务的终极目标——以及让他们都能找到自己在完成任务过程中所扮演的角色。传达指令的时候必须做到"简单、清晰、简洁"。检测计划和指令是否得到有效的传达,就是看团队成员是不是理解了计划和指令的意思。如果他们理解了,就能付诸行动。

**战斗法则第三条:划分主次并付诸行动。**当多个问题同时出现的时候(这种情况经常发生),同时着手解决太多问题会导致失败。很重要的一点是领导者要把自己独立出来——从具体事务中跳出来——分析情况后根据战略目标确定最高优先级。一旦确定最高优先级的任务后,领导者必须清楚地把优先任务告诉团队成员并且确保他们付诸行动。然后领导者和团队成员就可以接着解决下一个优先级的任务,接着再处理下一个。培训和合

---

[1]. 打破筒仓,说法来自"筒仓效应"。"筒仓效应"指组织内部各部门自行其政,缺乏部门间协作。打破筒仓就是要破除这种各自为政的情况。——译者注

理的应急方案可以很有效地让团队成员和领导者在面对压力时能更好地做到及时"划分主次并付诸行动"。

**战斗法则第四条：分散指挥**。没有任何领导者可以管理一切或者做所有决策。相反，管理必须分散，让每个级别的领导者都有权做决策，哪怕是不管理任何人、只负责一小块任务的前线工作人员。在分散指挥的模式中，每个人都是领导者。进行分散指挥的时候，团队成员不仅必须理解要做什么，还必须知道为什么要这么做。这需要在指挥链中各个层级内进行清晰、频繁的交流——最重要的是：信任。下级领导者必须对自己有信心，相信自己可以清楚地理解战略任务和领导的意图，以及他们可以自由决策的范围。高级领导者必须相信下级领导者可以做出正确的决策，并且给予鼓励。这需要培训和频繁的交流才能达到最好的效果。

《极限控制》有个大问题，那就是它的书名。书名虽然点出了领导力最重要的基石，但是也造成了些许的误解。"极限控制"是优秀领导力的根本。但是领导者很少会需要真正到达"极限"的想法和态度。实际上，反过来说更对：领导力需要平衡。在《极限控制》的第12章中，我们强调"纪律等于自由——这就是平衡的领导力"。但是我们在评估大量公司、团队、组织中的领导者时发现，很多人在实践我们书中讲到的原则时很难找到平衡。在过去几年中，通过我们的领导力咨询公司先头梯队，我们给几百家公司和几千个领导者提供了培训和咨询服务，我们观察到他们面临的最大难题是难以找到平衡。

在《极限控制》的最后一章中我们写道：

"每个领导者必须会处理……领导者需要在很多看起来对立的因素中找到平衡，在两个极端中找到平衡。仅仅是对这一点的认识就可以成为领导者最有力的工具之一了。把这点谨记于心，领导者就能很轻松地平衡对立因素，进行最有效的领导。"

领导者的每一个行为或者特点都有可能走极端。他们有可能因为钻了牛角尖而打破领导团队时所需的平衡。一旦失去了平衡,领导力就会受到影响,而团队的绩效则会迅速下降。

即使是"极限控制"中的战斗法则也有可能失衡。一个领导者可能"掩护并行动"太多,影响到了其他领导者、部门、区域的管理。一个计划可能太"简单明了"而缺失了应急方案。一个团队可能过分集中在"划分主次并付诸行动"上,导致目标僵化,失掉了对新问题和威胁的识别能力。"分散指挥"也有可能做得太过——下级领导者拥有过多自主权,而这些领导者并不能完全理解战略目标,也不知道如何能安排工作来达到这些目标。

这个概念适用于领导者工作的方方面面。领导者必须与团队成员亲近,但不能太近以免造成麻烦。他们必须要求团队纪律,但是不能太专制。领导者甚至可能在"极限控制"的时候太全面,他们把所有的责任都揽到身上,而让团队成员感觉不需要对任何事情负责。当这种情况发生时,团队成员只会按照老板具体指令工作,而不会有任何自主精神,不会真正投入到工作中,结果就是团队几乎没能力克服困难,无法完成任务。

所以,领导力的平衡是取得成功的关键。领导者必须对进程时刻关注并且根据具体情况进行调整。举例来说,如果一个团队成员没有把事情做好,领导者就必须进行微观管理,直到他能够胜任工作。但是一旦这个成员回到正轨,恢复良好表现的时候,领导者就要放手,给他独立承担更多责任和管理事物的空间。

持续保持这种机动性,根据情况不断地调整领导方法,从而平衡领导管理过程中各方面出现的矛盾对立是不容易的。但是想要有成效地领导团队,这个技能不可或缺。

我们一直看到一些优秀的、努力进步的领导者们为这些困难挣扎。这驱使我们去更深一步地解析"极限控制"领导力。这本书的目的是通过实例来帮助领导者克服这些困难，帮助他们在团队、同事、指挥链各个层级内找到领导方法的平衡——缓和调整极端的做法，将重点集中在寻找平衡上。每个好的领导者都必须有能力发现、了解和调整平衡。虽然这不容易，但是通过知识的积累、不断地练习和持续地努力，任何人都能在"极限控制"领导力中找到平衡。那些找到平衡的人就能在战场上称霸并带领队伍取得胜利。

# 目 录
## CONTENTS

**第一部分：平衡团队**

第一章：查理医疗基地生死选择：终极的二元领导力　　003
第二章：费卢杰行动：全面掌控，赋予职责　　023
第三章："马德乌斯"机枪指令：不做霸道的领导者　　045
第四章：东拉马迪战斗：让无法进步的人离开　　065

**第二部分：平衡任务**

第五章：军官"大沃尔特"的牺牲：科学训练至关重要　　089
第六章：越拉南的查理排：做积极又谨慎的领导者　　113
第七章：巴格达陆地战：灵活的纪律等于自由　　137
第八章："悍马"车队摆脱伏击：有效利用问责制　　159

**第三部分：平衡自己**

第九章："石头，剪刀，军衔"：好的领导者是好的跟随者　　177
第十章：巴格达的烟火圈：避免过度计划　　195
第十一章：密歇根路一课：避免过度谦虚　　213
第十二章：西拉马迪战斗：做合理统筹的领导者　　235

后　记　　253

# 第一部分

## 平衡团队

马克·李的战斗装备——头盔、靴子,以及精心喷过漆的马克48机关枪——陈列在鲨鱼基地战术行动中心的屋顶上以纪念他的杰出贡献。鲨鱼基地是"猛汉"行动组的营地,之后为了纪念他被重新命名为马克·李军营。虽然按理说在伊拉克挂美国国旗是违反规定的,但是"猛汉"行动组还是用"往日荣耀[1]"来标记总部。马克和他的兄弟们并肩为国旗而战,他是海豹突击队在伊拉克战争中第一个牺牲的队员。"猛汉"行动组还失去了迈克·孟苏尔,以及瑞安·乔布——他最终死于治疗战伤手术的并发症。

---

1. "往日荣耀"是美国国旗的别称。——译者注

# 第一章

## 查理医疗基地生死选择：终极的二元领导力

约克·威林克

**伊拉克，拉马迪军营，查理医疗基地：2006 年**

"长官。"年轻的海豹突击队员虚弱地说，"过来一下。"我们的手握在了一起。这不像是两个商人似的正式握手，而是手掌交握，拇指相绕，好像摔跤比赛的手势，这是兄弟间的握手。从他的眼中，我能看出吗啡正在这个年轻的海豹突击队员身上起效，但是他还清醒，还有意识。他具备所有年轻人应有的特质：聪明、勇敢、强健、风趣、忠诚、坚韧。半个小时前，子弹打中了他的腿。后来我得知是一个年轻的海豹突击队机关枪手迈克·孟苏尔，冒着敌人的猛烈炮火，把他从拉马迪城马拉博区战火纷飞的残破街区中拖了出来。这个地区是伊拉克战乱的中心地带。

查理医疗基地是拉马迪营野战医院。在这里，美国的军方医疗队几乎是每天都在拼命挽救重伤的士兵。现在，受伤的海豹突击队员正躺在查理基地的医疗轮床上。一颗巨型 7.62×54 毫米的钢芯穿甲弹打进了他大腿靠下的部位，打烂了血肉和里面的骨头之后从大腿靠近腹股沟的地方穿了出来。很难说他能不能保住这条腿。从伤口看，我觉得不可能，他会失去这条腿。

受伤的海豹突击队员紧紧握住我的手，把我拉近到离他脸只有几英寸的距离。我知道他有话对我说，所以我转过头去，把耳朵凑到他嘴边。我不确定他想说什么。他会因为要失去一条腿而害怕、愤怒或者沮丧吗？他对接下来要发生的事感到紧张，不知所措吗？

他吸了口气然后对我低声说："长官，让我留下来，让我留下来。求你了，不要让我回家。让我干什么都行。我可以打扫兵营。我可以在这里康复。求你，求求你让我留在行动组里。"

你看吧，他不是害怕，不是愤怒，也没有因为可能会失去一条腿而沮丧。他只是担心他会被迫离开行动组。

"猛汉"行动组，我们的行动组，我们的生命。这个海豹突击队员是我们的第一个重伤员。在之前的行动中，我们有人中了手榴弹片，有人差点没命。但是这是第一次，一个"猛汉"行动组成员的生活会因为战场上受重伤而永远地改变。即使他能保住腿，这样严重的损伤已经让他不可能完全恢复到之前那么出色的强健体魄了。即便如此，这个海豹突击队员担心的只是他会不会让我失望，会不会让行动组、他所在的排和队伍失望。

这是一条汉子，是一个真朋友，是一个好兄弟。他是一个英雄，是一个年轻、勇敢、为了朋友可以毫不犹豫献出自己生命的英雄。

我很感动，泪水在眼窝里打转。但是我使劲把眼泪憋了回去，忍住哽咽。这不是该痛哭的时候。我是他的领导，他需要我坚强。

"没关系的，兄弟。我们得先把你的伤治好。"我小声地说，"只要你伤好了，我们就把你调回来。但是你首先得治好伤。"

## 第一部分　平衡团队

"我不会有问题的。"受伤的突击队员说,"只要让我留下来就好……让我留下来。"

"兄弟。"我认真地说,"你只要能站起来,我就会把你带回来。现在你必须要走,去把伤治好。"

"我可以在这里治疗和康复。我可以在 TOC 工作。"他争辩道。TOC 是战术行动中心,在那里我们通过无线电和电视屏幕监控作战行动。电视屏幕显示的是无人或者有人驾驶飞行器传回的视频。

"听着。"我告诉他,"那样不行。这伤不是开玩笑。你需要真正的复健,但是我们这儿没有你需要的复健设施。回去吧。治好伤,站起来。我会让你回来的,我保证。"

我是认真的。不管他能不能保住腿,一旦他病情稳定,我会尽我所能把他调回来。

"好吧,长官。"他答道,他觉得这不会花很长时间,"我很快就回来了。"

"我知道你会的,兄弟。我知道你会的。"我告诉他。

他很快就被送上了医疗后送[1]直升机,送到了更先进的医疗单位。在那里他将得到有效的手术治疗,有可能保住他的腿。

我回到了营地。我们把这儿叫鲨鱼基地,它是一个由帐篷和建筑物组成的综合体,夹在美国拉马迪军事基地和幼发拉底河之间。

我的房间在 TOC 所在楼的二楼。这幢楼曾是一个富丽堂皇的建筑,用华丽的柱子装饰,之前属于萨达姆·侯赛因政权的一个成员。现在这幢楼是我们的总部和兵营,窗户都用沙袋围了起来,里面是简易家具。我回到

---

[1] 医疗后送:与伤亡撤离类似,但略有不同。医疗后送是由医护人员为伤员转移提供的运送和沿途医护服务。转移可能是从战场到医疗设施,或者是从一个医疗设施到另一个医疗设施。——作者注

自己的房间，躺在了胶合板和 2×4 英寸木板做的简陋的床上。

现实摆在眼前：我们调到这才一个月，我的伙计们每天都会遭遇枪战。我们执行任务的所在城市拉马迪到处都是叛军，而且叛军很有实力。他们装备优良、训练充分，并且纪律严明，打起仗来坚忍不拔又冷酷无情。

当然了，我们更好些。我们得到的训练、装备和战斗精神在世界上所有作战部队中都属于最好的。我们在拉马迪为保护当地民众和城市安全与敌人战斗——在街上搜捕叛军并且将他们杀死，是所有的叛军。

但是我们不是刀枪不入。我们不可能每日在城里梭巡还没有伤亡。如果你锯一棵树，会沾到锯末。当你行军打仗时，尤其是在暴力的巷战中，就会有伤亡，这是行业使然。非常奇怪的是，至此为止，海豹突击队在伊拉克一直很幸运。参战三年，只有几个海豹队员受了伤——并且没有一个人牺牲。出事是很少的，通常更多的是因为运气不好而不是别的。

但是这整个派遣期间我们不可能一直有好运。证据很明显，就像我刚才经历的，看着我受伤的海豹队员，因为失血而面色苍白，因为吗啡而意识模糊，他运气好——好到没边了——他还活着。

受伤的海豹队员是个年轻人。这只是他待过的第二个海豹排，第二次到伊拉克参加任务。他是个出色的海豹突击队员，也是团队的重要成员。他是个很棒的家伙：虔诚、忠实、风趣。

虽然行动组中海豹突击队员各不相同，但是他们在很多方面又都是相同的。怪癖和一些小的性格特质使他们不同于其他人。当然了，他们离完人还差得远。我们所有人都不是完人。

但是同时，所有人，作为个人，都是了不起的。爱国、无私。他们属于一个"团队"——我们海豹突击队员把海军特别作战部队海豹突击队群体称作团队——为了同一个理由：尽忠职守，以及为行动组、团队，和我们伟大的祖国贡献一切。

而我负责领导他们。

但是"领导"并不能很好地解释我与这些人的关系。他们所有人。他们是我的朋友,因为我和他们一起玩笑打闹。他们是我的兄弟,因为我们有共同的兄弟会信条。他们也像是我的孩子,因为我对他们的行为负责——无论好坏——我的工作就是尽我所能保护他们。当他们在屋顶上守护城市和在充满暴力的街区中穿行的时候,我要守护他们。

他们给了我一切他们能做到的。在工作时、训练时,现在是在战场战斗时。反过来说,他们是我的一切。在很多方面,比起我自己的父母、手足,甚至是我的妻儿,我跟他们更亲近一些。我当然爱我的家人,但是这个行动组的人也是我的家人,我只是想要照顾他们。

尽管我很想保护他们,可是我们还是要工作。这是暴力、危险、无情的工作。这是让我把他们置于危险的工作——极大的危险——一次又一次。这是一个二分法的例子,可能是一名战斗指挥官必须面对的终极二分法:战斗指挥官的职责是把他的部队放在第一位——但是同时,一个领导者必须完成任务。这意味着领导者必须做出决策,执行计划和战略,而这些有可能让他深爱的人失去生命。

这对我来说太难了。因为在拉马迪,问题不是我们"可能"失去某个人,而是"何时"失去。

这并不是说我是个宿命论者。我不是。这也不是说我认为我们就应该有伤亡。我祈祷不要有。为了防止伤亡,在可控的范围内我们采取了一切可以降低风险的措施。

但是这确实说明我面对了现实。现实是每天都有美国陆军和海军陆战队将士在拉马迪受伤或牺牲,每一天。

我们不停地在参加纪念逝去英雄的活动。

我觉得这次在拉马迪的军事行动跟我 2003–2004 年第一次到伊拉克执

行任务的时候完全不一样，那一次对局势的掌控更好，行动没有那么频繁。2006年的拉马迪，激烈、持续不断的巷战带来的危险超出了我们的控制范围。我的人在战场上的每一天，几乎每一天，我都觉得可能就是"那一天"。

那是作指挥的最大负担。

然后"那一天"来了。

2006年8月2日，立夫和他的海豹突击队查理排，和一个接受他们战斗指导的伊拉克排，跟来自美国陆军"斗犬"队[1]的同侪在拉马迪中南部联合进行了一次大规模清扫。行动是在清早开始的，大约一个小时过去了，一切都很安静。

突然，一声枪响，紧接着无线电里就传来一片惊惶的喊声"有人倒下了"。瑞安·乔布，查理排一个出色的年轻机枪手，被敌方狙击手打中了脸部。他伤得很重。当叛军开始从四面八方射击的时候，中南部一切都该死地乱了套。立夫和查理排把瑞安抢出来，"斗犬"队的M2布莱德利战车和M1A2艾布拉姆斯坦克携带着重火力过来营救他们。查理排把瑞安放到医疗后送车上，送出战区进行妥善医治。然后立夫和其他查理排成员以及和他们一起行动的伊方士兵回到了猎鹰前哨站（又称猎鹰COP），这是一个美国陆军在几个危险的街区外的垒筑阵地。但是拉马迪中南部的战斗随着敌军大片涌入变得更激烈了。查理排能听到枪声，那是"斗犬"队的陆军兄弟们——"主力枪"迈克和他的士兵们——仍在城里的几个街区中与敌人恶斗。立夫和排里的领导层简要地商量了一下，最后立夫通过无线电呼叫我，要求批准他们回到外面，拿下那几个可能有敌军枪手潜伏的建筑。"去吧。"我告诉他。

立夫和他的排采取了一切可以降低风险的措施。他们开着重装甲包裹

---

1. "斗犬"队：隶属第1装甲师1旅37装甲团1营的布拉沃连。——作者注

的布莱德利作战车到了那几栋可疑的建筑。他们用布莱德利25毫米链式机枪的强大杀伤力削弱了目标建筑的火力。他们甚至把布莱德利撞进了围墙里,这样就能让他们冲到街上,并且在他们冲向目标建筑破开入口时提供掩护。可是即便如此也没有办法消除所有风险,没有。

我通过空中无人机的实时视频看到查理排从布莱德利上下来进入了一幢房子。看得出火力很猛。而当我的海豹突击队员们进入那栋建筑后,我就再也看不到他们的情况了。

他们进去之后又过了漫长的几分钟,然后我看到几个队员带着一个人从楼里出来回到了附近待命的布莱德利上。那是我们中的一员,一具尸体。

当我从TOC看到这一幕时,我的胃里像是开了一个大洞。我想要大哭、想要喊叫、想要呕吐、想要冲天挥拳。

但是我必须把这些情绪压下去——我还有工作要做。所以我站到了无线电台旁等着立夫呼叫我。我没有呼叫他,因为我知道他有事要做,并且我不想干涉他正在做的事。

几分钟后,他呼叫了。我听得出他在强作镇定,但是我能感到他声音里涌动的情绪。

他做了报告:查理排进入建筑时,受到了旁边楼里敌人的攻击。机关枪手马克·李勇敢地站到门口与敌人交战,保护他的海豹同胞们进入身后的走廊,此时敌人的子弹打中了他。当场毙命。

马克·艾伦·李,一个了不起的战士、朋友、兄弟、儿子、丈夫、叔叔,一个忠诚的人、幽默的人,一个真正伟大的人类的灵魂,逝去了。除此之外,另外一个查理排的机关枪手瑞安·乔布已经身受重伤,陷入药物昏迷,正在去往德国手术中心的路上。瑞安的命运还未可知。

这样的重大损失重重地压在了我的心上。

立夫回到基地时,我看得到他心里深深的悲痛。他的眼中不仅充满了泪水，还有怀疑、疑问，和责任的庄严与沉重。立夫甚至都没提他也受伤了：一块子弹碎片恰好避过他的防弹衣，打进了他的后背。他对伤处全不在意。受伤的是他的心。

一天过去了。

立夫来到我的办公室。看得出来他的心很乱。

作为战场上的指挥，立夫做出了回到枪林弹雨中的决定。我批准了这个决定。立夫活下来了马克却没有，这让立夫背上了沉重的负担。

"我觉得我做了错误的决定。"立夫轻轻地说，"要是能收回这个决定就好了。我希望我当时能做点什么——什么都行——不一样的事，这样马克就还会跟我们在一起。"

我知道这件事撕扯着立夫。他觉得在那场混乱和疯狂中，他可以做不同的决定，选一条不同的路。

但是他错了。

"不是的，立夫。"我慢慢地对他说，"没有决定可做。那些陆军将士正在恶战中——一场大战——他们需要我们的帮助，他们需要我们的支持。你给了他们。仅剩的其他选择就是躲在后方让陆军孤军奋战。你不可能让查理排坐在防御工事中而让'斗犬'队去冒险和牺牲。那不是我们该做的。我们是一个团队。我们互相照看。没有其他选择——没什么决定可做。"

立夫不说话了。他看着我慢慢点了点头。话虽难听，但是他知道我是对的。这可能是在拉马迪战役几个月来最大规模的一次交火，当其他美国人面临伤害需要帮助时，他知道他不可能袖手旁观。如果他那样做了，每个查理排的成员都会认为他的决定是错的。立夫也会知道那是不对的。但是如此沉重的负担压在他心上，他需要更多的确认才能心安。

所以，我继续说道："我们是蛙人。我们是海豹突击队员。我们是美军战士。如果我们能帮战友一把，我们就要帮。这是我们应该做的。你

## 第一部分　平衡团队

知道。马克知道。我们都知道。我们就是这种人。"

"我只是希望当时能和马克换下位置。"立夫说，难过的泪水充满了他的眼眶，"我愿意不惜任何代价把他带回来。"

"听着。"我说，"我们没有水晶球。我们不知道大家什么时候会受伤或者牺牲。如果能知道，我们就不会去参加那些行动。但是我们不知道。我们不可能知道。唯一能保证所有人都安然无恙的方法就是什么都不做，让其他部队去打仗。但那是不对的——你知道的。我们必须拼尽全力取得胜利。当然，还要尽一切所能降低风险，可是终归，我们不可能完全消除风险。我们还是要履行职责。"

立夫又点了点头。他知道我是对的。他相信我的话是因为我说的是事实。

但是这并没有消除失去马克所带来的痛苦折磨。马克的死会是立夫一辈子的心结。我已经心知肚明，立夫也明白。

队员的安危比世上任何事都重要——重要到你愿意替他们去死——可是与此同时，还得带领这些人去出任务，而这些任务有可能让他们丧命。这是所有领导团队遇到的矛盾中最难最痛苦的部分，很难让人理解。

即使是在美国没有敌人的环境里，海豹突击队为出任务做准备的训练也是很危险的。如果要消除所有风险，就意味着受训者永远都不会进行跳伞，不做直升机速降，不练习换乘，不在夜间高速开车行进时仅靠夜视镜照明，或者不参加实弹演习。不幸的是，尽管有很强的安全措施和管控，每隔几年都会有一个海豹突击队员在这种高危训练中身亡或者重伤。可是如果不让队员体会实战训练中的风险，将来他们上战场执行任务时准备不足，这会让他们面对更大的危险。所以即便一个指挥官非常在乎他的部队，他也必须让部队涉险，可能是在训练中，甚至在战场上更甚。当然，指挥官必须要降低可控风险。但是不可控的风险总会存在，而这造成的结果可

011

能就是死亡。

一方面是为下属的安危着想，一方面又让他们去冒险执行任务——这种矛盾是每个战斗指挥官都要面对的，身在拉马迪的指挥官们对此深有体会。因为当我们决心为保护拉马迪竭尽全力打击、消灭敌人时，我们也知道胜利的代价是我们美国最有前途的年轻人的鲜血。

"猛汉"行动组的血还在流。瑞安受伤和马克牺牲后，我们又有人受了轻伤——一些小皮肉伤和损伤——但是不严重。9月29日，我们这次任务派遣还剩几周就结束了，立夫和我在战术行动中心监听无线电，"猛汉"行动组的另一个排德尔塔排在外执行战斗任务。我们听到德尔塔排报告敌人动向，汇报敌方有人死了，一切都是拉马迪寻常一天的片段。然后我们听到了德尔塔排请求伤员后送。无线电里能听到有几个海豹突击队员确定受伤了，听上去很严重。

我的心一沉。一个陆军快速反应部队迅速行动，马上向德尔塔排的所在位置进行增援。几分钟后，陆军行动人员通过无线电报告数名海豹突击队员受了伤，其中一名是"紧急外科"，意思是说他必须马上得到救治，有可能会死。我们心情沉重地继续听着无线电，希望受伤的兄弟们，尤其是重伤的那些，能够平安无事。

506团1营[1]营长的通话打破了我们的希望。他带来了沉痛的消息。三个人受了伤，但是都可以治好——他们不会有失去生命或者需要截肢的危险。但是之后这位勇敢且专业的营长沉默了一会儿。他告诉我有第四个人也受伤了：迈克·孟苏尔伤得很厉害。他的声音抖了一下，他跟我说他觉得麦基不行了。

---

1. 506团1营：美国101空降师506伞降步兵团1营。506团是著名的"兄弟连"，他们二战时的历险在斯蒂文·安布罗斯的书《兄弟连》和HBO同名电视剧中有详细描绘。——作者注

第一部分　平衡团队

我和立夫一直在等消息，等到好像要地老天荒了。终于，野战医院来了一个把我们都击垮了的消息。迈克·孟苏尔，一个杰出的年轻海豹突击队员，排里和行动组里人人都喜欢的人，又一个圣人——一个极其强壮的、坚韧的、善良的、富有同情心的、激励人心的年轻人——重伤不治去世了。

德尔塔排撤出战场后，我的朋友，德尔塔排排长塞斯·斯通跟我通话，讲述了行动中发生的细节。他说敌人朝屋顶扔了一颗手榴弹，那是一个德尔塔排的狙击点位。迈克·孟苏尔采取了最无私的行动，他英勇地扑向了手榴弹，使他的三个队友幸免于难。他牺牲自己救了他们。这次行动本来有可能是麦基在拉马迪的最后一次任务，按计划再有几天他就可以回家了。

正如立夫为失去马克而煎熬，塞斯也承受着失去麦基的巨大痛苦。塞斯继续带领队员执行任务，并且跟来接替我们的海豹突击队员完成了交接，但是我看得出来他的精神饱受麦基去世带来的折磨。我们回到了美国，麦基牺牲几周后，塞斯下班之后在行动组办公室跟我讲述了他的感受。

"我觉得麦基的死是我的错。是我的责任。"塞斯含着泪跟我说。

我想了一会儿然后告诉他事实："我们确实有责任。"

我沉默了一会儿。塞斯什么也没说。我说的话惊到了他。

"我们有责任。"我又说了一遍，"这是我们的战略计划，我们想出来的，我们知道会有危险。你计划了行动，我批准了。我们是指挥官，我们对执行任务时发生的所有事情都要负责任，所有事情。事实如此，我们逃不了，做指挥官就是这样。"

我看着塞斯，显然他很伤心。塞斯和立夫一样——在战场上坚忍不拔，执行任务时意志坚定，追击敌人时强势主动——关心爱护他们的队员胜过世上一切。如果能换回牺牲的战友，他们愿意付出任何代价，任何代价。但是这个选项不存在，世界不是按照这样的规则运行的。

现在他们都在面临着这终极矛盾的清算：尽管你很关爱你的队员，作为指挥官你必须做好本职工作——你必须完成任务。而任务是有风险的，极有可能会有人因此丧命。

我最后说的话塞斯听进去了。最后他开口了："我在脑中一遍遍回想当时的情况，看看我能不能有其他做法。或许我应该把狙击点位放在另一栋楼上？或许我应该告诉他们把点位设在二楼而不是楼顶？也许我们根本就不应该做这个任务？"随着他把这些想法一一提出，他的声音越来越激动。

"塞斯。"我冷静地告诉他，"这都是事后诸葛。如果我们能准确知道那天会发生什么，我们会有一百万种其他做法。但是我们不知道。你选择那栋楼是因为它是那片区域里最好的战术位置。你把人安排在楼顶是因为在那里他们的视野最好——这也是对他们最好的保护。你执行这次任务是因为这是我们的工作：我们要去跟敌人作战。你已经参加过无数次这样的行动了。你已经降低了所有可能的风险，但是你无法预料结果。"

塞斯点了点头。跟立夫一样，他知道这是事实，但这并不能减轻失去麦基带来的痛苦。

接下来的几个星期，我们结束任务派遣，上交武器，走完了行政程序，塞斯和我讨论了一下他之后的打算。立夫和我接到命令要去培训部报道，把我们在拉马迪学到的领导经验传给下一代要开赴伊拉克和阿富汗战场的海豹突击队员。塞斯还没想好接下来要做什么，他不确定是否要留在海军。这次派遣太艰苦，六个月中压力不断，塞斯手下有数人受伤，一人牺牲。他几乎每天都在面对恐惧和死亡。

与此同时，海豹突击队三队需要有人接替我做"猛汉"行动组的组长。他们属意塞斯。

"我不知道。"他跟我说，"我不知道我还能不能再干一次。"

"我知道。"我告诉他，我很理解他的心态。他已经经受了地狱般的煎熬。"你不是非得接这个工作,你想做什么都行。你可以退役去旅行、去冲浪、去拿个 MBA 学位,赚大钱。这些你都能干。如果你愿意做,这些事儿都很酷。你为我和海豹突击队做的远远超过了我能要求的。但是我跟你说点儿别的,有两个海豹排需要领头人。他们需要有人在战场内外替他们把关和照顾他们。你在这个队伍里是最有战斗经验的,没人能比你把这个行动组带得更好。你想做什么都行——但是这些家伙们,他们需要你。他们需要一个领头人,这个事实不会改变。"

塞斯坐在那沉默了几秒钟。他在拉马迪尽力了。如果离开海军的话有大把的机会等着他——他极其有才华,有创造力,很勤奋,而且他已经有了一份漂亮的简历。我知道塞斯憧憬军队以外的生活,想要作为一个普通人去追求其他不同的挑战。如果他要离开海军我能理解,他做完了他应该做的。我坐在那看塞斯默默地斟酌着,然后我看到他神色一变,脸上现出了充满信心的表情。

"好吧。"塞斯从椅子上站起来说。

"什么好吧?"我问。

"我去。"他一边向门走去一边说。

"去哪?"我问。

"我去告诉行政长官我会接手'猛汉'行动组。我得去。"他说,"没什么可想的。"

塞斯笑了,然后走了出去。

"没什么可想的。"我想。即使生活中有那么多选择,塞斯却没有别的可选。他知道什么是对的,他清楚自己的责任,于是他去做了。

在拉马迪时他一次又一次地站出来,就像那时一样——他又站了出来。他再次把指挥的重担扛在了肩上,去和造成无数领导力矛盾的因素做斗争。他要在做领导者和追随者之间找平衡。要自信,而不自大;要锐意进取,但保持小心谨慎；大胆行事时，仍不忘三思而后行。

最重要的是，他选择去面对终极矛盾：一同训练、工作，和队员交朋友做兄弟，关心、照顾他们胜过世间一切，然后带他们去执行可能要他们命的任务。

那是负担，那是挑战，那是矛盾。

那就是领导团队。

**原则**

做领导会遇到无数的矛盾对立情况，一个领导者必须小心地平衡这些矛盾。但是没有比这更难的了：殷切关照每一个团队成员，同时还要有为完成任务而冒险的觉悟。一个好的领导者会和他的下属建立强有力的关系。但是尽管领导者愿意为团队成员竭尽所能，他也要知道工作还是要做的。而工作有可能会将他如此关爱的那些人置于危险中。

在战争中，终极矛盾是这样的：一个领导者可能得派出他最珍贵的财产——他的兵——去执行可能会让他们受伤或者丧命的任务。如果和下属的关系太近，无法不受感情影响，他就可能没法咬牙做出会让他的兵涉险的决定。有了那种工作态度，他的队伍会一事无成——任务失败。另一种极端是，如果一个领导者太过专注于完成任务，他可能会无谓地牺牲下属的健康和安全。不提这对他的下属造成的恶劣影响，队伍也受到了影响，士兵们意识到领导者的冷酷，从而不再尊敬和拥护他，队伍将是一团散沙。

虽然没有那么极端，这种矛盾对立的情况在日常生活中也有体现。这是最难取得平衡的情况之一，并且非常容易走极端。如果领导者跟下属走得太近，他们有可能会不愿让下属去做对完成项目或任务至关重要的工作。他们可能没办法解雇和他们关系好的人，即便这样做是于公司有益的正确做法。而且有些领导者由于跟下属关系太好而不愿意说重话——他们不愿告诉下属他们尚需努力。

另一方面,如果领导者跟团队太疏远,他可能会让团队成员过度劳累、过度曝光,或者让成员受到伤害,而这些牺牲却没有带来很大的价值。领导者可能会为了省钱而轻易解雇员工,这让团队成员觉得他只关心团队完成战略目标的能力,除此之外团队的一切都不放在心上。

所以领导者必须找到平衡。他们必须对团队施加压力,但是不能太多。他们必须驱策团队完成任务,同时还要注意不能让工作压垮他们。

**商业应用**

"这些人工作很努力!"区域经理肯定地说。他负责管理五个矿业项目,就是把原材料从地里挖出来然后在市场上作为商品出售。这是个一目了然的生意:生产成本越低,企业盈利越多。但是即使是卖商品的,人的生命和生计也参与其中。

"我知道他们很努力,我见过他们干活儿。"我回答道。

"你只见过他们几个小时。但是这些伙计日日夜夜、积年累月都在为了这个地方的运转而工作。你看到的不值一提。"区域经理咄咄逼人地说。

显然这个区域经理认为我没懂。我以他的角度看问题——他是对的,我不能完全肯定这些男男女女每天在矿上的工作。但是他的咄咄逼人也是因为他觉得我是"他们"的一员,那些公司从象牙塔里请出来帮助"解决他的问题"的万事通们。当然,他是对的:我是公司请来帮忙解决他的问题的。

八个月前,公司关掉了他负责的一个矿,把他手下的矿从六个减到了五个。生产成本太高,矿根本赚不到钱。关矿的时候,区域经理保留了大约四分之一的员工，把他们调到了他手下其他的矿。公司对此表示反对，但是他却更激烈地反对公司，他对上级保证剩下的五个矿里有了更多人手之后，产量一定会全面上升。但是很明显，真正让区域经理做出这个决定的原因是他在乎他的员工——由衷地深深地在乎。他是矿工三代。他知道做这份工作的艰难。

我跟他的对话进行得不顺利，我得缓解一下气氛。

"我知道我不完全了解他们工作有多努力。"我告诉他，承认我并不太知道他的员工付出了多少努力。"我肯定不是专家。但是即便只是几小时的观察，我也能看出他们工作很努力。"

这个说法对区域经理来说不够好。

"他们不只是勤奋的工人。"他回答，"他们有技术。他们是世界上最好的操作员。就说米盖尔吧，那边挖掘机上那个。他是我见过最棒的操作员之一。"他指向窗外一辆正忙着把土倒进翻斗车的巨型挖掘机。

"是的。他开那玩意儿就好像他在操作身体的一部分，他很厉害。"我对区域经理说。

"而且你知道吗？"区域经理继续说，"他不仅是一个优秀的设备操作员——他还是个好人。他有一个老婆和四个孩子，都是好孩子。"

"顾家的男人。"我表示赞成。

"太对了。"区域经理对我说，"太对了。"

"行吧，咱们去办公室谈谈这些数字吧。"我说，不想再拖延那场不可避免的对话。区域经理对这些数字比我知道的清楚。从关了的矿调过来的员工使他手上其他矿的产量都升高了，但是还远没有高到可以抵消增加的成本。他现在有太多员工了，而且他知道，他负责的剩下的五个矿赚得不够多。

我们在他办公室坐下来。

"我知道你要说什么。"他对我说。从他的语气,我知道他想吵架——他想对我发飙。我得小心应对。

"好吧。那我觉得我不用说太多。"我说道,"这些数字已经说明问题了。"

"数字不能说明全貌。"区域经理声明。

"当然不能。"我回答,"但是数字能告诉我们哪出了问题。"

"不能只看数字!"他答道,明显地一脸恼恨。

"我知道。"我跟他说,试图表示我理解他的感受。

"你知道?"他咄咄逼人地说。

我决定镇镇他。

"是。"我坚定地对他说,"是的,我绝对知道。"

区域经理坐在那看着我,对我声称了解他的业务时的语气有点惊讶。但是我所说的了解不是指他的业务,而是他作为领导者的处境。

"我知道外面有很多人。"我说,"那些人指望你做出正确的决定——关于他们能否继续工作的决定;关于他们是否能还贷款,能让家人有饭吃的决定。这些决定很沉重也很难。我也曾经有过这样的经历。我做的决定关乎他人的生命,做什么任务、去哪里、派谁去。我把我的兵——我的朋友、兄弟——一次次地送入危险中。结果也不总是好的。"

区域经理现在听进去了——第一次认真听我讲话。我终于能跟他沟通了。

"你看。"我继续说,"你是领导,担子很重。在部队,我们管这叫'指挥责任'。这是你对为你工作的人所负的责任。在海豹突击队里,我负责的是人命——在这儿你负责的是大家的生计。这不完全是一回事,但是差不多。有人指望你给他们发工资好让他们能养家。你关心这些人,正如你应该做的一样。就像我关心我的兵——他们是我的一切。他们现在还是。那是领导团队过程中所面临的最困难的矛盾对立。"

"是什么?"区域经理问道。

"你关心你的员工胜于一切——但是同时你还得领导他们。作为一个领导，你可能得做一些会伤害团队里某些人的决定。但是为了团队所有人的更大利益，你得做出能够让你们继续完成任务的决定。如果军队的领导决定不计代价让他们的部队规避所有风险的话，他们还能做得成什么？"

"好吧，他们什么也做不成。"他承认道。

"完全正确。"我说，"军队不能履行职责的话，我们的国家会怎么样？我来告诉你：我们根本就不会有国家。所以军队领导必须得做他们应该做的。你现在的情况相似，你尽力保住了更多的工作岗位。但你该做的不是这些，真的不是。你已经努力了八个月了。你把多少人从关掉的矿上调出来了？"我问他。

"一百四十七个人。"区域经理答道。

"那在他们转岗之前那五个矿有多少员工？"我问。

"大约六百个。"他说。

"所以，为了努力保住一百四十七个员工的工作。"我指出，"你让另外五个矿和矿上六百个人面临倒闭和失业的危险，而管好这五个矿是你的任务。如果你狠不下心，这种情况就会发生。"

区域经理沉默地坐着。他听进去了。我能从他的眼神看出来。

"但是……我不知道……我不知道我能不能行。"他严肃地说，"这里面有些人就像我的家人一样。"

"好吧，我跟你说。"我答道，"如果你不站出来领导大家，你觉得公司会怎么做？"

"他们要么把我们的矿关了……要么……"他渐渐没声了，不愿承认其他显而易见的可能性。

"要么什么？"我问。

"或者把我开了。"他回答。

"没错。"我表示同意,"那对于这儿的所有人来说哪样更好?把所有矿都关了?还是让另外一个人来接管?他不会像你一样关心团队,他会为了降低成本把人员裁到最少。我知道这很难,我知道。但是如果你不做你应该做的——你知道你应该做的——你不是在帮任何人,而且你也一定不是在做领导。事实上,恰恰相反。如果你狠不下心,你会伤害你关心的人,而不是在帮他们。那是另外一个两难境地:为了帮助你的团队,有时候你必须伤害他们。就好比一个医生做手术。手术是一个残忍的过程:把人的身体切开,摘除一部分,然后再缝起来。但是为了拯救一条生命,医生必须得这么做。你应该做的也很残忍——我懂。但是如果你做不了的话,结果会残忍得多。"

区域经理正在点头,他听懂了。他是个善良的领导者,很关心员工,这是对领导者来说是一个让人尊敬并且很重要的品质。但是他偏题太远,走了极端,关心他的员工胜于工作任务。他忽略了什么是战略上最重要的。为了保护部分员工,他将整个任务和其他所有员工置于危险。现在,他明白了这样领导团队是失败的。一旦他承认了这点,他当然就能纠正错误并且重新找到平衡。他必须得做这些狠心的决定。他不喜欢这样做,但是他明白。

在接下来的两周中,区域经理解雇了大约八个人。他不想这么做,但是他必须做,他得领导团队。成本的降低让这些矿扭亏为盈。它们重新盈利并且在可见的未来会一直持续下去。区域经理现在理解了这个最难的矛盾对立情况:一个领导者必须关心团队成员,但是同时领导者必须完成任务,而为了完成任务将会有可能把成员置于危险中,有时还会造成难以避免的后果。区域经理现在意识到了他必须在关心员工和完成任务中寻找平衡,如果平衡不了这两个对立的目标,他哪一个都不会做好。

2003年海豹七队厄科排出发去执行夜间直接行动任务。注意：这些悍马没有装甲并且门也被拆走了，这样里面的海豹行动人员就可以面朝外侧，既让他们可以用手中的步枪还击，也可以在有危险时让他们防弹衣中的防弹护板提供一定程度的保护。

（照片由约克·威林克提供）

## 第二章

### 费卢杰行动：全面掌控，赋予职责

约克·威林克

**伊拉克，费卢杰：2003 年**

满地都是鲜血，到处都是浓烟。我听到外面有枪声，但是不确定谁在开枪或者他们在朝哪里开枪。我沿着走廊移动，以确定所有的房间都没有人。我很快找到了血迹的源头：一个受伤的伊拉克平民，我们的一个海豹医院医护兵———个训练有素的战地医疗兵——正在为他进行救治。

"怎么回事？"我问。

"破门的时候他站在门边上。"医护兵回答，"他肯定离得很近。没了一只眼和一只手。伤到了一条动脉，所以才会有这么多血。"

我们海豹突击队爆破用的炸药有足够破门的威力，同时把对屋内平民的潜在连带破坏降到最低。很明显这个人当时正站在门边并且被弹片击中了。

"他能挺过去吗？"我问。

"可以的，我把血止住了。"医护兵回答。他让我看绑在这个伊拉克男人胳膊上的止血带，现在他正在处理男人的眼睛。

"收到。"我说，然后继续前进。走廊是一个环形，贯穿了整个建筑。在楼梯井附近，走廊的环形闭合，我们就是从那里上来开始清扫的。我检查了最后一个房间，知道这个房间已经完成清扫了。

我打开无线电进行通知："目标安全。安排警戒，然后开始搜查。"

那是2003年的秋天，我和我的海豹排在伊拉克费卢杰开展了这项行动。费卢杰是伊拉克最危险的区域之一，碰到敌袭的可能性非常高。我当时是排长，但是排里有经验的士官知道该怎么做。他们负责安排了警戒，开始搜查每一个房间。我们扣住了13个役龄男性，他们中的任何一个都有可能是我们要找的恐怖分子。我们把他们的手用束线带绑好，进行搜身，然后准备把他们带出目标建筑后用我们的车运走。

一个声音从我的无线电耳麦中传来："你可能要快点儿了，约克。外面的民众开始焦躁不安了。"

无线电里说话的是我行动组的组长。他在外面，管着悍马[1]和正在外面进行警戒的海豹队员，同时在与该地区的陆军单位进行协调。作为地面部队的指挥官，他负责整个行动，包括我和我的突击队。我的突击队已经进入了疑似恐怖分子所在的建筑物，完成了清扫和警戒，现在听起来我们好像要加速进行搜查。

"收到。"我回答。

我的突击队对目标有点晕头转向——甚至比我们预期的还严重。清扫

---

1. 悍马 (Humvee) 是英文高机动 (High Mobility) 多功能 (Multipurpose) 轮式 (Wheeled) 车辆 (Vehicle) 的缩写，也叫作 HMMWV。——作者注

一个建筑可能很复杂，但是这个建筑的布局尤其不寻常：有很多相邻的小房间和角落要清扫。让这事更复杂的是，我们使用的好几个破门炸弹和眩晕弹[1]在空气中留下了一团浓重的烟云，烟云阻挡了我们的视线，使我们更加晕头转向。还有一些俘虏和那个受伤的伊拉克平民需要医疗救护，所以不意外的，我们被绊住了，走不动了。看起来没人确切知道接下来应该怎么办。我告诉其中几个人开始收队。

"我们得走了。"我说。他们点点头继续做手上的事，没有任何进展。这些都不算，我已经听到外面响起了枪声，可能只是示警，也可能是交火升级了，正是这些枪声让我的行动组组长发出了警告。我必须得让我的队伍行动起来。

"听好了！"我大声喊道。突然间，整个房子都安静了，"如果你不负责后方警戒，开始向后移动到我这儿来。报备一下，带一个俘虏，并且把他们送回到悍马那儿。我们要把所有役龄男性都带走。行动！"

几乎是一瞬间，队伍开始回到正轨。大家向出口移动，跟我报备，抓着一个俘虏，把他们带下楼走到街上去。一分钟以后，我的上士（简称LPO）——一个排里的重要负责人——走过来，拍了下我的肩，汇报说所有的俘虏都已经送出去了。只有我们两个和负责后方警戒的两个伙计还在房子里。

"那好，咱们走。"我说。上士告诉后方警戒的人收队——向出口移动——等他们一跟我们汇合，我们就撤出这栋建筑。我们等在临街的门边，然后后方警戒人员跟我们汇合，一起向我们那辆悍马移动。

我们一上车，首席导航员就下令："从后向前报数。"

---

1. 眩晕弹，也叫"闪光弹"，是一种非杀伤性武器，它可以制造明亮的闪光和巨大的爆炸声使敌人眩晕但不受身体伤害。——作者注

悍马车里的指挥官响亮地报了数。

"六号到。"

"五号到。"

"四号到。"

"三号到。"

"二号到。"

"一号到——我们走。"

一声令下，车队开动了，驶入费卢杰漆黑的街道，大家枪口向外，双眼透过夜视镜扫视着可能出现的威胁。在黑夜中快速行军经证明可以使我们有效避免敌人伏击。半小时以后，我们安全进入了陆军前方作战基地的边界。我们把俘虏交接给了陆军的拘留设施和与我们一直合作的特勤人员。

交接结束后，我们马上回到连接费卢杰和巴格达的主路。费卢杰境内的路都很不好走——持续的暴力活动造成了破坏。但是一旦出了费卢杰，道路就变成了跟美国差不多的高速路。大约一个小时后，我们回到了紧邻巴格达国际机场的基地。短短几个月前，在我们开战前，这个机场被命名为萨达姆·侯赛因国际机场。

回到基地后，我们马上进行了标准操作程序（简称SOPs）。首先，我们把悍马加满油，以防我们接到命令要出去执行另一个任务。我们想要做好准备。接下来，我们把悍马停好，下车，在我们排的作战规划区集合后总结任务情况。这时我们行动时的装备还穿在身上，以防需要在短时间内再次行动。我们回顾了行动的细节：哪里犯了错误，哪些可以做得更好，以及我们哪些做得很好。总结完成后，我们回到车上开始维护排里的装备：这种情况下指的是，悍马车、重型武器、导航系统、通信设备。当这些完成后，我们走到武器整理区整理我们自己的武器。只有在全队和排里的装备维护好之后，海豹突击队员们才开始整理和维护个人的装备，然后，终

## 第一部分　平衡团队

于，轮到他们自己——洗个澡，可能还能迅速地吃点东西。这些干完后，副排长和我马上开始研究明晚可能进行的计划，准备向上级报批的文件，给排里做好行动简报。到了早上六七点钟，我们会回去睡几个小时，然后在十一点准时起床去吃午饭。

这很快变成了执行任务的整套流程——执行大型夜间直接行动，突袭目标嫌疑恐怖分子或者萨达姆·侯赛因政权支持者。可能看起来很难让人相信，但是像当时很多海豹排一样，我们之前没有实战经验。我排里的每一个人都错过了第一次海湾战争，那场战争只持续了七十二小时，只有很少部分的地面战争。打格林纳达和巴拿马的时候我们还太小。见识过索马里行动的海豹突击队员寥寥无几，而且我们中间一个都没有。在伊拉克战争开战前，我们大多数人参加过的最接近于战斗的行动是在北波斯湾的反走私行动，那是为了执行联合国对萨达姆政府的制裁。我们登上过疑似将原油和其他禁运品走私出伊拉克的大船和叫作独桅帆船的小型木船。我们坐在小船或者直升机里跟着这些船只，一旦确定他们已经进入了公海，我们就会登船，迅速跑到舰桥，把船只和船员控制起来。我们把他们看好后，会立即叫一个美国海军或者海岸警卫队登船小队过来接管。

虽然20世纪90年代后期和新世纪最初几年的反走私行动聊胜于无，但是这些行动都称不上难。我做副排长的时候指挥过几次这种行动，但是我们从来没开过一枪——并且坦白说，真正的、严格意义上的威胁从来没有。但是那是我们的任务，而且我们专业地完成了。

那些任务和在伊拉克地面上搜捕恐怖分子的任务相比有天壤之别。在伊拉克，危险程度要高得多，并且行动的攻击性也强得多。因为我们在实战中都没什么经验，我非常仔细地为行动的计划和开展作准备。我第一次真正上战场时，潜意识里想要证明一些东西——证明给我自己和我周围的人看。为了保证我们把任务做到最好，我在整个任务过程中非常细致。我们从特勤组一收到目标，我就全身心地投入其中，研究进出目标的路线，研读情报，帮忙计划破门组的行动顺序，给突击队安排任务，制定悍马装备计划，组织演习。简言之，我全面负责管辖范围内的全部，所有的。

当然，我想要我的下级队员站出来，承担责任，独立领导一些任务。但是他们没有。而且这有点儿让人吃惊，因为我知道手下有很不错的新老士官能做的比现在多很多。但是他们没有像我想要的那样站出来主持工作。所以我继续事无巨细地负责所有工作。我做的是微观管理。

但是我要做的太多了——太多需要我负责的了。很快，我们的行动节奏加快了。除了直接行动任务，我们开始进行更多的行动，包括空中侦察和车载侦察任务以及其他情报收集行动。

有一天早上，我们分到了几个侦察任务，而且当天晚上我们收到了两个同时有可能进行的任务。我知道我不可能独立负责所有那些行动。我把每个任务分给我的四个下级领导者负责，让他们制定计划，消除不同队伍间物品和人员冲突[1]，并且让他们制定好计划后向我报备。然后我就放手让他们行动。

结果比我所预料到的都好。他们负起了责任，他们不仅制定了可靠的、战术合理的计划，还很能发挥想象力想出了新的创造性的主意使我们对计划的执行更有效。最重要的是，他们全权负责行动，而且赋有在战场上取胜所需的信心和大胆进取的领导方式。这正是我从一开始就希望他们做的。当然，我仍旧进行"极限控制"——这是当时指导作为领导者的我做所有事的基本理念，现在还是。我仍旧是百分百负责他们的行动，他们的计划，他们执行任务的方式，以及任务的成败。但是我的全权负责需要与分散管

---

1. 消除冲突：是一个美国军事术语，指行动组间的细节配合，目的是整合时间线，保证给对方最大程度支持，防止为友军所伤或者误伤自己人。——作者注

理相平衡；我得让他们在他们那一层负责任务，从而使他们就有足够的权力，行事可以使人信服以及在他们的位置上领导队伍更有把握。

我们的行动节奏越快，我越少的时间花在细节管理上，他们独立负责的任务就更多。很快，我做的事情就只是在让他们独立执行任务前快速检查一下他们的任务计划，这样的任务没有我、副排长、士官长的参与——换句话说，没有任何高级海豹突击队员的监督。

但是我的这些下级领导者们表现得非常好。并且我学到了宝贵的一课：他们在这之前没有站出来的原因是我没允许。我实行极限控制所有事的态度使他们没什么可负责的。他们没有意识到这点——我也没有——但是我的微观管理控制得太多以致他们精神上停工了。不是因为他们放弃了或者他们态度不好，他们没有。但是作为领导者，我开了我一个人负责所有事的先例。而且当我做所有事的时候，他们就置身事外等我制定计划和做决定。在我放权并且开始让他们主持工作后，他们就开始负责所有事，并且做得很努力。这是一道美景，我看着他们全情投入地深入研究他们的任务。

这种做法的好处是多面的。首先，因为我不再事无巨细，我能更多地看到大局。我能够开始把精力集中在与地区其他部队的协调上，对情报有了更好的了解，确保我对所在地区地形和目标有充分的了解。

其次，由于我没有关注某一特定的行动，我能看到不同行动是如何相互支持或冲突的。从这个角度出发，我可以更好地把资源在正确的时候分配到正确的地方而不过度使用我们的人力和设备。

最后，由我的下级领导层负责作战行动，我得以有机会从更高的角度看行动。这使我开始向上向外看，而不是向下向内看我自己的队伍。

虽然我知道控制——"极限控制"——对于一个领导者来说是很关键的，但是这个情况让我意识到我做得过了。真正的"极限控制"是指所有的责任在我，因为我是一个领导者。这不意味着我，作为领导者，需要事必躬亲。我对"极限控制"的误解影响了"分散指挥"的实施，而为了让我们排能够最有效地执行任务，"分散指挥"是不可或缺的。

但是也有另外几次我没有承担更多的责任——当我过多倾向于对立矛盾的其中一边而放手太多的时候。在到达伊拉克之前，我们排在针对一个很重要和敏感的任务做准备和演练。那是一个海上行动，需要我们想出一些新技术与一艘船在海上会合，然后在极端条件下将人员转移。

作为一个尝试练习"分散指挥"的领导者，我努力给我的下级领导们放权并且让他们领导队伍，所以我让我的中士们去负责领导行动。这包括创造新技术、组织训练和演习以确保我们为执行任务做好准备。他是一个有经验的，成熟的海豹突击队员，在行动方面有极好的口碑，而且我相信并且知道他会把工作做好。任务需要我们和一个海军特种作战部队（后文简称 NSW）舟艇队密切合作，他们的船员驾驶的是为支援海豹突击队任务而专门设计的高速船只。我们需要跟他们合作，去了解如何能最好地利用他们的资源。中士安排了一些人跟舟艇队一起开的会，然后我们开始最初阶段的堤岸边演习，演习中我们在陆地上练习技术，在海里演练以研究和测试我们即将使用的行动流程。新的流程利用我们已经熟悉的装备和设备：海上无线电、夜视镜、雷达、一英寸管状尼龙织带以及其他一些海上专用索具。一旦我们弄清了概念，行动就变得很明确并且相对简单。

随着我们继续进行会议和堤岸演习，我注意到这个中士的工作风格与我平时相比较松散。而且因为我没有盯着他，他也没怎么监督排里其他队员。他对排里越放松，队员越钻空子。

第一部分　平衡团队

当我们要跟舟艇队在0700[1]汇合时，我们有些队员会0659才到。当排里计划做六次演习时，我们只能完成三次。一群人制服没穿好就来了，甚至还混搭了便装。他们看起来非常不专业，当队伍按照预计情况进行任务预演时，他们没有任何针对突发情况的演习。

这种情况持续了几个星期，离我们真正执行任务的日子越来越近。我保持着我放权的态度让中士继续松散地领导着队伍。我对此感到不舒服，但是我想让他负起责任并且知道我相信他。我的直觉告诉我这有点过了，我放任得太多了。但是我从未向这个中士或者排里的队员指出这点。我觉得既然我让他负责行动，他得担起责任。

这改变了我们在海上演习的第一天。我们出发时间是0600——也就是说NSW的船会在0600从码头准时出发。我到了，穿着制服，在0530时做好出发准备，并且登上了两艘船中的我分配到的那艘。我再次检查了我的装备并确保我准备好去进行演习了。

0600快到了，排里其他成员零零散散地来了。两三个一起，穿着松垮的制服，急忙忙跑过来，姗姗来迟。

到了0600，我们有两个人还没来。

特种舟艇队的队长找到我们的中士对他说到点出发了。中士向他解释说他刚刚跟最后两个人通过话，说他们要迟到几分钟，我们得等等他们。

他们到了，然后走过步桥——从码头上船用的舷梯——在0607上了船。

迟到了七分钟。

我很难堪。为我自己感到难堪，为我们排感到难堪，为海豹突击队感到难堪。通常海军的船会把迟到的人撇下——按照海军的说法，那些迟到

---

1. 军事时间0700，基于二十四小时计时法，相当于民用时间十二小时计时法的早上7点。——作者注

的人会"错过行动",这是一种会招致重罚的严重违纪。但是由于这个任务是以我们的参与为中心的,船长同意我们等等那两个海豹队员。可是这仍然是不可原谅的。

终于,我们排都上船以后,两艘 NSW 的船出发向天边驶去,海岸消失在视野里。我们到达演习指定地点就位后,中士下令开始演习,队员移动到他们的位置开始工作,准备好索具,打开我们的通信设备,准备针对任务对象开展行动。因为我让中士主持这次任务,我按照分配给我的任务作为海豹射击手行动——一个前线小兵。

然后我感到了队伍里有一些忧虑,之后是惊慌。

从排里海豹突击队员的一些对话中,可以很明显听出有些东西不见了:

"我没有。"

"我以为你拿了?"

"你上次把它放哪了?"

"那不是我的活儿。"

"没人告诉我要拿。"

我默默地看了几分钟队员们惊慌失措的样子。然后,我走向中士。

"怎么回事?"我问他。

"我们忘了带一英寸管状尼龙织带。"他沮丧地说,他知道这个普通的物件是对完成任务至关重要的一个装备。

我又一次感到失望、难堪和气愤。显然,作为领导者,我太放任自流了。

"收到。"我告诉他,"好吧,你最好想出点别的办法。快点。先去找船长,他们肯定能在什么地方找到一些。"

中士找几个人问了他们有没有多余的一英寸管状尼龙织带。最后,船员们找出了足够多的半英寸管状尼龙织带让我们可以把它们绑在一起用来执行任务。它不太漂亮,不太理想,也不如我们想要的那样安全,但是我们还是用它。更糟的是，我们比预定计划更迟了——这一切不是任何人的错，而是我们自己的。

我们继续演习，完成了模拟任务，然后回到码头。在那，我们卸下装备，穿过基地回到我们排的规划区。

回到规划区后，我让士官长做训练行动总结。他们提到了不见的装备和其他我们可以改进的地方。但是批评很温和，没有达到本该有的程度。我什么都没说。总结结束后，我问："还有人要说什么吗？"没人。我等了一下做确认。没人提到我们有失水准的表现。这可不好。我得进行"极限控制"了。

我把排里的领导层叫到我的办公室。他们看得出我不高兴。当最后一个人进来后，我关上了门。

"我想把你们所有人的工作都做了——所有人。"我很直接地说，"我知道怎么做，我也知道怎么做对。我知道怎么确保永远没人迟到，我知道怎么确保永远没人忘记任何任务需要的东西，永远。我确切地知道怎么做，而且我想去做。我想要领导这个排，我想让这个排的方方面面达到我所知道的精准严苛的标准，让人无可指摘。但是我也知道那不是领导一个排的正确方式，我知道那样会阻碍你们作为海豹突击队员和领导者的成长。所以，我会再给你们一次机会，再一次机会确保今天这种情况再不会发生。没人再迟到，没人再忘记装备。所有人都会早到，你们会检查所有的装备。你们将会组织每个任务，每次行动，所有训练，就好像这是你们生命中最重要的事。如果我们又出了岔子，你们就到此为止了。我会接手，没得商量了。明白吗？"

那个中士，我的朋友和可靠的海豹突击队员，他知道我为何这么说。他知道我是对的，而且我说到做到。

"明白了，长官。"他答道，"这事儿不会再发生了。我保证。我们都保证。"

事情就那样解决了。队伍再也没让我失望过。几周后，我们被派往伊拉克，在那里组织了一个又一个的任务，积极地在全国范围内追捕敌人。我在那次海上行动后关于要进行微观管理的威胁足够改变他们的态度、行动和责任感。他们再也没有松懈；相反，进入伊拉克后我成了有点松懈的那个。我需要让他们管事。我得让他们负起责任来，我得让他们领导队伍。我需要在管太多和管太少之间找平衡。

**原则**

做事无巨细的管家婆和当甩手掌柜的领导方式显然是对立的。

做微观管理的管家婆试图控制团队每个人的所有想法和行动。微观管理的失败在于没有人可以在一个瞬息万变、意外频发的动态环境中控制多人去完成大量的任务。它也阻碍了下属的进步，当人们习惯于听从别人的命令行动时，他们会开始等待别人下令。主动性就消磨殆尽了，奇思妙想和果决行动很快也会消亡。团队会变成一群单纯、没有思想的机器人，盲目跟从，待命而动。那样的团队永远不可能有作为。

甩手掌柜则采取放任自流的态度，是另一个极端。这样的领导者不提供具体的指导——有些情况下几乎没有任何清楚的指令。与微观管理下的人缺乏思考不同，甩手掌柜的团队思考过多。团队成员有宏图大略，他们想得出新战术和流程——他们甚至开始自主研究超越他们职责范围和能力的战略。当这样的宏图伟略与公司整体愿景和目标不一致时，就变成了大问题。所以队伍不是让团队向着战略目标行动，而是向其他方向作为。他们不仅不能互相提供帮助，而且经常在与其他团队成员有直接冲突的项目上使劲。

第一部分　平衡团队

为了正确平衡这两种领导方式，一个领导者必须找到中间位置并且时刻关注团队，以确保领导者没有向任何一个极端走得太远。当一个领导者的领导方式向一方偏离太多的时候，一些警示信号会显示出来。以下是微观管理的普遍征兆：

1. 团队缺乏主动性，团队成员只有听指令才行动。
2. 团队不想办法解决问题；相反，成员只是坐等解决方案。
3. 即使是在紧急情况下，微观管理下的团队都不会组织起来采取行动。
4. 大胆积极的行动渐少。
5. 创造性停滞不前。
6. 团队成员倾向于待在自己的筒仓里；而不是走出去与其他部门和分支机构通力合作，以防行动过界。
7. 一种消极行动的整体氛围，团队遇事没有反应。

一旦领导者看到团队出现这些行为，他就必须采取纠正措施。领导者必须停止给出具体的指令；领导者应该解释任务的整体目标，最终想要的结果，任务为何重要，以及让团队计划如何执行任务，而不是解释什么是任务，如何完成任务。领导者应该继续观察情况和检查团队进度，但是要避免给出具体的行动指导，除非团队做出的计划会造成极度不良后果。最后，如果机会出现，时间和风险程度允许的话，领导者可以完全放手让团队独立计划和执行任务。这在"猛汉"行动组进行派遣任务前的训练流程里是定期进行的，包括立夫、德尔塔排排长塞斯·斯通、高级士官在内的高级领导层，会退居二线让下级领导者走上前来计划和执行训练任务。我们看到下级领导者们迅速从消极待命转换为主动分析问题和实施解决方案的领导者。

以下是领导者对团队太过放任自流的普遍征兆：

1. 没有团队在做什么和怎么做的全局观。

2. 缺乏团队个人之间的合作，成员之间经常相互竞争和干涉。

3. 自主行动越权，并且个人和团队都进行他们权限外的行动。

4. 不进行合作。微观管理下的团队因为不想越界可能不会与其他团队合作，而一个没有得到良好指导的团队也可能不会合作，不是因为怕越界，而是因为无知。团队努力解决问题完成任务时，忘记了其他团队也可能在进行运作而最终妨碍了他们的工作。

5. 团队注意力集中在了错误优先级的任务上，或者集中在寻找跟团队战略方向或领导意志不一致的解决方法上。

6. 过多的人想要领导团队。由于每个人都想领导团队，就没有足够的人去完成工作。领导者看到的将不是工作进展，而是工作讨论；领导者看到的将不是方案实施，而是持久的辩论；领导者看到的将不是统一的行动，而是分散的个人各自为政。

当领导者观察到这些行为时，有一些基本的措施可以让团队回到正轨。首先也是最重要的是，领导者必须给出明确的指导。对于任务、目标以及最终结果，必须以简单、清晰、简洁的方式解释。团队也必须明白行事须有界限以及触界的时候应该采取什么样的行动。如果有多个、同时的、相互交叉的行动在进行，领导者必须决定行动方针和明确地执行既定方针。团队也要接受关于其他团队正在进行的工作的培训，这样才能消除冲突。最后，如果一个团队因为有太多人想领导团队而瘫痪——"太多教练，队员不够"的经典案例——那么领导者必须分派和清晰地划定团队领导者的指挥链、职位、责任，并且给予他们适当的权限。

当一个任务在分派给队伍而没有清晰地指定领导者时，这在海豹行动组就显现出来，包括"猛汉"行动组。一个海豹行动组由两个排组成，每个排都有自己的领导层：一个排长，一个士官长，一个副排长，和一个上士。如果把一个任务分派给这两个排而不指定一个排做主导，他们就会开始制定自己单独的、不同的计划和行动方针。没有关于哪个排处于主导地位的指示，这种状态的时间越长，他们就越会继续执行自己的计划、浪费时间和精力。这个问题可以轻松地通过指定一个排做行动主导解决。有了清晰的指示，工作就会得到协调并且团队就可以向着使用统一的计划而共同努力。

但是再说一遍，关键是平衡，队伍在执行任务时有指引，但是同时还要有做决定和领导团队的自主权。

## 商业应用

成品已经售出，问题是，成品还没有完成。当然，有一些可用的测试版模型已经由手工一次一个地生产出来，但是最后版本还没有敲定。此外，适用于大批量生产的标准生产流程还没有做好。让问题更难的是公司所在行业，产品是用在汽车上的，这更是让问题难上加难。首先，用于整合该产品的软件必须与不同生产商和他们的车型有可互操作性。其次，产品必须能装进预设的空间，该空间不会允许设备有重大形状和容量的改变。最后，鉴于车辆生产的安全条例，生产材料选择余地非常小。

当我出现在这家成长型公司开展旨在培养新领导者的领导力培训时，一切看起来都运作良好。虽然这家公司在行业里已经享誉多年了，但它还在成长阶段，需要培训新提拔和新雇佣的领导者。公司内部气氛很好，员工对将来的机会和近在眼前的光明前景兴奋不已。

信心也不少。市场对公司计划推出的新产品释放了高需求的信号，公司的主要增长就是为了支持这一信号做好准备。当我刚开始与该公司合作时，它正处于发布新产品的最终阶段。他们完成了大部分的设计，在软件上做了初始测试，开始推出一个适应最终设计的生产流程。销售已经开始了，销量可观。总体来说，我对这种局面和形势发展印象深刻。我的时间主要用来培训新提拔和新雇佣的领导者。剩下的时间我用来熟悉公司的领导层和业务情况。

当我为公司新领导者进行的为期三天的领导力开发课程结束后，我离开了公司并计划六周以后再回来。到时候，我会为上过第一期课程的领导者们举办后续培训并且为下一批新晋和新入公司的领导者开办新的培训课程。

但是当我在六个星期后回到该公司时，公司的气氛完全变了。热情和信心消失了，对机会和成功的愿景消失了。一种新的态度出现了：恐惧和不确定。

CEO 对我很坦诚。"我不认为我们能成。"他说，指的是新产品的如期推出，"从你上次来之后，我们几乎没有进展。事情停滞不前，团队就是没法完成任何事。"

"这些团队的领导是我刚培训的那些吗？"我问他，提到那群参加过先头梯队基础领导力培训的中层经理。

"不是，完全不是。"CEO 回答道，"他们最不是问题。是我的高级领导层那儿没有业绩。"

"问题可能是什么？"我问。

"我不知道。"他回答，"但是我们得解决这个问题。我们能把你给中层经理上的下一轮课延后吗？这样你就能跟我的中层领导团队相处几天找出问题。"

"我觉得行。"我答道,"我确认下我的行程。"

我给我们先头梯队的运营主管杰米打了个电话,他很快地调整了我行程中的一些活动,空出了时间,以便我可以应这位 CEO 的要求与公司高级领导团队进行接触。

"你想跟团队谈谈吗?"CEO 问。

我已经给他的高级领导团队上过"极限控制"和领导力基本战斗原则的课了。看起来他们理解得很好。我不需要再说什么了——我需要融入他们看看出现了什么问题以及问题出在哪里。

"不用。"我回答,"我已经说得够多了,我得看看团队是怎么工作的。下次全员参加的会议是什么时候?"

"唔,其实我们几分钟后有一个全员参加的会,午饭后还有一个。"CEO 回答,"两个会中间和整个下午,我会见所有负责人和他们下面团队的领导。"

"很紧的日程。你一周开几次这样的会?"我问。

"我们实际上每天都开。现在是多事之秋,我得负起领导责任来——'极限控制'——控制局面,保证事务在正轨上。"

"明白了。"我慢慢地回答,我想我刚刚找到了问题所在的第一个表征。

我们走过大厅去进行第一个会议。整个领导团队都来了。我以为这个会是个快速、大概的最新进展报告。我错了,每个负责人对各自部门正在发生的事进行了详细报告,本该在执行官领导层管理范围之外的微小细节都被提及。讨论到行动方针时,大家提出了本质上无差别的选项,进行了冗长的辩论,最后,CEO 决定了各个团队应该如何行动。会议持续了将近两个小时。但那还不够糟糕,这个会议一结束紧接着又有一个会,这次是跟工程师团队,关于用哪个生产商产品的不同零件,他们需要指示。那个会,也是纠缠于琐事,开了四十五分钟。我们还没意识到,午饭时间就到了。

我跟 CEO 回到了他的办公室。当我们吃饭的时候，他回答了通过邮件和电话发来的大量问题——不是回复给直接向他报告的人，而是给一线工程师们，他们对一些需要嵌入新产品的电子元件的细小电阻丝做了解释。

在回复完这些邮件和打完电话后，我们去了下午的领导层小会。我再次希望这个会有快速的进度确认和任何必要的疑难解答。又一次，我错了。

跟之前一样，这个会很快就变成针对工程制造、生产、市场推广、销售每个方面细枝末节的详细讨论。CEO 深入计划和执行的各个方面并且为每个层级做决策。当我看向其他与会成员时，我以为会看到沮丧。但是大部分人看起来并没有沮丧。他们坐着，瞪着眼睛等着轮到他们讲话和等着 CEO 解答他们的问题。没有情绪，没有沮丧或者紧迫感——这群人没有主动性。

又过了差不多相同的两天：会、会、会。决策做了，几乎每一个决策都是 CEO 做的。最后，一个会结束后，CEO 和我走回他的办公室。

"现在你知道我在说什么了吧？"他问。

"我确实知道了。"我回答。

"他们没有任何主动性；他们没有推动工作的开展——他们没有负起责任！"他哀叹。

"那在每个会中都很明显。"我指出。

"所以，我要做什么？"CEO 问，"我怎么才能让他们'极限控制'？"

"答案很简单，但是不容易。"我答道，"你得'让'他们去担起责任。"

"我正试着做——我现在全权负责是为了做一个榜样——但是他们根本没有担起任何责任！"CEO 抱怨道。

"是，就是这么回事。你在负责——但是你管得太多了。"我告诉 CEO。

"管的太多了?"他问,很迷惑。"你都没告诉过我还有可能出现这种情况。"

"有可能。而且是的,我本该跟你解释得更清楚一点。"我说,"领导者有可能管得太多。是的,'极限控制'的理念要求你得对你领域内所有事负责。但是你不能做所有决策。你得放权让你的团队去领导,去承担责任。所以你得让他们担起责任。"

"当一个领导者试图对所有事负责时——组织他们团队的每一个行动。"我继续说,"这是行不通的。可能是因为希望确保每件事都顺利;可能是因为不信任下属领导者知道该怎么做;可能是因为自我意识——领导者想要感觉到自己对每个微小的决策来说都是至关重要的。但是当领导者担负起太多责任,下属团队领导者就没什么责任可担了。所以团队会丧失主动性。他们失去了动力,他们不会做任何决策,他们只会坐在一边等指示。"

虽然这些话还需要消化一下,但是看得出 CEO 觉得很有道理。

"我掐住了他们,是吗?"他说。

"嗯,这是一个很重的词——它暗示了死亡。"我开玩笑说,"但是从修辞上说,是的。那是一个对当前情况的恰当描述。"

"所以我现在应该怎么办?"CEO 问。

"给他们空间,给他们空气。"我指出,"让他们再次呼吸。你得让他们做决策,你得让他们设计路线。你需要告诉他们终点,但是你必须让他们自己去找到到达终点的方法。你需要让他们对自己那块儿负起责任来——真正地负责。然后你的团队就会形成真正的、有效的'极限控制'文化,而你们的业绩也会一飞冲天。"

"那听起来不错。但是我怎么做才能从策略角度让这些实际发生呢?"CEO 询问。

"首先——让我们缩减所有会议，这是业务没有进展的原因之一。现在他们是在从你这要问题解决方案，而不是自己去找。当你确实要开会的时候，不要做'简易按钮[1]'。"我告诉他。

"'简易按钮'？我怎么会是'简易按钮'？"CEO问。

"因为你回答每个问题，解决每个问题，做每个决策。"我回答，"当你下面那些负责人只需按下'简易按钮'就能让你替他们想也能替他们做决策的时候，他们为什么还要自己想？出了错他们就可以把责任推到你身上，因为是你做的决策。当你替他们把事都做了，他们不需要想或者做，然后他们就不会想或者做，那就是现在这些家伙们的状态。"

"但是如果我不回答他们的问题——"CEO开始说。

我打断他："那么他们就会自己回答问题。他们会自己寻找解决方案。他们会一起从源头解决问题，而不是把问题摆在你这儿。"

"所以你说的是'分散指挥'，对吗？"CEO问。

"正是。"我说，"那就是你应该找的平衡，'分散指挥'和'极限控制'之间的平衡。当你的团队有过多自主权，没人知道行动方向。如果你管太多，那么大家行动起来就没有任何主动性。"

"而且我偏向那端太远。我管太多了。"CEO承认。

"对。"我回答道，"但是没关系，你认识到了这个矛盾。现在，修正你的想法——但是确保你不要过度修正。我总能看到有人犯这个错——矫枉过正。所以，行动起来，取消一些会，让团队和团队负责人作决策，但是不要完全撒手不管。你不需要划船——甚至不需要掌舵。你只需要确保船在向正确的方向航行。"

---

1. 简易按钮：是办公用品公司史泰博销售的一款玩具，它是一个红色的按钮，上面写着"简易按钮"，按下去时会有"这很简单"的声音发出。在广告中，当身处困境的人按下这个按钮时，他就会得到解救。——译者注

在接下来的几个星期里，CEO调整了他的控制力度。有几次我不得不拦着他，让他放宽心不要试图去事必躬亲。但是他确实在反省，而且他下面的团队领导层的转变——以及团队其他成员的转变——来得相当快。几周内，他们的态度变了。各层级的团队负责人开始领导团队，他们承担起责任来，工作进度提上来了，而且团队重新把产品发布设成了目标。

"蛙人在房顶上"是让别人知道海豹突击队员在高处的无线电呼叫。照片中，由查理排和德尔塔排组成的海豹"猛汉"行动组在房顶上行动，他们尽可能压低身形并保持，以减少暴露在敌人的子弹下。图左是马克·李正端着他的马克48机关枪。图右前，是在第一章提到过的之后受了重伤的那个海豹突击队员。

（图片由托德·皮特曼提供）

## 第三章

## "马德乌斯"机枪指令：不做霸道的领导者

立夫·巴宾

**伊拉克，拉马迪南部：2006 年**

明亮的橙色曳光弹在离我们头顶只有几米的地方像一条射线光束一样划过，每颗超音速子弹都带着雷鸣般的响声呼啸而过。

"去他的。"当我们快速在屋顶墙后躲下身时我想，"那是友军在打我们。"

我看向戴夫·伯克，他趴在我旁边。像其他屋顶上的海豹突击队员一样，我们努力趴到最低以免脑袋让人轰掉。

戴夫回看我并笑着摇了摇头，笑里带着幽默和担忧。

"那可不酷。"戴夫说——本年度最保守的说法。

戴夫·伯克是一名美国海军陆战队少校。他是一名战斗飞行员，曾是著名的美国海军战斗机武器学校的主教官，该校的别名"顶级枪手"[1]更为人所知。戴夫离开了飞机驾驶舱并自愿加入地面队伍作为前方空中控制员在伊拉克最危险的地区拉马迪服役。他带领着一个支援武器联络营（后文称SALT），隶属美国海军陆战队第五空海火力联络连。戴夫和他率领的12名来自SALT 6队的海军陆战队队员与查理排合作，协调本次行动的空中飞行器支援工作。他们跟我一起步行巡逻，为美国陆军和伊拉克陆军作战单位打头阵。

一辆两百码之外的美方坦克的重型机关枪直直向我们的方向扫射了一阵，那是友军的攻击，在美军中的说法叫"蓝对蓝"。死于或者重伤于敌军枪炮下是一回事，死在我们自己美国军队手里可就糟多了。

"那可太不爽了。"尽可能地在混凝土墙后伏低之后我想，这面墙是我们唯一的掩护。我们必须立即把那柄机枪关掉并且提醒那辆坦克我们是友军。要做到这点，我得要直接通过无线电联系那辆坦克的指挥官和让他们"停火"。

坦克的重型机枪是0.50口径的M2勃朗宁，人称"马德乌斯"的这种机枪攻击力极强。从1933年美军使用这种机枪开始，它在每次美国参加的战争中都证明了自己的强大杀伤力。每枚巨弹都能爆掉一个人的头或者轰掉他的大部分胸腔。它也能穿透混凝土墙，就像我们正在藏身其后的这面墙。我们刚刚在几秒钟内收到了一梭子大概一打全自动射出的子弹。如果我没有立即关掉那柄机枪并且让那辆美方坦克知道我们是友军的话，我们中可能会有几个严重伤亡。

片刻之前，我跟几个查理排的海豹突击队员站在一栋深入敌占区的伊

---

1. 顶级枪手：英文原文为TOPGUN，是美国电影《壮志凌云》英语片名。电影讲述一名美国海军战斗机武器学校学员努力成为优秀飞行员的故事。美国海军战斗机武器学校别名TOPGUN因该电影而为人所熟知。——译者注

## 第一部分　平衡团队

拉克房子的房顶上。戴夫站在我旁边，正在联络一架盘旋在上空的美国空军 AC-130U "幽灵"炮艇，夜空中几千米之上的这艘炮艇有惊人的火力和卓越的监视力量。作为第一批进入这片动荡地区的美军地面部队，在几个小时前我们已经趁着夜色步行进入了这里，并且安排好了狙击观察点来阻止叛军攻击这次行动的主力：由第 1 装甲师 37 装甲团 1 营的"暴徒"特遣队带领的大约五十辆美军坦克和装甲车，以及大约 1000 名美国和伊拉克士兵。我们的海豹狙击手和机关枪手以及警戒小组已经在射击点就位。戴夫和他的海军陆战队无线电技师和我们一起在房顶上，转述着头顶幽灵炮艇的实时报告。

我们看着一队重型美国装甲——M1A2 艾布拉姆斯坦克和 M2 布莱德利战车——穿过运河上的铁路桥，沿着进入我们所在村落的路向我们这边驶来。为了让我们的狙击手视野清晰，我们的爆炸性军械处理部队（EOD）的爆破专家和海豹突击手用炸药炸掉了几颗棕榈树。我们采取了很多措施让"暴徒"特遣队——营、连、排——知道我们狙击手掩护监视的具体位置，以防他们将我们误认为敌方势力。我们还用事先约好的标记设备标示了我们的位置，但是我没考虑过我们引爆炸弹去炸掉那几棵树有多危险。

这是遵循"抢占、清扫、据守、建设"战略的最初几个主要行动之一，目的是从控制拉马迪的危险叛军手里夺回该城，而且这是一次历史性的、大规模的行动。我们小心谨慎地计划了几个星期，研究了我们能想到的每个可能发生的突发情况。我们预料到了激烈战斗，也料到了美军会有大的伤亡。驾驶坦克的美军将士已经开始神经紧张，知道当他们开进敌占区时会受到攻击。尽管主要负责人已经收到关于我们计划在哪幢楼设置狙击点的简报，但是信息不是总能传达到行动的前沿部队前线。而且即使信息传给了前线部队，事实证明从作战地图上了解位置并且将其与从地面上看到的实际街道和建筑关联起来也是很难的。我已经用无线电呼叫了约克，他正和陆军营在桥对面的美军中转站里，我告诉他我们会进行"限制性爆破"——一种引爆我们预置爆破装置的非战斗爆破。陆军营通过无线电确认他们明白了。但是同样，那不能保证坦克上的战士得到了消息或者他们真正理解了那是什么意思。坦克兵们有他们自己的困难和危险要去面对——大量埋在路上的 IED 带来的重大威胁和使用机关枪和 RPG-7 型火箭炮的敌袭。

当我们的限制性爆破打破了平静和爆出的火光瞬间点亮了黑暗的时候，其中一个艾布拉姆斯坦克的指挥官一定以为这是敌袭来了。他看到我们在房顶上的身影并且以为我们是叛军士兵，于是他用重型机关枪打出一梭子弹照亮了我们。我们当时正随意地从房顶上的墙上窥探，看着装甲车沿着路线向我们慢慢移动，而就在这时 0.50 口径弹头在我们头顶炸开了。那让我们全体趴到地上寻找掩护。

我从作战装备里找出无线电台的每一微秒都至关重要。

我们一般的无线电通话程序是我直接联系约克，他会把消息传达给站在他旁边的陆军营成员，然后该成员再转达给他的连队，连队再转达给坦克行动组所在的排。但是现在没时间了，每个瞬间都很关键。我需要直接和那辆坦克通话，不然下轮机枪扫射的 0.50 口径子弹就有可能把我们撕成碎片——虽然 0.50 口径子弹更适合用于坦克上的 120 毫米滑膛炮发出的大规模主力攻击，下轮可能就是它了。

很快，我打开无线电台把频道拨到坦克连的网络然后按下通话键。"停火，停火。"我说，"你们在射击友军。"

对方确认收到了无线电传输，射击停止了。

"差一点儿。"我想。我没生气，但是更担忧，因为我认识到友军误击是多么容易发生，尽管我们做了大量降低误伤风险的工作。

可以用我的无线电切入不同网络并且直接同攻击我们的坦克通话的这

第一部分　平衡团队

种权限可能救了我们。这是一个对任务很关键的技能，正如查理排和"猛汉"行动组的其他领导者一样，在每一次作战行动中我都要倚仗它。但是，当我们刚到拉马迪的时候，作为海豹突击队队员，我们不了解美国陆军和海军陆战队的无线电网络而且不能直接和他们进行无线电通话。

与美国陆军和海军陆战队相比，在海豹突击队里，我们有不同的文化，不同的战术，以及不同的装备。我们的无线电通信设备的差别最为明显，他们使用的是完全不同的系统。为了能和他们通话，我们需要学习怎样使用他们的系统。一般情况下，在一个海豹排里，无线电技师是通讯专家，他负责设置无线电和解决排里其他所有人的通讯问题。我们习惯了依赖我们的海豹无线电技师解决一切跟无线电有关的问题。在上次任务派遣时，如果你有无线电方面问题，你只需要从作战服里掏出设备然后抛给无线电技师去修或者换个新的。此外，队伍领导者靠海豹无线电技师与战术行动中心和海豹班或排之外的作战单位联系。但是在拉马迪，我们经常分成几个小组，于是就没有足够的海豹无线电技师跟随。你可能会发现你自己就要充当小组里的无线电技师，此时真正的无线电技师跟着别的小组或者班正在另一栋建筑里或者他们全体参加了另一个行动。

作为行动组组长和前海豹无线电技师，约克明白每个"猛汉"行动组成员必须会使用我们的无线电台。他知道我们每个人都需要学习如何设置我们的无线电台，这样当我们发现自己陷入困境时，我们任何一个人都能直接联系与我们并肩作战、可以给予我们帮助的陆军和海军陆战队。这是个在战场上救命的关键技能。

"所有人都要确保知道怎么设置自己的无线电台。"之前约克在查理排任务规划区听简报时下达了命令。甚至在海豹突击队队员中，约克看起来都是一个块头大、不好相处、令人生畏的家伙。你可能会觉得无论约克说什么，我们都会照做。不是因为我们怕他发火，就是因为我们尊重他的领导力和经验。

但是我们没有学怎样设置我们的无线电。起码，我们大部分人没学。并不是因为我们觉得这不重要或者我们不尊重约克，而是我们指示任务超负荷了。在满满的日程中，其他更紧急的事总是得到优先处理。约克关于学习无线电设置的命令就被搁置了。我们大部分人从来没去学过。

在约克下令让我们去学习设置自己的无线电之后的几天，"猛汉"行动组制定了一个计划并得到了批准。计划是发动一场夜间突袭。查理排得到了线索并制定了行动计划。就像我们在每次行动前所做的一样，我们把队伍集合起来做了简报，即"行动指令"，或者叫 OPORD。主要负责人站起来陈述他们各自负责的部分。我们介绍了计划细节并解答了余下的问题。

当我们要结束 OPORD 的时候，约克站起来做了最后的战略点评。最后，他问了一个问题把我们抓了个现行。

"有人知道怎么设置自己的无线电台吗？"约克问。大家干瞪着眼，但是没人有勇气说"没有"。

我想："我们没时间。我们挤不出时间。"

但是约克不需要听到回答。毫无疑问他能从茫然的眼神和没人回答的场面看出这屋里的大部分的海豹突击队员，也是即将发动这次作战行动的队员，他们不知道怎么独立设置他们的无线电台。

约克看着其中一个海豹突击队员，他是新到排里来的，我们叫他"比佛"，这是电影《回到未来》中的一个角色的名字。

"比佛，给我看看你的无线电台。"约克很冲地说。比佛迅速地遵照命令，拧开与耳机的连线，解开快速技术扣件，把无线电从作战服上拿下来，然后交给约克。无线电上有一个功能可以清除内存，然后需要对其重新设置。约克把内存清除了然后交还给比佛。

"把它重新调好。"约克命令道。

第一部分　平衡团队

比佛干瞪眼，他不知道怎么重新设置他的无线电。这太窘迫了，当着全体海豹排和行动组的面被点名，无法完成约克下达的指令。但他不是一个人，因为我们大部分人都跟他在同一条船上。

约克没有生气。他知道屋里的很多人都没学过设置无线电，不是因为我们故意不服从命令，而是我们还没完全理解它的重要性。因为我们不理解它的重要性，我们就没花时间去学。但是约克没有让步，他没让这事就这么过去，他坚持要实施这条规定。约克知道当我们在战场上时，在小组里面没有帮助和支援的情况下，我们必须要能独立操作无线电。"分散指挥"时，各个层级的领导者能够完全自立，能随时站出来完成任务是至关重要的。

他转向查理排的高级海豹无线电技师，说："教教比佛怎么重新设置他的无线电。"

约克又对我们排里剩下的人说："所有剩下的人都要确保你们知道怎么设置自己的无线电，这能救你的命。如果在下次任务前你不知道怎么设置它们的话，你就别出基地了。"

到了下次作战行动的时候，排里每个人——"猛汉"行动组的每一个海豹突击队员——都知道怎么设置他们的无线电台了，我们练习了很多遍。老大把我们所有人叫出去然后明确表示他的命令应该得到执行，没有例外。

对于领导者来说，知道什么时候坚持标准和坚持到什么程度经常是很艰难的。在海豹突击队里，跟在其他组织里一样，因为小事而不断对团队挥鞭子和言语斥责的领导者是让人鄙视的、不受尊重的。那些领导者是无能的，真正有事的时候几乎没人会跟随他们。一个领导者不能太霸道。但是这里的对立面是一个领导者不能太温和，不能在安全保障、任务的成功、团队的长远利益受到威胁时放任自流。

如果约克没有把我们叫出去证明我们能设置自己的无线电的话，我们永远都学不会。我们不会设置无线电这点极有可能让我们付出生命的代价。我肯定永远都不能通过陆军、海军陆战队的无线网络与他们直接通话。如果约克没这么做，他算是真正爱护行动组里的海豹突击队员吗？答案肯定不是。但是约克明白爱护自己的手下意味着为他们的长远利益和为战略任务的长远利益着想。有些标准就是不能放松。

从那以后，"猛汉"行动组的每个人都能设置和使用他们自己的无线电台。我们不是无线电技师，但是我们也联系使用无线电技师携带的大型无线电设备，以防我们要用到它们——这经常发生。当其他海豹突击队员来拉马迪营"搭车"加入我们排和行动组参加作战行动时，我们首先教他们的其中一件事就是如何设置他们的无线电，让他们能和陆军、海军陆战队的作战单位直接通话。约克坚持了他的主张。结果是，我们为现实中的战场做好了准备，能够降低风险并且能最有效地完成我们的任务。

当我反思约克展示一个领导者如何确保大家遵守规定时，我想到了在我的职业生涯中没有这样做的几次。作为一个年轻的领导者，我知道有时候需要提升我们的表现，在训练屋里再做一次演练（训练屋是我们练习近战的地方），或者再加一次演习以保证我们充分做好了准备。但是在那些时候，我有时没有坚决要求，我没有给他们足够的压力。任何增派给队伍的任务都会被推回来并且招来抱怨。有几次我没再管，允许他们不努力工作，这是混淆了"爱护你的人"的概念。到最后，队伍的表现很平庸。队伍再也没有进步，成员之间从来不相互问责。这是失败的领导——我做的领导。

我也认识到了另一面：有时候我太霸道。我坚持用某种方法做某件事，因为那是我的方法。或者抓住几件战略上并不重要的小事喋喋不休，觉得自己做得对，坚持了自己的底线。这造成了一些不必要的摩擦，扼杀了团队成长，阻碍了下级领导者站出来自主管理。这使我们无法在"分散指挥"

第一部分　平衡团队

模式下顺利开展工作。

在我的整个海军生涯中，我见过也为很多霸道的领导者工作过，那不是我想要用的领导方式。他们有些人对纪律要求严苛，对着人大喊大叫，击垮了队伍的士气。没人愿意追随他们。他们可能会完成好眼前的任务，但是从长远角度看，他扼制了团队的成长。经常性的，他们作为反面教材明晃晃地提醒我："我永远都不想做一个这样的领导者。"

但是有些时候每个领导者都必须给团队一点空间，允许团队有一点操作空间。2005 年，"猛汉"行动组组建并开始训练，我们非常坚定地要去伊拉克战斗。我们知道我们将会和很多支美国陆军和海军陆战队合作——步兵部队、装甲部队、空降部队。他们对制服和战斗装备都有严格的规范。陆军佩戴他们的官方部队布章和美国国旗。海军陆战队佩戴美国国旗和他们由鹰、地球、矛组成的徽章，这是海军陆战队的队徽。但是在海豹突击队，海豹突击队员基本上爱穿戴什么就穿戴什么。通常就是各种制服和装备混在一起。早期在越南时，海豹突击队员曾穿着蓝色牛仔裤和平民的"猎鸭"迷彩服[1]参加作战行动。而且有很多海豹队员延续了"不走寻常路"的穿衣传统。除了制服样式让我们区别于其他部队，很多海豹突击队员作战服上有定制的魔术贴布章。每个海豹排都会设计一个标志并把这个标志作为该排的布章。在"猛汉"行动组，德尔塔排的标志是"骷髅蛙"加上德尔塔三角和蛙骨架的设计。查理排用凯迪拉克的标志加上了一个"3"和一个"C"代表"海豹三队"和"查理排"。除了行动组布章，我们有些人还戴其他布章，如传统的海军第一杰克旗——挂在美国海军舰首的旗——十三道横条纹，一条响尾蛇，上书"别惹我"，来源于美国独立战争时期

---

[1] "猎鸭"迷彩是迷彩色的一种，源自捕鸭猎人服饰，其花样是一个大背景色上叠加斑点。——译者注

的加兹登旗。海豹突击队通常会设计他们自己的布章，用任何他们觉得酷的标志和他们觉得有趣的一句话或者电影台词。当我们开始"猛汉"行动组的训练时，"搞笑表"是个很受欢迎的布章，表的指针埋进了红色的刻度那边，表示"搞笑表不会动了"。有几个海豹突击队员的布章写的是"再来几个牛铃"，灵感来自著名的脱口秀《周六夜现场》中威尔·法瑞尔拿乐队"蓝牡蛎邪教"开涮的台词。其他布章甚至更不专业、更粗俗。

我知道所有的布章都不专业，我知道有些布章让人非常不舒服，并且我知道作为排长，或许我应该让大家把这些布章拿下来。可是我也觉得它们很有意思，而且我不太理解像布章这样的小东西为什么会在我们同陆军和海军陆战队部队共同执行派遣任务时给我们造成麻烦。我认为除去布章会伤害士气并且让我看起来过于严苛了，所以我没管这件事。

约克觉得看到这些粗俗和不专业布章的人可能会断章取义而觉得被冒犯了，这会引起摩擦进而升级成严重问题。约克并不是什么道德标兵。我知道他认为很多布章很有趣，但是他也知道哪怕这些布章只是有一丝可能给我们带来麻烦，这个险也不值得冒。这有可能影响我们去伊拉克的资格。当我们得偿所愿被派去伊拉克时，和我们并肩作战的陆军和海军陆战队部队对我们的第一印象将会来自我们的外表。他们以一丝不苟的制服为荣，认为这是良好秩序和纪律的证明。看到我们戴着随意、不专业的布章，陆军和海军陆战队对"猛士"行动组的第一印象不会很好。约克知道这很重要，所以他认为应该去除布章。

"把布章拿掉。"约克告诉我。我告诉他这件事我会办的。

然后他对"猛汉"行动组所有人说了这个问题。

约克宣布："'猛汉'行动组不再戴布章了。你们很多人的布章都不专业。我明白它们很搞笑。但是搞笑的布章不能帮我们跟即将并肩作战的常规部队建立强有力的关系。它们会妨害我们在陆军和海军陆战队作战空间内行动的资格，它们会让我们无法上战场去打击和消灭敌人。"

"没有布章。"他重复道，"一个都不能有。所有人都清楚吗？"唯一的例外是我们得到批准可以佩戴标准美国国旗布章。约克的顾问士官，也是行动组的高级士官长，负责确保老大的命令毫无例外地得到执行。

"收到。"我们确认，用的是表示"明白"的军事用语。行动组——尤其是查理排——对此不是很高兴，但是大家都明白而且会服从命令。新的标准设立了，要求明确。所有的布章都被拿掉了。

但是几个月过去了，而且"猛汉"行动组得以入选去伊拉克执行派遣任务，我个人认为"猛汉"行动组是一个可以青史留名的行动组，注定要在战场上有一番作为，所以我们需要有一个官方的行动组布章。有一天放假，我们出去冲浪而且难得约克不在，我跟我的密友德尔塔排的排长塞斯·斯通说了这件事。

"兄弟，我们得有一个'猛汉'行动组的布章。"我说，"我知道约克说不戴布章，但是我觉得我们应该设计一个并且给每个人都做一个。"

"同意。"塞斯回答。我们都爱、尊敬约克，我们尊敬他对我们的领导。我们很少会与他意见相左，无论大事小事。但是我们知道一个行动组布章对行动组的凝聚力有重要影响，我们知道冒犯人的布章和有行动组标志的布章还是有明显区别的。

"我们得偷偷干。"我说，"得确保不让约克看见布章。"

"干吧。"塞斯说。

后来，回到我的住处，塞斯和我设计了两个给所有队员戴在肩上的不同布章。两个布章都是圆形土黄色，靠上的位置印着"猛汉行动组"。塞斯在其中一个上面装饰了两角下弯的牛骷髅，以及下方"牛仔镇在狂欢"的字样。我和塞斯都是得克萨斯州来的，我们都很喜欢"得克萨斯花花公子"鲍勃·威尔斯和他演唱的经典西部乡村歌曲《牛仔镇在狂欢》。这个双关语看起来最贴切,因为我们刚刚知道我们要去拉马迪了。我用修芒格斯大人的形象设计了第二个布章,他是《疯狂迈克斯》系列电影《公路战士》中后启示录时代反派人物的领袖,他有一身鼓胀的肌肉,戴着冰球面罩,挥舞着一把大口径手枪。在布章的底部,我用了短语"摇滚阿亚图拉",借用了电影中修芒格斯大人的封号。

出发前的几星期,我急急忙忙地找了家店,他们可以把我们的设计缝好,做成布章,在背后加上魔术贴让我们能从作战服上方便地佩戴和取下布章。布章堪堪在我们出发去伊拉克的几天前到了。我把没拆封的盒子放进我的一个针织袋里,然后打包放到运输托盘上,这托盘马上就要装载到即将运我们出国的飞机上了。我们一到达拉马迪,我就背着约克把盒子小心地拿出来并把塞斯拉到一边。我们打开盒子,拿出足够所有排里队员用的布章。悄悄地,我们把布章分给了"猛汉"行动组的每个人,除了约克和他在总部的直系工作人员。

在基地的时候,或者在约克和他的顾问士官眼皮底下执行战斗任务的时候,没人佩戴除了标准美国国旗之外的布章。但是查理排和德尔塔排的每个海豹队员,包括我们 EOD 拆弹专家,都把布章藏在我们作战服肩上的大口袋里。碰到约克坐镇 TOC 指挥的行动,我们的悍马车队一离开基地,我们就通过内部无线电通知:"戴布章。"所有"猛汉"行动组队员都把布章从口袋里掏出来粘在作战服的魔术贴上。我们做好了作为"猛汉"行动组作战的准备,去与敌人厮杀,消灭敌人。

但是像其他对规定的公然违反一样,我们被抓到只是时间问题。注定要来的那天来了,那是"猛汉"行动组参加的前期主要行动之一。合作的美国陆军部队有一名平民随行记者,他拍了一些"猛汉"行动组行动中的照片。照片分享给了他们在总部的上级并最终传到了约克和他的顾问士官那里。从照片里能清楚地看到几个海豹突击队员肩上的"猛汉"行动组

第一部分　平衡团队

布章。

顾问士官为此大发了一通火,准备处罚我们。他只是在尽职工作,执行约克的命令。我对约克的雷霆之怒做好了准备,而且因为我是违反命令的主谋,我打算独自接受所有的惩罚。

可是一天过去了,然后又是一天。约克没提这事儿,我很意外。约克知道我们违反了他的命令——故意地违抗。但是这件事上,约克没有坚持执行他定的标准,他没再追究。

当我思考为什么他没来质问我时,他的理由变得清晰,之后,当我们结束任务派遣回来后,他证实了我所想的。约克认识到行动组的布章加强了我们行动组的凝聚力——它们是我们的骄傲之源。他也知道我们已经拿掉了其他所有的布章,没人还戴着那些他在国内看到的冒犯人的和不专业的布章。相反,每个人戴的都是相同样式的"猛汉"行动组的布章。他知道如果我们能背着他藏布章,我们也会背着基地里其他美军部队藏布章。

虽然约克从来没告诉我们可以戴布章了,但是他允许我们变通一下。因为布章是独一无二的,也符合我们在战场上的名声,布章并没有使我们不容于陆军和海军陆战队,它使他们深知我们是一个有凝聚力的部队。当我们任务派遣快要结束时,我们送了几个"猛汉"行动组的布章给予我们合作密切的主要陆军和海军陆战队领导人,这其中包括负责整个旅级战斗队的美国陆军上校。

约克坚持底线和执行标准以确保我们知道如何设置无线电,但是当我们想戴布章时又允许我们不严格执行标准,看着他如何行事树立了一个关于如何平衡矛盾的强有力的榜样。有时要坚持立场执行规定,有时要让步和放松标准。找到平衡对领导者实现团队最大工作有效性至关重要。

## 原则

一方面，领导者不能太温和；但是另一方面，他们不能太霸道。他们必须制定高标准，驱策团队去达到标准，但是在没有战略重要性的小事上，他们不能专横跋扈或者顽固僵化。要找到这个平衡，领导者必须仔细斟酌什么时候要坚持标准和坚持到什么程度，以及什么时候允许放松标准。他们必须决定什么时候听取下级领导者的意见并让他们领导团队，根据他们所思所需做出调整。

有些人用"领导力资本"这一概念来理解一个领导者平衡矛盾所需要的谨慎分析。"领导力资本"是说任何领导者的精力都是有限的。如果领导者反复强调一些小事和战略上没什么重要性的事，他们的精力就被愚蠢地消耗掉了。这样的资本是随着时间通过建立团队对领导者的信任和信心慢慢获得的，在这个过程中领导者证明了他是为团队和任务的长远利益着想。优先考虑哪些方面标准不能降低，坚持底线，而对其他不太重要的方面则放松一些，这才是对领导力资本的合理使用。

正如我们在《极限控制》第八章《分散指挥》里写到的，一个领导者可以给团队的最重要的解释是"为什么？"。尤其当一个领导者必须坚持标准、推行标准的时候，领导者永远都必须要解释为什么这个标准很重要，为什么它有助于任务的完成，以及不执行标准会造成什么样的后果。永远都不能有"因为这是我说的"这种态度。如果是这种态度，会造成严重的反弹，让团队达到你想要的标准会更困难。作为领导者，你必须平衡这对矛盾，在重要事情上不动摇，但是绝不能霸道；在对团队和战略性任务整体利益无足轻重的小事上绝不能死板不变通。

第一部分　平衡团队

**商业应用**

"我读过很多关于巴顿的事迹。"执行副总裁骄傲地说，他指的是美国著名陆军将军乔治·S·小巴顿，他在第二次世界大战中功勋卓著。"我喜欢你在宣讲中提到巴顿。我想要我的公司也是像巴顿要求的那样纪律严明。我们需要的是可以执行命令的人，而不是质疑命令的人。"

我马上就能看出执行副总裁(后文简称 EVP)没有参过军。很明显他误解了军队领导者是如何有效领导团队的。那必不是通过僵化的威权主义，"我说了你就得做，不然你就要受到惩罚"。当然了，军队里有一些人是这么做领导的，但是这从来都不起作用。

我和 EVP 坐在会议室里，对他和他在公司的职位进行了解。作为针对该公司"领导力培养和整合"课程进行的先头梯队领导力评估一部分，这种一对一会谈是了解组织内部领导者、部门、团队、战略之间真正挑战和摩擦所必需的。对我们先头梯队团队来说，这是让我们得以针对这些挑战定制领导力课程和实施领导力问题解决方案的必要信息。

这位 EVP 的公司有很长的提供优秀质量和服务的历史。但是最近，公司执行团队决定在传统上集中在本地的市场基础上进行拓宽。这家公司之前依靠丰富的经验和对一线负责人的在岗培训进行管理，现在为了拓宽市场，公司不得不制定标准运营流程以便让所有团队和部门步调一致。

EVP 完整听完了我关于领导力的公开宣讲。在宣讲之后的问答环节，我提到了巴顿将军。那显然引起了 EVP 的共鸣。

"纪律等于自由。"EVP 说，他引用的是约克的口头禅，我们刚刚在培训的时候提到过，"我一直努力在团队中灌输纪律性，关于这点我们要做的还很多。"

"怎么做？"我问，想听他多说点。

"手机。"EVP表明，"每次我们开会的时候它都让我很火大，总是有人在用手机。我人在这儿，在前面向大家传达关键信息，然后我就看到有人在用手机回邮件。要不就是有人在我说重要信息的时候走出房间接电话。"

"他们甚至当着CEO的面也这么干。"EVP又说，对此等行为感到不可置信。

"是挺让人泄气的。"我回答，"我们在先头梯队也经常看到这种现象。但是很明显有些重要的事来了，为了公司的利益需要立即进行处理。"

"在我的会上不行。"EVP扬言，"我对所有部门领导和主管都说得很清楚。不管怎样，我的会上都不能用手机。"

"你怎么执行这个规定？"我问。

"简单。"EVP说，"每次会前，我让他们所有人从口袋里把手机拿出来关机。然后，他们得把手机拿过来给我看是不是全都关机了。我看到每个人都按规定这么做了之后才开始开会。"

EVP很得意于自己坚持底线，毫不动摇，严格要求团队遵守规定，对此他感到很骄傲。

"团队对此有什么反应？"我问。

"他们抱怨了，当然了。"他回答，"但是我会坚持，就像巴顿也会做的那样。"

"这些会有多重要？"我问。

"哦，很重要。"EVP强调道，"我正在宣布所有人都应该使用的新的运营流程。那是CEO直接下达的指示，不管他们如何反对，我都要让它得到贯彻执行。另外，有什么事能重要到让他们不能关掉手机一两个小时，把精力集中在我要跟他们讨论的事上？"

"唔，我能想到有一些更重要的事。"我说，"如果是件十万火急的事，一个重要客户需要快速解决方案，为了不丢一笔大订单你得跟他保持好关系呢？或者是影响你们市场发展，可能导致客户发火和媒体负面报道的严重质量问题呢？又或者是造成严重伤亡的安全事故呢？"

EVP点点头，同意以上任何一件事都比他的会重要。"你看。"他说，"我只是努力让我的团队有纪律性。正如巴顿会做的——像你和约克说的那样。如果我们在小事上纪律严明，换到大事上不是也会纪律严明了吗？"

"即使在小事上纪律也很重要。"我说，"但是作为一个领导者，你得小心平衡对立力量。明白什么事要严格按标准做，什么事可以适当放宽要求。你需要谨慎地决定哪些是更重要，需要你坚持底线贯彻标准的事。"

"我肯定你之前听过'领导力资本'这个说法。"我继续道，"作为领导者，你只有这些权威可以用，所以你得明智地选择在哪些事上用。在我看来，你把自己的领导力资本大量花在了手机上，而这些资本在别处可以得到更好地利用。"

"你提到新运营流程碰到了阻力。"我注意到，"能跟我多说说吗？"

"我遇到了很多阻力。"他承认道，"我们很多领导者有他们自己的做事方式，而且他们不想改变。"

"嗯，那是人类的标准反应。"我说，"人做事有惯性。你要帮助他们理解为什么他们需要改变——为什么他们需要实施新的标准化流程。如果他们理解了新流程将会如何有益于他们个人，如何有益于他们的团队，有益于整个任务，他们一定会接受改变。"

"为什么要靠我？"EVP询问，"这是'他们'的问题。'他们'需要参与进来。我跟他们讲了很多遍为什么我们要这么做。坦白说，跟他们努力解释这事让我很厌烦。我们只需要开始严格要求并执行标准——要么实施新的流程，要么别干。"

对我来说，这很清楚了。EVP 的态度是大部分公司领导者抗拒和拒绝实施新标准化流程的主要原因。他不明智地把他的领导力资本花在了诸如推行在他会上"不能用手机"这样没有战略影响的规定上。同时，他在实施新的标准化流程时就不剩什么领导力资本了，而这件事对公司的成败有重大战略影响。

"你读过一些军事史，这很好。"我说，"但是我觉得你可能误解了军队里是如何进行领导的。你在电影和电视剧里看到军队里的人盲目执行命令——那不是真的。军队的人不是罔顾结果、只会无意识地执行命令的终结者机器人。他们是会思考的个体，需要理解为什么他们要做以及他们要做什么。"

"但是在军队里，你们不是应该服从命令吗？"EVP 问。

"即便是在军队里，如果你下了命令但是他们不同意，或者不信服的话，会造成团队死亡或重伤的高风险，你不觉得你会碰到阻力吗？"我问，"当然团队会有所抗拒。他们甚至会违抗命令或者拒绝执行，即使这意味着他们要上军事法庭。"

"最好的军队领导者。"我继续说，"就像最好的商业领袖，会花时间解释'为什么'，让团队去理解。他们不会把命令强加于他们的下级领导者。而且他们也不会为鸡毛蒜皮的事费神。那样的话，当他们解释某件要事的重要性时，大家就会理解。然后，士兵们更有可能执行领导者想要的。"

EVP 点点头，开始明白为了让团队接受新的标准化流程，他需要调整策略。

"对公司的战略重要性而言。"我问 EVP，"什么更重要？是你下面的负责人们开会期间不用手机吗？还是他们接受新的标准化流程并且在团队内实施？"

"标准化流程，当然了。"EVP 承认道，"负责人们实施新的流程在战略上重要多了。"

"明白。"我说,"那么你需要在使用你的领导力资本时更合理一些。不要浪费在'不能用手机'这种政策上。那样有损你实施重要事务的能力。"

"这也是一个二元。"我解释道,"你不能让每个人都在重要会议上用手机。所以要说清楚手机是可以用的,但是只有在有特别重要的事的时候才可以用。"

"但是那样不会让我看起来软弱吗?"EVP问。我看得出来他可能又在想巴顿了。

"实际上。"我说,"这能让你看起来更强。这显示你明白什么是战略上重要的——什么事要坚持严格要求,什么事可以灵活变通,给你的领导者们留点余地。那样可以'增加'你的领导力成本,可以让你所信赖的部门领导们实施新流程。"

现在,EVP开始明白他需要如何谨慎地评估何时何事需要他坚持标准,以及何事需要让步。他开始懂得作为一个领导者,他的工作不是说"按我说的做,不然就后果自负",而是要解释。最重要的是,他现在看到平衡矛盾的重要性,要坚定但是不霸道。

"红牛六号"是海军特种部队拉马迪行动组组长约克·威林克的呼叫代号，用来对他的海豹突击队员和伊拉克士兵下达命令和进行管理。他的海豹突击队员和红色科拉西特遣队（美国陆军101空降师506伞降步兵团1营）在拉马迪东部马拉博区大型封锁搜查行动中充当伊拉克士兵的战斗顾问。这样的作战行动与海豹突击队员的训练内容有极大不同，但是这是拉马迪平叛任务中必不可少的行动。

（照片由托德·皮特曼提供）

# 第四章

## 东拉马迪战斗：让无法进步的人离开

约克·威林克

**拉马迪东部，马拉博区：2006 年**

我听到了远处的枪声。那不是有效的火力——没有子弹在我们附近冲撞，但这使我们认识到我们随时都有可能发现自己陷入了大麻烦。到处都是危险。每一步都可能触发简易爆炸装置，每扇窗都可能是一个狙击点，甚至天上都可能随时降下致命的迫击炮弹。

所有这些危险，甚至只是想想这些危险，都让人胆寒。但是当我们巡逻的时候，恐惧不是我们的焦点。焦点是工作——手上现有的任务。掩护一个角落；冲刺过马路；在门边或者窗边进行警戒；检查你的火力范围，将你前方和后方的海豹突击队员保持在可视范围内；注意你经过的建筑和街道以了解自己在战场上的位置；听耳朵里的无线电，了解关于友军位置的最新消息和疑似敌人的行动；同时要注意听着来自街上和周围环境的威胁。

　　这么多事同时进行，恐惧很难在脑中占有一席之地——没时间想。但是偶尔，在巡逻的时候，我会让自己脱离出来，不仅观察我周围的环境而且还观察我的队友。在那些时候，我们"猛汉"行动组的海豹突击队员们是一道让人惊讶的风景线——像是一个有机体，是一个整体在运行。当一柄武器从一个危险那儿挪开时，另一柄顶上。当一个人踏入一片危险区域时，他的射击搭档会掩护他。行动的发生不需要任何口头交流——没有对话和无线电通话——仅仅是微微的点头，一个武器所指的方向，偶尔的手势，和易于理解的肢体动作，用一种他人很难察觉的方式指挥着团队。我为自己是团队的一部分感到骄傲。我们在一起默契十足，好像在用同一个头脑行动。而且我对行动组里每一个成员的技术和能力都有绝对的信任和信心。

　　但是事情并不总是这样。2006年春天我们去拉马迪之前，经过了十二个月的艰苦训练，我们拼命达到了很高的团队合作水平。虽然我们有相同的起点，通过了基础水下爆破训练/海豹突击队训练（即BUD/S）——海豹突击队基础训练项目——但是那就是我们所有的共同点了。海豹突击队员来自于各个你能想象得到的社会经济背景，全国各个地区，各个民族，各个宗教。与人们一般看法和影视剧中通常刻画的形象不同，海豹突击队员，他们跟其他美国军队成员一样，不是机器人。即使通过不同服役时期的新兵训练营、持续的训练、生活方式，以及通过渗透到军中男女思想中的文化灌输，军人还是那样的人。他们有不同的动力和动机，独特的幽默感，不同的背景，不同的宗教和不同的性格。他们还有不同的优点和缺点。"猛汉"行动组的海豹突击队员拥有多种运动才能，有些是耐力选手，健瘦修长；有些像举重运动员，壮实有力。他们还有不一样的认知能力，不一样的智力水平。每个人处理压力的方式都不同，而且会施展不同的能力

第一部分　平衡团队

去处理复杂的问题。团队里有这么多样的个人，任何领导者所面对的挑战都是提高团队中所有队员的水平，以便让他们可以施展出自己的最高水平。为了做到这点，领导者必须把培养、训练、指导团队成员当成自己的个人使命，这样团队成员的表现会达到最高标准——起码也是最低标准。但是要达到那个目标会面临一个矛盾。虽然领导者必须竭尽所能帮助团队成员发展和提高工作表现，领导者也必须明白有些人不具备完成工作的能力。如果用尽所有可以帮助个人提高的途径之后还未成功的话，领导者有责任开除那个人，以免他给团队带来负面影响。

当然了，开除人是一个领导者必须做的最困难的事之一。在团队精神[1]迅速形成的"猛汉"行动组里，这尤其困难。人们经常问如何形成同志情谊。我们学到的最好方法之一"简单，但不容易"：努力工作。在任何组织中，尤其在军队中，部队训练越艰苦，把队员逼得越紧，他们凝聚力就越强。这在军队中普遍存在，肯定也存在于一些特殊行动团体内。"猛汉"行动组也不例外。当然了，我们通过生活、工作、吃饭、派对、锻炼，以及每次连续几周二十四小时待在一起的经历建立了强有力的关系。但是使我们形成关系紧密的团队的最重要因素是我们在训练中努力进取的方式。我们想做最好的，我们不想在任何情形中做第二。所以我们互相使劲督促和努力坚持，我们也互相保护，像家人一样。可惜的是，不是家中的每个人都有能力达到"猛汉"行动组的标准。

派遣前海豹突击队进行的为期六个月的"战前训练"对精神和体力都很有挑战性，尤其是对那些第一次参加的队员来说——新人，或者简称为"FNGs"。实弹演习、武器使用、夜间巡逻、装备重量、严寒酷暑、睡眠不

---

[1] 团队精神是存在于一组成员中的共同精神和鼓舞人心的热情、奉献，以及对集体荣誉的重视。——作者注

足——每样都不容易，当这些加在一起时，对某些人来说就太难了。

在"猛汉"行动组里，我们的战前训练开始后，第一组训练是在南加州酷热的沙漠里进行的陆地作战训练。那儿的地形多山、岩石遍布、崎岖不平。我们总是说在这种环境中进行陆地作战训练的话，人就会变成"蛙人"。压力大、环境多变对所有人都是挑战，但是对一些新人尤甚。作为行动组负责人，我留意看谁比较吃力，观察我带的两个排的领导层是如何分别处理表现欠佳的队员的。我看着立夫、塞斯以及他们的海豹排士官长与后进队员的互动，他们领导团队的方式正如我所料，他们试图帮助欠优秀的队员赶上去。他们分别是两个排里的一些新队员，他们还不太明白怎么回事。看起来他们跟不上工作所需的技术要求。

但是我看到排里的领导层跟他们一起想办法，孜孜不倦地为他们提供建议，辅导他们，安排有经验的海豹突击队员指导他们，一遍遍地训练他们。我知道这是为什么，他们帮助的新人可能很吃力，但是他们还是排里的一员。他们是海豹突击队员，他们已经从 BUD/S 和 SQT（海豹资格训练）毕业了。他们入伙了——所以领导层想要保护他们并且看到他们成功。

幸运的是，花在吃力的新队员身上的时间看起来有了回报。每个人都成功地完成了数周陆地作战训练，然后是下一组针对机动性的数周训练，训练时我们学习射击、移动，以及用悍马行进而不是靠走。在训练中，我又一次看到有些新人很吃力——使用重型武器时犯错，对战斗命令反应不当，或者在关键时刻迟迟不行动。但是又一次，我看到排里的领导层和其他老海豹突击队员负起责来，团结在他们的新队员身边，不懈地帮助他们跟上进度。

在机动性训练之后，针对比较勉强的海豹突击队员我和立夫进行了谈话。

"你怎么想？"我问，"他们中有些人看起来很煎熬。"

"是的。"他回答,"但是我们会让他们达标的。"那正是我料到他会给出的答案——他要保护他排里每一个成员。毕竟,他们是"他"的人,他对他们负责,他和他的排会确保他们跟上。我很高兴听到立夫对他的队员的表现负责,并且相信他的排可以让每个成员都能达标。那正是一个领导者应该做的。

下一组训练是近距离作战(后文称CQC),我们要学习如何在城市环境中清扫走廊和房间。在CQC训练中,当两个排要在混乱和复杂的建筑中进行情况多变的实弹演习时,压力甚至更大了。"实弹"意味着海豹突击队员在穿梭于房屋和锁定的目标之间时,互相射击致命的弹药,子弹距离对方只有几英寸远。对大部分人来说,这既有挑战性又有趣。但是对于那些吃力的队员来说,压力太大了。正是这时候,立夫第一次说出了他的担忧,他排里——查理排——一个新人可能不具备在实战中执行此类任务的能力。

他来找我说了一下他的一个队员的情况,那是个年轻的现役海豹突击队员,我们叫他"石头"。"石头"是一个新人,刚通过BUD/S的训练,查理排是他加入的第一个海豹排。他此前从未参加过整套训练。而且他看起来有些困难。

"他很努力了。"立夫说,"而且每个人都喜欢他。我们一直在帮他——你看到了,但是他在CQC训练中甚至更吃力了。看上去他好像糊涂了。坦白说,我只是不太确定他到底能不能跟我们去做派遣任务。"

"你什么意思?"我问,"他身型好而且很努力,对吗?"

我知道"石头"身体素质很好而且职业道德感很强。

"不是那样的。"立夫回答,"他很认真投入,而且他体能好。但是他有一些实在的问题。我们注意到他是在陆地作战训练时,他反应稍慢了点。但是在这儿,需要瞬间做出决定的压力把他彻底压垮了。他会惊慌失措然后一下子呆住，或者在屋子内做出糟糕的决定。"

我知道这其中任何一项都不是好事。

"屋子"是海豹突击队员提到"训练屋"时经常用的说法，这栋建筑里分布有复杂房间、走廊和防弹墙壁，可以让我们进行近战实弹训练和房间清扫训练。在屋里，多变的战斗情况来得很快，要求射击手在屋内可以瞬间独立做出决定。因为建筑是用墙隔开的，阻碍了视线和口头交流，有时低级别的海豹突击队员需要做出影响整个行动方向的决定。所以每个队员都需要有战术和行动头脑可以快速和自信地做出重要决定。除了做决定的压力，因为近战实弹训练的高危性质，我们有非常严格的安全规范，用以确保没人受伤或者被杀。如果我们任何人违反了规定，海豹教官就会发出一个安全违规——一个记录违规的公示。收到一两个安全违规是没有问题的，但是如果一个海豹队员收到多于两个安全违规，那就是严重的红牌警告，有可能会导致他被开除出海豹排，终结他作为海豹突击队员的职业生涯。

"他有什么问题？"我问。

"他有一些重大的安全违规。"立夫答道，"而且他并没有从中有所领悟，他没有进步。'石头'努力了，但是只要他有压力，很快他就变得任务饱和了。"

"任务饱和"是我们海豹突击队使用的术语，描述一个人或者团队如何在同时面对多个问题时变得不知所措。他们不能合理地"划分主次并付诸行动"。当试图同时处理太多信息的时候，他们会崩溃，要么无所行动，要么做出糟糕的决定，把他们自己、团队或任务置于危险中。

我明白这是一个大问题。但是我也想完全确定，在考虑开除"石头"之前，所有能帮他提高的方法是否都试过了。立夫和他的排士官长托尼，是很强的领导者——他们都表现优异而且希望他们团队的人有良好表现。

他们查理排的大部分海豹突击队员都很出色。但是我知道，强的领导者有时会倾向于在表现欠佳者有充分机会提高前就把他开除。我知道立夫和托尼和其他查理排的成员尽力了，但是我想要确保他们完全明白：大部分表现欠佳者都不是必须要走，他们需要引导。

"你跟他谈过了吗？帮他了吗？"我问，"托尼呢？"为了确保"石头"得到了训练的全部好处，得到了他赶上进度所需的指导，我想确认我的好朋友及战术专家托尼·伊伏拉提（即查理排士官长）是否一直在帮助他，托尼是一个经验丰富的海豹突击队员，曾多次参加派遣任务。作为教官，托尼教了所有高级训练课程，我知道他最有可能让"石头"成功。

"当然。"立夫回答，"士官长正在竭尽所能。我也是，还有我们的上士。我们很努力地让他跟上。在其他所有人都出去参加派对的时候，我们有人跟他练了整个周末。但是'石头'看上去就是做不到。我不知道我们还能做什么。"

立夫脸上的不安说明：他正试图在训练指导和决定开除某人这个领导力的两方面上寻找平衡。

"你觉得我们得让他走吗？"我问。

"我觉得这可能是最佳选择。"立夫难过地说。这不是件容易事。

"听我说，他是个不错的人。"立夫继续说，"他很努力。我非常想让他成功。但是在实战场景中，他会有危险——他自己，查理排的其他人都会——如果我们将他放在一个需要他果断行事的位置的话。"

我完全明白立夫的根据，而且他是对的。当我们执行任务时，"石头"将会要面临他的生命、其他海豹队友的生命和无辜平民的生命都处于危险的情况，他将不得不在瞬间做出决定和正确的判断。在战场上，如果"石头"呆住并且不能向敌人开枪的话，他或者其他人可能会因他而死。如果他做了糟糕的决定并且错将无武装平民认成敌方战斗人员，代价可能是一个无辜的人的生命。那也能让"石头"进监狱。我们只是不能让没有准备好的人走出去做事，去作为行动组一员在高压环境中执行任务。但是我不确定立夫是否完全了解事情还有另外一个角度——还有另一个让平衡这个矛盾变得困难的因素。

"你知道如果我们开除了他，我们将会找不到替补。"我说，"在接下来的战前训练中你会少一个人，对我们的派遣任务来说也有可能是。"

"你觉得我们找不到人代替他？"立夫问。

"不太可能。你知道的，海豹突击队员不够。"我说，"事情就是这样，每个队的每个排都在找人。如果你让'石头'走了，别指望还能再找到一个。所以你得问问自己。你想要查理排少一个人吗？"

立夫沉默地站在那摇了摇头，努力想接下来怎么办。

"想想吧。"我说，"他能做其他事吗？比如不让他参与突击。让他在你们车中做司机或者旋架枪手怎么样？也许他可以负责安排俘虏。除了踹门之外我们还有很多工作需要人。"

"但是即使是在这些岗位上，我们还是会需要'石头'做决定。"立夫评论道，"即便在这些岗位上，他还是会置身于那些我认为他处理不了的情境中。"

"确实。"我表示同意，"但是也许他只是理解力有点差，也许他只是需要更多时间去领悟所有这些东西。即使他只是在后方营地，为这个排的运转工作，也许下次他就会跟上了。再帮帮他，让托尼和小伙子们帮帮他。让我们看看他能不能胜任某个对排有益的岗位。"

"收到。"立夫说，"有道理。我们会尽力。"

说完，立夫走开了，明显打算找到一个让"石头"成功的方法。如果他们不能让他完全跟上，也许他们起码可以给他安排一个他有能力处理的、变化少些的工作，那样他被任务压垮、让自己或别人被杀死的可能性会低

第一部分　平衡团队

一些。

我们的 CQC 训练在继续，每天强度都在加大。我们最终能清扫更大的建筑，它们有更多的房间、更复杂的走廊和更多的危险。我们进行到了更复杂的问题：两支突击队同时进入训练屋，现场入门爆破，和处理更多的俘虏和无武装平民。我在一些训练中仔细地观察了"石头"表现如何。立夫是对的，他在很费力地跟上训练。因为我还得看着行动组其他四十个海豹突击队员，尤其是排里的领导人员，我不能仅仅把注意力放在"石头"身上。但是我看到的足够让我明白他的表现远不及他的同侪——其他查理排和德尔塔排的新人。然而，我没有看到他犯任何愚蠢的错误，差到让我们不得不开除他。但是他确实拿到了更多的安全违规，我不停看到教官给他提供建议。

即便如此，查理排始终把"石头"留在队伍里。立夫、托尼和其他排里的队员一直跟他一起努力，试着帮助他提高。"猛汉"行动组结束了我们的 CQC 训练，然后继续进行下一组为期数周的训练，然后是再下一个。终于，我们迎来了最后一组训练，叫作"特殊侦查"，或者 SR。做 SR 时队伍将会在野外花大量时间——在基地外，在训练战场上，从秘密观察哨监视和传递报告。这个训练的目的是"潜行和窥视"，以及在敌人发现你之前撤出该地区，这样就不会发生交火或者需要快速做决定的情况。压力程度大大减轻，我估计"石头"能做好。

我跟立夫和托尼了解了下。"'石头'怎么样了？"我问托尼。

"不太好。即使在这儿，他看起来都不行。"托尼回答。

"是，他还是在犯错。都是简单的东西。我不知道。我不时地看到一丝希望。但是他肯定很吃力。"立夫补充道。

"唔，我们的战前训练基本结束了。"我说，"我们应该做个决定。如果你们能做的都做了，但是他还是不行——我们可能就得让他走了。"

"知道了，老大。"托尼说。

"好。"立夫回答。

这将是我们迄今为止作为行动组被迫做出的最艰难的决定之一。这不是一个容易的挑战，平衡何时坚持帮助一个人去提高和决定何时该让这个人走。立夫和查理排去野外参加了另一个为期几天的行动。他们回来后，立夫直接来找我。

"我觉得我们在最后一次行动时越界了，约克。"他说，"'石头'在那儿做了些简单的任务。没压力，没负担。但是他全都失败了。我们不得不把他从那些任务上撤下来，让其他人做他的事。幸运的是，他们接手了他的活儿，我们最终完成了任务。但是因为'石头'的参与，任务变得更难了。不仅是他不能对完成任务有所贡献，他的不足拖累了整个团队。这对我来说很清楚了——我们没什么可做的了。"

立夫摇了摇头。"我讨厌这样。"他继续说，"'石头'是个好人，但是他就是会慌乱。他对他自己和其他所有人来说都是个危险。他就是做不到我们需要的那样。我觉得我们应该让他离开。"

"这是个很难的决定，尤其是我知道你喜欢他。"我告诉立夫。

"我们都喜欢'石头'。"立夫回答，"他努力了，他很认真投入。但是他一次次证明了他就是胜任不了这个工作。我恐怕'石头'会伤到他自己，伤到其他人，或者连累其他人受伤——尤其是我们战斗时。我觉得我不能把'石头'放到一个远超过他能力的局面中。如果他做了个坏决定，然后有人因此受伤或阵亡，'石头'的后半辈子都将会怀着负罪感。凭良心说，我不能让那发生。"

"你是对的，立夫。我知道你已经尽力去帮助他跟上进度了。"我对他表示理解。

"我尽力了，约克，我确实尽力了。我们都尽力了。"立夫回答。

## 第一部分　平衡团队

我坐在那儿沉默了一分钟，思考了一下。这是一个艰难的决定——最难的决定。当你在海豹突击队开除人的时候，你在挖他们的心，粉碎他们的梦想，把他们从朋友身边赶走，毁了他们的事业，断了他们的生计。这不是件小事。但是同时，还有一副更重的担子——排里其他人的生命。他们指望每个海豹突击队员都可以胜任自己的工作、做好自己的工作。我们所有人都必须能够互相保护，就是这么简单。

另外一个影响我决定的因素同样重要：查理排是立夫的排。他是领导者，我得相信他的判断力。这是他成为排长以来做得最艰难的决定。当然，他在训练行动期间和管理排里日常事务的时候做过决定，但是没有一个决定是会造成像开除"石头"一样的后果，这将会影响"石头"的一生。但是立夫已经苦苦想了很久——我也是。我们竭尽所能去平衡这对矛盾，一方面，我们想对"石头"讲义气，我们想要"石头"成功并且作为海豹突击队员有一份伟大的事业。但是另一方面，我们必须要对团队更多人讲义气——对查理排，对"猛汉"行动组，以及，最重要的是，忠于我们的任务。我们必须要确保队里的每个人都能做好自己的工作。"石头"不能。我们得做正确的事——困难的事。

"那好吧。"我说，"我们会把他从排里撤下来，送他回去接受三叉戟审查委员会的评估。"

有了决定之后，立夫和托尼跟"石头"开了个会。他们向他解释了情况，为什么他们这样决定，以及接下来会发生什么。"石头"将需要等待三叉戟审查委员会的评估结果。

"三叉戟"是我们对海豹突击队的战斗徽章的叫法，徽章由一只金色巨鹰、燧发手枪、锚、三叉戟组成，我们把它戴在制服上。三叉戟审查委员会由海豹突击队最有经验的退役军官组成，包括：海豹突击队士官长、高级士官长和军士长。他们会重新审核"石头"的情况，然后决定是让他继续做一名海豹突击队员，今后在另一个海豹排里再试一次，或者让他拿下三叉戟徽章，把他送去一个非海豹部队的海军水上舰队。委员会重审了"石头"的情况，调查了他安全违规的细节，听取了托尼和查理排士官长对于他表现的意见。决定很明确，委员会裁定拿下"石头"的三叉戟徽章，把他派去舰队。他将不再是一个海豹突击队员，不再是海豹突击队的一员。

"石头"对此很不高兴。诚然，他为自己不能待在海豹突击队难过，但是同时他松了一口气——卸掉了由于努力尝试他不能胜任的工作所带来的压力。虽然他很失望，但是他仍然积极向上，继续去海军打拼了一番事业。

在拉马迪，在我能想象到的最艰苦的战斗中，"猛汉"行动组都是一支表现超凡的队伍。密集的训练、教导和指引对此作用很关键，但是我们超凡的表现也是通过做出艰难决定开除了表现不足的人所成就的。但是过分依赖开除人这种极端手段是例外。在这个矛盾的另一面是查理排四个新人在指导和训练下，尤其是在排里领导层和优秀海豹突击队员的特别帮助下表现优异。虽然每个新人都曾经很吃力，但是他们所有人，除了"石头"，都赶了上来。查理排的老海豹突击队员帮助了他们，跟他们训练，为他们解惑，驱策他们成为查理排和海豹突击队正直诚实的成员。而且态度——竭尽所能帮助你的下属、同侪、领导者做到最好的态度——对查理排和"猛汉"行动组的成功起到了关键作用。

但是那种态度需要与一种认知相平衡，知道何时我们作为领导者已经竭尽所能帮助一个人掌握技能、赶上进度，但是这个人仍旧不行，那么就必须要做决定让他走了。

# 第一部分　平衡团队

**原则**

大多数表现欠佳者都不是必须要走，他们需要引导。但是当所有帮助后进者进步的努力都失败后，领导者就必须做出这个艰难的决定让他走了。这是每个领导者的职责所在。

领导者对团队个人的表现负责。任何一个领导者的目标都是让每个人都发挥最大作用——把每个人的潜能都激发出来，从而激发出团队的最大潜能。反过来，领导者也必须知道人类是有极限的。对于某个职位来说，不是团队里的每一个人都会适合。有些人可能需要技术要求少些的职位；有些人不能处理好压力；有些人可能无法与其他人合作；有些人可能缺乏创造力，想不出新点子或者解决方案。这并不意味他们是无用的——这只是说明领导者需要把他们放到可以发挥他们长处的岗位上。这也仍然是领导者在试图将每个人的潜力激发到最大的表现。

偶尔情况下，有些人就是无论如何都达不到要求。如果一个领导者已经竭尽所有训练、指导、解惑的补救措施，那么他就必须做出这个狠心的决定，把那个人从队伍中剔除出去。这种情况下的二分法是要平衡这样的两种做法：爱护团队成员，即使他们缺乏工作岗位需要的技能也留下他们；保护团队，把对团队和任务有负面影响的人从岗位上撤下来。一个领导者必须对他团队里的每个人有情有义，爱护他们，但是同时他也必须忠于团队本身，确保团队每个成员都发挥积极作用且不妨碍任务的执行。

"极限控制"的概念是造成这个二分问题的一个因素。"极限控制"的概念提到"没有糟糕的团队，只有糟糕的领导者。"当领导者们努力按这条真言行事时，通常都会有积极的结果。当团队里有表现不达标的人时，领导者要对这个人负起责来，确保他得到能让他胜任工作所需的培训、辅导和建议。这样针对个人的投资通常会带来红利：表现欠佳的人有所进步，然后成为团队可靠的贡献者。

但是有时后进的人不会有进步。有时他不能进步的原因，只是这个人缺乏做好工作必要的技术、能力和态度。所以领导者对此负起责任，继续对这个人投入时间、精力、金钱。但是这个人的能力始终得不到提高，且领导者持续对这个人投入时间和资源的时候，他忽略了团队其他成员和要务，有可能会使团队开始止步不前。另外，如果其他团队成员看到领导者在没工作业绩的人身上倾注资源，他们有可能会质疑领导者的判断力。

这时领导者必须平衡他们的工作方向。他们不能集中关注一个人，而是必须将团队谨记于心，谨记团队的业绩大于单个一人的业绩。他们不应该持续在一个后进者的身上投资，在所有辅导和培训这个人的既定措施都失败后，领导者必须把这个人开除出去。这可能是一个领导者不得不做的最难决定之一，但这是正确的决定。

经常有人问我们，"什么时候应该把人开除？"有些领导者刀落得太快，还没给予团队成员正确的指导和足够的机会之前就把人开除了。另外一些领导者则是即使在这个人已经没希望胜任工作，并且他对团队有负面影响后也不让他走开。答案是这样的：当一个领导者已经竭尽所能去帮助一个人提升表现却没有效果时，这就是时候该让这个人走了。不要太快把人开除——但是也不要等太久。要找到平衡并且坚持原则。

**商业应用**

"二号楼的项目主管看起来就是不知道怎么做事。现在他们的进度落后一号楼六天了。"项目经理对我和区域副总裁说，说的是他们在建的两座公寓楼其中一座的负责人。

"落后了六天？"副总裁问，"这不是让整个项目都脱轨了吗？"

"绝对是。"项目经理回答道，"我们必须重复同一工序而不是一次性做完。有些像浇筑混凝土和调动吊车这样的工序是要花钱花时间的！"

"那可不好。"副总裁说，"这是我参与过的唯一一个拖进度的项目。"

"呃……在现有条件下我已经尽力了。"项目经理说，"二号楼的项目主管就是完不成。"

我看向副总裁并冲他点了下头。我知道他和我想的一样。我们已经给这整个团队上过"极限控制"的课了，但是这个项目经理在归咎他人和寻找借口。副总裁对此没有丝毫怀疑。

"二号楼的项目主管完成不了是谁的错？"副总裁问。

项目经理立刻意识到这是在暗示什么。他脸上的表情一变，然后开始摇头。

"这怎么能是我的错？"他问，"负责二号楼的是他，不是我。"

"嗯，那么公司付你薪水是让你干什么的？"副总裁问项目经理，语气很强硬——可能有点太强硬了。项目经理没说话。副总裁调整了一下语气。

"我的意思是，说真的，你是项目经理。"副总裁继续道，"二号楼是项目的一部分。如果二号楼的项目主管做不好他的工作，谁应该向他问责？"

"我一直都在做。"项目经理反驳道，"但是就像我说的，他看上去就是不明白。"

"那好。"我插入谈话，"如果他真的干不了，那么他为什么还在这个位子上？如果我有个排长或者班长一再失职，他们的工作就丢了。"

"说起来容易做起来难。"项目经理坚持说，"这个职位有很多事要负责。建筑师和工程师那边有很多事要交代清楚。这不是个容易活儿——而且如果我们找新人接替他的位置，有很多东西新项目主管不知道，而他知道。这些东西对这个项目很重要。"

"可是，很明显这样不行。"副总裁说。

"好吧，好吧。"项目经理无奈地说，"让我再跟他谈谈。"

"虽然你要去谈，但是最好准备有所行动。"我说，想到有可能需要把项目主管从二号楼工程上撤下来。

"我准备好了。"项目经理说。

"不。不仅是你要做好准备。我们还要在法务方面做好准备。"副总裁说。

"你什么意思？"他问。

"好吧，咱们看看现实情况。"我告诉他，"你说你已经跟他谈过了，那显然不奏效。现在，你可能要跟他说得更直接一点。明确告诉他哪里做得不对，他需要如何改进。你还需要警告他如果下次再谈这件事，你就要用书面形式了。如果他不能有所改进，你需要真的用书面形式通知。公司必须准备好采取行动——解雇他——如果他没有改进，并且所有迹象表明他不会改进的话。所以你要对这种情况有所准备，这样就能在避免法律纠纷的情况下解雇他。"

"但是如果他能改好呢？"项目经理问，他明显对我的建议有点怕。

"如果他确实改好了，那很好。"我说，"问题就解决了。这事儿就此翻过，没影响。但是如果他改不好，那么你就要做好准备。"

"但是如果我给他出了正式文件，这不会影响他的工作态度吗？"项目经理问。

"有可能。但是请考虑一下我们现在的情况。"我反驳道，"你和我之前谈过这件事——你和他的讨论一路升级。你从友好的对话开始，他没有改变。你问他可以怎样帮他改变，他没有改变。你直接告诉他哪些需要改变,他没有改变。你给了他很多机会,但是到目前为止,他没有丝毫进步。"

"显然你尽力不给他太多压力或者太多否定意见。"我继续说,"但是就是没效果。下一步再升级,就是告诉他要有正式文件了,这是他最后的机会了。但是如果他不能有所改进,你必须再进一步——你得给他出书面文件。当然,这有可能会对他有所帮助。有可能让他最终认识到你有多认真、形势有多严峻。你应该明确告诉他不足在哪里,帮助他改进。如果真能那样并且他能做得好,那就很好。但是如果不行,你要做相应的准备。一份正式的讨论文件可以让合同终止地更顺利些。另外,你所做的工作包括帮助他、指导他、引导他,以及明确告诉他工作表现不足并且需要改进,最终都是为了他好。"

我解释说造成解雇一个人很难的原因之一是,领导者知道他们没有竭尽所能去切实帮助表现欠佳的人。作为领导者,我们会因为没有尽力而心有不安。我们没做培训,我们没有引导,我们没有管理好。那让我们感到愧疚——理当如此。

"如果你已经做了作为领导该做的一切。"我说,"如果你已经直接告诉他哪里不足,对他进行了指导和引导,给了他足够的机会去纠正自己的错误,那么开除表现不足的人就不仅是正确的事了,而是唯一应该做的事。除此之外的任何措施都是对团队的损害。这样说有道理吗?"

"确实有道理,但是这完全不能解决另一个问题。"项目经理说。

"什么问题?"副总裁插话道。

"替换他的问题。这是个复杂的工作。像我说的,有各种各样的问题。"项目经理回答道,"如果我得解雇他,我还能再去哪请一个跟他一样能抓住工作头绪的人?"

"谁说你还得再请一个人?"我问,"为什么不直接提拔一个人?"

"提拔一个?"项目经理问。

"当然。"我回答,"你有一整个工地,实际上是两个工地的人。这里面就没有能胜任的领导者吗?你不觉得有人可以做这个项目主管的位子领导团队吗?"

"有可能。"他回答地兴致满满。

经过这场谈话后,项目经理回到了他的拖车上,我和副总裁则在工地上转了一下,跟员工和负责人谈了谈。总体上,他们有很不错的员工,他们富有经验,在两栋楼的工程上工作进展顺利。实际上,很多人是在两栋楼之间来回,同时做两个工程。

"两栋楼基本上是一样的。"副总裁对我说。

"是的,一样的。一栋楼盖得这么好而另外一个不行,这不是很让人惊叹吗?"我语气里略带讽刺。我们都确切知道这里是怎么回事。

"没有糟糕的团队,只有糟糕的领导者。"副总裁说,引用了《极限控制》章节里的话,那一章解释了为什么说一个团队的失败是由领导者的失误导致的。"二号楼的项目主管没做好,而项目经理对此不会做任何处理。"

"确实。"我回答,"那是糟糕的领导,对吧?"

"真的是……"副总裁答道,意识到我"真正"在说什么的时候渐渐没了声音。他脸带疑问又了然地看了我一眼,我只是点点头。

"这是我的错,对吧。"副总裁说。

"你是领导者。"我答道。

他在那看着对面的建筑工地站了一会儿。然后他看向我说:"我明白了。"

"你明白什么了?"我回道。

"我明白了。我明白刚才你对项目经理说过的所有这些,你可能也一直在对我说。"副总裁说,"如果二号楼的项目主管做不好,而且项目经理也对此不作为的话,那实际上是我的错……而我应该纠正这个错误。"

第一部分　平衡团队

"这就是'极限控制'。"我表示肯定。

副总裁沉默了一会儿。然后他说："好。这个我也明白了。但问题是，二号楼的项目主管，他是个好人。他之前给我们做过其他工程，做得还不错。这个项目经理——他能把工作做好。你看一号楼。我想罩着这些伙计们。"

"当然。这个项目经理能把工作做好，但是他不做。"我指出，"而且你真的要为了罩着这些伙计而让工程拖进度？让他们完不成工作？平衡极限中有一种：什么时候留人，指导和引导他们，直到他们能把工作质量提上来；什么时候决定把人开除，因为他们损害了团队利益。这两者之间要进行平衡。当然了，当你指导和引导他们、帮助他们的时候，你会跟他们建立一种关系——你要赢得信任。但是作为一个领导者，如果你在一个人身上投入太多时间，那意味着你忽视了其他人。再者，如果团队中有一个人不能有效完成工作，这有可能会对整个任务的完成造成影响。我觉得这就是你现在的处境。你让项目经理去处理项目主管，但是他没做好，而整个项目都耽误了。你得进行干涉，把问题解决。"

"我会的。"副总裁同意道，"我会解决的。"

他要求给他和项目经理一点单独谈话的时间。我去跟一些项目的承包商了解了一下领导层是如何跟承包商打交道的。大约一个小时之后，副总裁给我发短信说他在他的拖车里，想跟我大致说下他跟项目经理的谈话，所以我去了他的拖车。

"那比我想的简单。"他说。

"那很好。你跟他说了什么？"我问。

"首先，我告诉他我喜欢他而且觉得他很能干。"副总裁说，"但是之后我告诉他，他工作没做好——而如果他工作没做好，那么我也没做好。然后我说如果我的工作失败，我就需要对这种情况负责，要解决这个问题。"

083

"他对此有什么反应？"我问，预计项目经理会有所辩解并且让他不要插手，让他自己来处理。

"意外的是，他不介意。"副总裁回答说。

"真的？"我问，觉得很意外。

"我觉得他需要别人帮他做这个困难的决定。"副总裁说，"而且我觉得他知道。所以我让他去给二号楼的项目主管出一份口气严厉的书面讨论文件。同时，我告诉他去找一个可以接手二号楼的人。那是他最大的顾虑，他觉得二号楼没人有这个能力。但是我告诉他去一号楼找。他们的信息互通。而且好消息是在过去六个月中，他们在一号楼的项目那里跟了个好领导。他们知道应该干什么，而且看到了应该怎么干。他喜欢这个主意——立即提了几个有潜力干好这活儿的人的名字。我觉得这个问题应该会顺利解决的。"

"那太好了，至少谈话效果很好。"我说，"现在难的部分来了：付诸行动。项目经理得跟项目主管进行一次严肃的谈话。那些谈话不会容易。如果谈话没有效果，他可能必须要解雇这个项目主管。从努力指导和帮助一个人，变为开除一个人是很难的。但是不幸的是，这是作为一个领导者必须要面对的矛盾情况。"我告诉他。

接下来的几个星期，我不在工地上，但是我从副总裁那里定期收到最新进展情况。他和项目经理实施了计划，项目经理给二号楼项目主管出了书面文件。副总裁和项目经理一起从一号楼的团队里挑出了二号楼项目主管的最佳人选，并且与之进行了谈话。三个星期后，在出了三份书面讨论文件后，二号楼项目主管仍然没有进步，所以他们解雇了他。项目经理提拔了新的项目主管，然后带领新的领导团队继续工作。因为一号楼和二号楼项目主管的关系，一号楼项目主管不厌其烦地帮助二号楼项目主管赶上了进度——为了让他赶上甚至拨给他人力、物力，很好地示范了"掩护并行动"。而且,虽然一号楼比二号楼先完工,但是二号楼团队的表现从根本上有了进步。这是因为公司领导层在这两个选项上做出了正确的考量和行动。是继续指导业绩不达标的项目主管,还是决定是时候让他走人,然后用更适合领导团队的人替代他。

# 第二部分

# 平衡任务

一个由"猛汉"行动组查理排和德尔塔排海豹突击队员组成的联合队伍在房顶上射击，掩护楼下街上的海豹同胞，伊拉克士兵，以及美国陆军红色科拉西特遣队队员（101空降师506伞降步兵团1营）。拉马迪紧密相连的城市景观，拥挤的建筑物和狭窄的城市街道本来就是困难的战斗地形。出发前在城市环境中密集和高难度的训练对"猛汉"行动组的成功起到了关键作用，海豹突击队在拉马迪的经验教训也通过训练被传给了下一代海豹突击队行动组和排。

（照片由托德·皮特曼提供）

# 第五章

## 军官"大沃尔特"的牺牲:科学训练至关重要

立夫·巴宾

**敌占区:2009 年**

"大沃尔特倒下了。"队内无线电网络传来了呼叫声,排里每个海豹突击队员都通过随身耳麦和无线电监听这个网络。四处都在爆炸,声音震耳欲聋,周围子弹四射。在一阵混乱的史诗级枪战中,有人牺牲这个苦涩的消息让排里其他海豹突击队员悲痛不已。他们那个位置差到家了,敌人的火力让他们困在这个敌占城市中央动弹不得。他们车队的一辆悍马中弹后动不了了,困在街上无能为力。现在他们敬爱的士官长,"大沃尔特"——他们排的关键决策人物和在激烈的战斗中队伍的集结者——去世了。他们现在要指望谁呢?

在指挥链中,上士(或称LPO)是仅次于士官长的决策者。他知道他应该站出来带领队伍,但是从他的表情看,显然他有些迷茫和不知所措。

排里其余的海豹突击队员需要有人鼓励他们并且下命令集结、整合四散开来的队员，在他们看来，上士表现得没有什么信心。其他几个海豹射击手在一轮猛烈火力掩护下竭尽全力回击敌人，他们在等上士的命令。下一步怎么办？命令没来。

"人—都—在—哪？！"上士在无线电里嚷道，子弹狠狠打在墙上，离他的脸只有几英寸。没有人回答。他们怎么回答？他们分散在几乎整个街区中的建筑物之间，并且所有人都在全神贯注地完成自己的当前任务——回击敌人，处理伤亡，努力解决他们自己的危机。对排里其他大部分的海豹突击队员来说，耳麦里的问询仅仅是背景噪音而已。此外，在这种毫无特色的城市环境中，通过无线电描述他们的确切位置是很困难的。无线电上的回答诸如"我在墙边""我在一个房子的后院"或者"我在街的中段"提供不了任何关于确切位置和下一步行动的明确信息，这只会挤占无线电网络和妨碍重要命令的传达。

只有几个海豹突击队员在隔壁房间与上士在一块儿。他不知道其他人在哪。敌人的火力铺天盖地而来。几个海豹射击手竭尽所能，从窗户和大厅进行还击。因为被困在那里，隔着混凝土墙和建筑物，他们没人能看到正散在别的建筑中找掩护的其他队员。实际上他们之间只有几码的距离，但是在不知道的情况下，这跟隔着几英里也没区别。

轰隆隆！轰隆隆！轰隆隆！

爆炸让屋外的街道颤抖，机关枪声从墙那里传来。上士慌了。他的队伍在待命，等着有人——任何人——站出来指挥大家。

"我们在干吗？"一个海豹突击队员喊道。另一个喊："我—们—他—妈—的—得—从—这—出—去！"

情况一片混乱，而且当敌人从周围街区汇合，向海豹突击队所在位置靠近时，情况每秒都在变得更糟。但是当敌人对海豹突击队进行包抄的时候，排里的队员没人行动。没人下达指令，没人负起责任去解决问题，让大家行动起来。反之，队员们都在等待命令，此时上士正在慌张地跑来跑去，他试图数清他附近的海豹突击队员人数但是没能成功。

同时，另一个海豹突击队员中弹了。然后又有一个。

有人中弹了！

他们已经失去了"大沃尔特"。没有了他的指挥，他们就瘫痪了，没办法把自己从这可怕的局面中解脱出来。时间一点点地过去，他们的伤亡在增加。上士没有发出指令，其他人也没有。

排里的海豹看护兵是一个训练有素的战地医疗兵，他向附近的伤员挪去，但是伤员已经太多了，他不能同时处理。他将不得不进行鉴别分类，只能先治疗他能救的队友。

随着伤亡数字上升，场面越发混乱而且沮丧的情绪在排里海豹突击队员中爆发出来。敌人一直在慢慢地从四面八方接近他们。

"谁—能—下—个—令？！"一个年轻点的海豹突击队员沮丧地喊了一声。

谁能下个令？

这一幕让见者心碎。从一个旁观者的角度，我能清楚地看出应该怎么办：一个人——排里的任何人——需要站出来指挥，把力量整合到中心地带，点明人数，然后让大家朝一个方向移动。对于正身处此种情境之中、处于风暴中心的海豹突击队员来说，想出办法是很难的。按兵不动是他们最差的做法。

这个海豹排很幸运，这次他们遇到的不是真的敌人。他们是海豹教官和平民志愿者扮演的敌人。周围乱飞的子弹是彩弹，虽然它们打在身上很疼，但是不致命。炸弹也不是真的 RPG-7 火箭弹，而是模拟榴弹，它可以爆出巨响但是不会射出可以撕开皮肉和骨头的弹片。敌占城市是煤渣砖砌出来的，建有墙壁和街道以及多层楼房，楼房带有窗户、梯井和大厅，仿照了海豹排有可能在伊拉克或其他地方遇到的城市环境。我们将其称之为城市地形作战（MOUT）城。这是一次训练作战，是一个试图囊括巷战的混乱和困难的真实场景，而城市环境是最复杂和困难的作战地形。虽然这只是对严酷战斗的准备，不是真实战斗，但是从这其中学到的经验教训是非常真实的。知道在这种混乱中如何管理队伍，甚至是如何发展成长，将会在真实的战场上救命并且能大大提高任务成功的概率。

海豹突击队训练课程为即将出征的行动组做好上战场的准备，以其难度和出色的成果著称——不要和水下爆破/海豹训练（简称BUD/S）搞混，BUD/S是为期七个月的初选过程，是为了筛掉那些不具备海豹突击队员在战场上所需的最重要的品质的人。实际负责让海豹突击队行动组做好应对最难任务，并在战场上取得成功的训练项目叫作"行动组级别训练"。在这个训练中，海豹排和行动组学习以团队形式在各种环境中共同克服挑战并完成任务。

如《极限控制》第八章《分散指挥》中所写，我们"猛汉"行动组在2006年拉马迪战役中取得成功，证明了我们出征前所进行的真实、充满挑战的训练项目是很重要的。我们从拉马迪回国后，我找到了几个当初让我们进行艰苦的巷战训练的海豹教官。我告诉他们那些训练是如何帮助我们的。毫无疑问这救了我们的命。约克也承认我们的战前训练有多重要，所以在他考虑"猛汉"行动组之后的岗位时，他选择成为海军特种作战部队第一大队训练分队（俗称TRADET）的指挥官。TRADET的使命是训练所有驻扎在西海岸的海豹分队以及对他们进行战前准备训练。约克带回了我们在拉马迪的经验教训，并把这些用于改良现有的训练项目。意识到领导力——在团队的所有层级——是战场上最重要的东西后，约克将重点特别放在了领导力培养上。训练的目标是严格地测试各个团队层级的领导者：负责四名海豹突击队员的火力小队队长，负责八名队员的班长，负责十六名队员的排士官长和排长，以及负责整个行动组的组长。约克负责 TRADET 的时候，训练是最好、最有挑战性的。训练场景旨在创造战斗中固有的混乱和骚乱，给领导者施加高压，挑战他们和他们下级领导者的决策能力，让他们认识到自己的弱点。每个作战指挥者都必须保持谦逊或者变得谦逊。我们知道，在训练中变谦逊比在战场上变谦逊要好得多，战场上是会丢人命的。事情多么容易失控，敌人可以多快地行动和得占上风，交流如何中断，友军误伤如何能轻易发生，在交火时的混乱中如何能轻易漏点人数和落下队员，知道这些对于领导者来说是非常重要的。如果他们在训练中学习并且理解了这些，他们就会更充分地做好准备，不让以上情况在真实战斗中出现。约克在训练分队的名言是："艰苦训练是教官和领导者每天的神圣职责。"

有两年时间，我负责下级军官训练课程——针对所有从 BUD/S 毕业的指挥官的基础领导力训练课程——把同样的经验传给很快就会作为副排长加入海豹突击队的预备军官们。之后我被调回了一支海豹突击队大队做行动策划军官。除了我在那的主要职责，我工作的很大一部分（同任何领导者的工作一样）是训练、指导，以及把经验传给我队里的战术负责人们。在我们海豹大队，这些人指的是很快会被派去世界各地战斗地区的海豹排长和海豹行动组组长们。

在我们大队为期几个月的行动组级别战前准备训练中，我和约克参观了训练场地，观察我们排和行动组的领导者们在野战训练练习（后文简称 FTX）中的表现。这些是数周训练单元的后期部分，全部场景和任务的分配、计划、执行相结合，通常还会有辅助装备如直升机、坦克、装甲车和另一方扮演的敌军。FTX 是很难的，目的是测试在模拟战斗场景中的领导能力。为了让这些领导者更好地对战场有所准备，约克和我一起评估了这些海豹突击队领导者们，给出反馈指导意见和建议。

在以上的场景中，约克和我去了一个城市地形作战的训练场地，观察我负责的其中一个行动组和它下属的两个排在巷战训练中FTX部分的表现。我们花了最后两天时间看他们训练。显然在行动组中主要的领导者是其中一个排的士官长"大沃尔特"。他很有经验并且是天生的领导者。无论压力有多大，他都很坚毅和无畏。在每个场景中，他都站出来组织大家行动。他的排在之前的场景中表现优异，大部分是基于他的领导能力。排里的其他人，甚至是行动组其他排的人都很依赖"大沃尔特"做决策。虽然这样高效的领导者能带来很大的价值，但是如果团队表现仅依靠一个领导者，团队实力会被严重削弱。如果这个领导者受伤或者牺牲了，或者他不在现场不能马上下令，如果其他人没做过指挥，这时不愿顶上去领导队伍，团队的表现就会受到影响。

约克指导要解决这个问题只有一种方法。"'大沃尔特'占主导。"他说，"我觉得我们得把他放倒，看看其他人是否会站出来领导队伍。"

"我同意。"我说，"我也正是这么想。"

像往常一样，约克和我想法一致。他指示他手下的教官把"大沃尔特"在下次FTX训练中弄下来，就是说他在下次的模拟中会"牺牲"。

在下一次的野战训练场景中，分配给这个海豹排的任务是进入到煤渣砖砌的城市地形作战。我们观察了他们的计划过程、作战顺序和给队伍做的任务简报。约克和我一路看着，跟着领导者们进行观察。

为了模拟巷战的真实情况，训练分队的人在街上点燃了轮胎并发射了模拟榴弹，烟雾和噪音制造了紧张气氛。没有武装的"平民"，这些角色扮演者没有携带明显的武器，可能是也可能不是敌人，他们走向正在巡逻

第二部分　平衡任务

的海豹突击队员，扰乱和拖延他们。然后海豹教官命令其他扮演敌人的人进行攻击。很快"敌人"扮演者开始用彩弹和训练弹[1]向海豹排射击。尽管混乱在升级，"大沃尔特"还是控制着局势，他像大山一样可靠。

是时候让其他领导者不再事事依靠"大沃尔特"了，他们应该自己做决策。他们需要面对挑战，在压力下、舒适区外、在困境中领导团队，这样他们才能学到东西。正如我们经常说的："舒适区内是没有成长的。"

对于"大沃尔特"来说很不幸，他要下场了。随着海豹排的压力和战斗强度的增大，"大沃尔特"站到了街上去指挥团队。一个海豹教官跑向他说："士官长，你倒下了。"

"大沃尔特"不可置信地看着他。他不太高兴，吐了一串脏字以后，他不情愿地坐在了街上。但是他忍不住不去指挥，他继续试图把海豹射击手集中在他附近，安排他们的行动。

"士官长，你死了。你在这个场景中完了。你不能说话。"海豹教官强调道。

"大沃尔特"不情愿地遵守了命令。两个海豹突击队员把他架起来，放到他们的悍马车后面，那辆悍马已经不幸让教官们废了，现在它被标记为无法运行而横在了马路上。之后这两个海豹突击队员跑去清扫附近的一栋建筑。

就是那时，队内无线电频道传来了呼叫声："'大沃尔特'倒下了。"

他们信赖的士官长退出画面后，排里和行动组里剩下的队员崩溃了。没人站出来，没人集合队伍或者给他们下命令。上士知道他应该领导大家，但是他没有做到。同时，"敌人"的扮演者继续移动，他们击中了更多的

---

1. 训练弹：军队和执法部门用来模拟真实情况的非致命训练弹药。这种弹药是通过改装过的真枪枪管发射的彩弹。——作者注

海豹突击队员，这些人都作为模拟伤员倒下了。

这样又过了几分钟，在约克和我——还有其他海豹教职人员——看来，没有"大沃尔特"，这个海豹排崩溃到几乎无法训练的程度了。艰苦的训练是很重要的。无论训练有多难，战斗都能更难，所以训练必须难，要模拟真实战斗的巨大挑战以及对决策者施加压力。但是我们也知道在训练中，和在做其他事情一样，找到平衡是关键。

如果训练太简单而不能让参与者全力以赴的话，他们的进步就会微乎其微。但是如果训练让团队崩溃到参与者无法行动的程度，那么他们能从中学到的东西大部分就不存在了。虽然训练必须让团队，尤其是领导者们不舒服，但是它不能太让人不知所措以致破坏了士气，阻碍了成长，并且灌输了一种失败主义的想法。

秉持这种观点，我们知道我们需要把"大沃尔特"放回到场景去。约克和我商量了一下并且再一次达成了共识。"大沃尔特"得复活。

"'大沃尔特'。"约克在枪炮声和爆炸声中大喊，"你活了。"

"什么？""大沃尔特"在悍马后面喊，他坐在那儿，很显然因为他的排被困而他却无法帮忙而恼火。

"你活了。"约克又说了一遍，"你回到场景里了。"

马上，像传说中的凤凰在灰烬中涅槃一样，"大沃尔特"站了起来，在悍马的后部，他把武器向着天空举在高位，喊出简单、清楚和简洁的命令：

"所有人到这边的房子这里集合！"他指着附近的一栋混凝土建筑喊道，"现在撤到我的位置！"

不像上士，他没用无线电。他喊出了简单的口头命令，这样在他附近的人能听到和听懂。

整个排在几秒钟内开始移动。甚至是无法直接看到他的海豹突击队员，听到了他的声音也向那个方向移动。他们向其他人传达了口头命令。仅仅几秒钟内,整个排集合到了一栋建筑里。一旦在屋中安全后,"大沃尔特"下令设置警戒并且要求快速报数。报数很快就完成了——所有海豹突击队员都没落下。接下来,"大沃尔特"命令队伍冲出房子,跑向剩下的还能开的悍马,这样他们就能上车离开城市,远离危险,回到基地。有了"大沃尔特"的领导和明确的指挥,所有这些都发生得很快而且相对轻松。

回到基地后,训练最重要的部分来了:总结。排和行动组的领导站出来分析哪些做得对,哪些做得错,以及他们如何可以做得更好。海豹教官加以点评。约克对这些领导者们做了总结。我也说了我的想法。

总是有东西可以学到。最好的排和行动组乐于接受这些关于"极限控制"的经验教训,承认问题所在,并且找出解决方法。他们不停地进步。而最差的行动组则是拒绝接受批评,并且抱怨训练太难。

对于这次 FTX 场景,学到最大一课的是上士。他被困住了而且无法让队伍行动起来,他觉得这是不可能办到的。但是,"大沃尔特"能够马上引起队伍注意,并且仅用一道口头命令就让他们动起来。上士现在明白了在这种情况下他应该做什么。因为失败乃成功之母,他一定会从这次的经历中学到东西并能做得更好。我们让"大沃尔特"复活就是为了确保有这样的学习过程。重生的"大沃尔特"树立了榜样,清楚地展示了优秀的领导者能够做到什么程度——即使是在最严峻的形势中。这一课上士和排里其他下级领导者是不太可能忘记的。


我们在拉马迪战役中学到的所有东西里,最有价值的是这一点:领导力是战场上最重要的东西。领导力——在各个级别——是一个团队成败的关键。在人们能想象到的最可怕的真实情况中,我多次见证了这一点。当一个领导者站出来领导大家,让团队集中注意力并且共同行动时,结果是不可思议的。这个训练场景也又一次证明了当一切都失去时，仅仅一个人站出来发号施令就决定了成败。如果我们让"大沃尔特"保持死亡状态并且退出训练场景，行动组会被敌人扮演者完全摧毁，他们将不会看到战场上领导力的重要性。他们会觉得当情况变得太糟时，做什么都救不了他们，但是那是错的。纵然我们想要训练场景难一点，但是也要让这些场景教会大家东西。即使是在最混乱的情况下，一个无畏的领导者发出的果断命令也可以改变形势，让排和行动组的海豹突击队员亲眼看到这一点是很重要的。看到这一点，很多下级领导者就会模仿那位领导者，站出来去领导他们的队伍。训练的所有目的就是向大家证明这一基本事实，建立一种分散指挥的文化，在这种文化氛围中，人人都能领导团队，团队各个层级的领导者都负起责任，果断采取行动克服困难和完成任务。为了做到这点，训练必须要有挑战性。它必须把团队成员远远逼出他们的舒适区，这样他们就能体会到不知所措、以智取胜和处于守势是什么感受。但是训练不能太难，以致团队崩溃而无法从中有所领悟。

在太过容易而没有挑战性的训练和难到让人崩溃的训练之间找平衡，这是领导者和教官在每个训练活动中都要注意的二分法。通常，直到我们向其中一方走得太远才能注意到失衡。

在"猛汉"行动组，在我们出征去拉马迪之前的战前训练中，我在我们自己的城市地形作战野外训练练习中有过这样的经历。教官把我们送到了一个自杀式任务场景，他们拖来一架旧 UH-1 休伊直升机机身放到城市地形作战城中心，周围是街道和煤渣砖砌的建筑物，这是一个"黑鹰坠落"[1]的场景。我们的任务是到敌占城市中心去"救援"休伊直升机残骸所代表

---

1.《黑鹰坠落》，是马克·博登的一本书（也是一部改编自该书的好莱坞电影），讲述了1993年10月美国特种部队和索马里当地武装之间的摩加迪沙战役。——作者注

## 第二部分　平衡任务

的坠毁直升机的机组人员。训练分队的教官用一个四分之一英寸厚的钢板封住了其中一侧。在这个场景中,我们海豹排将要用一把重型工具"快锯"把钢板切开进到模拟残骸的休伊机身驾驶舱和客舱内。我们查理排知道这将是一个艰巨的任务,但是我们决心竭尽全力把任务又快又好地完成。

我们驾驶悍马开始了夜间行动,悍马停在三个街区外,把将要进去进行救援的海豹突击队主力放下。我们快速、安静地徒步穿过漆黑的街道。直到我们来到坠落的直升机旁,一切都很安静,休伊的机身躺在城市地形作战城的主要路口处,给人一种不祥的预感。

我们的海豹火力小队就位,形成一个防御圈。同时,海豹破门手开动他的快锯发动了引擎,准备切割钢板,锯切进金属时发出了刺耳的巨响,火花四溅。

仅在几秒钟内,一切都乱了。角色扮演者——我们的敌人——从四面八方对我们进行了无情的火力攻击。进行警戒的海豹火力小队进行还击,但是几乎没有作用。我们被绊在街道中央切割钢板,而敌人占据了我们周围所有的二楼窗户和屋顶。除了放弃任务,我们什么都做不了。而在我们"猛汉"行动组的心中,这个选项不存在。我们决心按照训练场景要求进入直升机去"援救"里面的两位机组人员。所以我们被困在那里,在没有掩护的大街上承受着四面八方的炮火。那是一场浴血奋战,教官扔出了发出巨大爆炸声和致盲闪光的模拟榴弹。

我查看了一圈正在遭受着猛烈到离谱的攻击的伙计们,我们拿着快锯的破门手受到的攻击最多。

"怎么样了?"我在一片喧嚣中大喊。

"快了。"他回答,数枚彩弹高速撞击着他的装备,让他咬紧了牙关,彩弹劈劈啪啪地打在他的承重装备上,在他的脖子、手臂、腿上留下了重重的血痕。他背对着敌人,而且因为他用双手操作重锯,他甚至不能还击。

099

但是他站在那像条汉子——一个"铁血蛙人"——一样承受着一切。我跪在他旁边替他还击，努力压制敌人火力，但是没有成功。彩弹从各个方向袭来，刺痛我的手、胳膊、腿和脖子。很快，我戴的面具和护目镜上盖满了彩弹里油腻的漆，我几乎什么都看不见了。训练分队的教官为了让我们不要冲着他们射击，他们会带着荧光棒在夜间标记他们的位置。他们属于圈外人，要假装他们不存在。我看不太清楚，但是我知道他们就在几码外。知道是他们控制着局面，我冲着他们打出了我自己的彩弹，让教官们匆忙去找掩护。最后，破门手切开了钢板，我们解救了两个扮演"飞行员"的人。然后我们赶紧撤出了城市，一边对着身上的红肿郁闷不已，一边嘲笑那次演习策划得如何差劲。

在我们经历的所有城市作战地形的 FTX 场景中，那一次是最疯狂的，也是最没有教育意义的。它已经不是一个有挑战性的困难训练场景，而是变成了一场盛大的闹剧，我们只需要咬紧牙关忍到最后就行了。我们回去后，我在我的制服和作战装备上数出了最少三十七个彩弹印子，还可能有更多我没看出来的。这还不算打在我面具和护目镜上的。如果这些是真子弹，我都死过好几次了。当约克看到我从头到脚都是彩漆斑点的时候，他只是摇头大笑。

"我想你们'有所收获'。"他笑着说。

"对。"我说，"我们是收了点。我们得到了那次演习的'全部好处'。"

"敌人"扮演者的攻击太猛了，我们完全没办法进行反击。切开休伊上的钢板花了折磨人的好几分钟——比训练分队教官期望的久了很多。我们被击溃并且困住了，在切开钢板之前不能移动，如果他们在意识到这点后放缓攻击的话，那将是对我们更好和更具教育意义的训练。在那次训练场景中我切实学到的最大一点是，在那种情况下，我们需要一支更大的队伍去清扫整个街区的所有建筑，并且把海豹突击队员放在高处，从而确保我们对敌人占有战术优势，而不是相反的情况。同时我学到的另外一点是，我必须会主动取消任务。我将不得不做撤退和放弃任务的艰难决定，使我们得以重新组队，然后重新进攻，而不是无意义地牺牲我的整个团队。

在"猛汉"行动组，我们很支持艰苦训练，我们渴望挑战有难度和对体力有高要求的训练场景。但是我意识到这其中有一条界线，训练要有难度，但是不能难到击垮团队，影响团队本该有的学习过程。这是一个需要小心平衡的矛盾。

与之相对的，好的领导者必须保证训练要包括现实战场上最难的、最真实的挑战。有一些海豹突击队员不想刻苦训练，他们不停地抱怨训练太有挑战性，把他们逼出了舒适区。他们说训练不真实，太基础，或者是他们想要训练他们称为"高级战术"的东西。事实上，这只是在委婉地说："我不想刻苦训练，我不想面对挑战。"在少数海豹突击队员身上，尤其是有经验的海豹领导者身上看到这种态度，让人觉得他们很怂也很震惊。

"这个训练很荒唐。"一个海豹士官长是这么说训练场景中的挑战的，这些训练场景是训练分队在约克的领导下搭建的。"我出过好几次派遣任务了，这么难的情况从来都没出现过。"

但是仅仅因为有人没在现实中经历过那种最坏的情况，并不能说明它不会发生。这不意味着团队不应该对最困难的真实战斗情况做好准备。实际上，事实恰恰相反，团队必须对最坏情况做好准备——多人同时倒下，一辆车触发了简易爆炸装置，或者是一个"低风险"任务出现了大问题。

通常，让海豹排和行动组中一些队员对此有所抵触的最大因素是"敌人"的扮演者——海豹训练分队的教官们和其他的志愿者们——工作太"出色"了。比起我们在国外遇到的敌人，他们技术更好，装备更精良。但是他们应该把这当成好事，让团队接受挑战，从而对战斗有更好的准备。

此外，和我们在拉马迪交过手的敌人技术是真好，他们从多年的实际战斗经验中学习、创新和调整。你永远不能对他们大意，永远不能骄傲自满，不然他们就会翻盘，把你消灭。

除了这点，另一个对于训练太难的普遍指责是教官"作弊"。

"他们知道我们的计划。"一些海豹突击队员抱怨角色扮演者时会说，"而且我们要遵守规则，但是他们不用。"

约克反驳了这个逻辑："你们将要在国外与之作战的敌人也不会遵守规则，他们不像我们有交战规则。他们背信弃义，隐藏他们的进攻或者引诱你们进入陷阱。他们把女人和小孩当作人肉盾牌，他们用自杀式炸弹袭击，他们为了杀我们更多的人不惜让自己人两边设伏互射。他们不在乎，但是我们在乎，我们和他们的规则不一样。如果我的教官们——我们的角色扮演者们——破坏了规则。很好！那是很贴近真实的训练。不要对此诸多抱怨，要迎接挑战并且找到方法克服它。"

"艰苦训练是教官和领导者每天的神圣职责。"

这是约克和他的训练分队教官们的信条。他们有责任确保训练有难度、高标准，这样的话，海豹排和行动组在遥远的战场上无论遇到多艰难的环境，都能生存并取得胜利。

有些领导者力求确保他们的人心情舒畅，可能会忽视队员表现上的不足，允许团队走捷径，不坚持刻苦训练，不维持纪律，不遵守标准操作流程，不克服困难。有些领导者通过虚假的表扬鼓励团队，夸大团队的表现。可能那就是那些发牢骚的海豹领导者们想要的。但是如果领导者从不在训练中把团队逼出舒适区，不提高标准，不驱策团队做出突出表现，不直接诚实地提出批评，当他们的团队真正面对现实的严酷挑战时，他们的团队相对就会效率低下，办事不力。

最好的领导者通常从措施的成效中吸取经验教训，看的是团队和任务的长期成功。他们没有回避针对欠佳表现而进行的严厉对话，他们坚持高标准并且确保团队对最坏情况做好了充分准备。鞭策成员上进、不断学习和成长的领导者能让他们的团队适应他们之前不适应的情况。通过让前线领导者和下级或者资历浅的人员去挑战更重要的角色和承担更大的责任，团队之后会变得行动更高效，有能力完成任务。当团队成功并且表现优于其他团队时，他们就更有机会立于不败之地。

训练的战略目标必须是在团队各个层级培养领导者。因此，艰苦的训练是必要的。但是如果训练太难就会打垮团队，影响团队学习和成长。所以必须要有所平衡：艰苦训练，但是要训练有道。

**原则**

艰苦训练对任何团队的表现都是至关重要的。对派遣到战区的海豹排和行动组来说，这一点很明显。我们说："你是怎么战斗的就怎么训练，你是怎么训练的就怎么战斗。"最好的训练项目能够使劲对团队施加压力，把他们远远逼出舒适区，这样团队就能从训练时所犯的错误中学习，希望这能防止团队在现实生活中犯相似的错误。

在《关于脸面：一个美国战士的漂流记》[1]一书中，美国陆军退休上校大卫·H·哈科沃思引用了他的导师美国陆军上校格罗弗·约翰斯的话："部队训练越艰苦，他们越会自夸。"你问任何一个海豹突击队员："最难的水下爆破课是哪个？"你得到的回答将会是他们上的那门课。每个人都想说他们经历过了最难的训练，他们的训练比所有其他人的都难——起码

---

1.《关于脸面：一个美国战士的漂流记》，上校大卫·H·哈科沃思（美国陆军，已退休）和朱莉·舍尔曼著（纽约：西蒙和舒斯特出版社，1989）。——作者注

是在事后。但是有时,有些队伍还在训练中就想待在舒适区。领导者不能允许这种情况发生。

训练必须难。训练必须模拟现实中的挑战并且对决策者施加压力。"舒适区内是没有成长的。"如果训练不能让团队觉得难,那么团队,尤其是团队的领导者,永远都不会获得面对更大挑战的能力。但是训练是为了让团队变得更好,让团队成员能够应对可能遇到的真实情况。训练不能难得压垮团队,打击士气,或者让参与者难以招架而无法学习。像处理所有事一样,领导者必须在训练时注意平衡,将重点放在这三个重要方面:真实性、基础性、重复性。

训练必须有真实性。每个训练场景都应该基于在现实中会出现(或者有可能出现)的情况。训练中所学的必须能马上应用于团队的任务。对于没有经历过的人来说,战场上的混乱和不确定性可能会让人无法招架。所以,在训练中尽可能地制造混乱是很关键的。训练应该对团队尤其是领导者施加压力,要把他们置于真实的、不适的、让他们不知所措的情景中。在商业世界中,训练必须也是这样的。对这些情况进行角色扮演练习,与问题顾客或客户交涉;或者在结果不确定和对事实没有百分百了解的情况下,必须顶着高压立刻做出一个决定。要针对一系列突发情况进行预演,演习即使是在高压下也必须进行的流程。

训练必须集中在基础知识和技能上。尽管行动组必须调整和创新,但是一些基本的战术是不变的。同在军事战术中一样,在商业世界和生活中这也是真理。经常有人想要跳过基础去学习他们所谓的"高级战术"。但是如果队伍无法把基础做好,高级战术是没有意义的。领导者必须确保训练项目能让团队打好基础。

训练必须要有重复性。仅在新雇员加入团队的最初几天或几周内进行培训是不够的,对所有人的训练都应该是不间断的。大家在每次重复中都会有所进步,所以不时进行重复的训练,不断挑战每个团队成员尤其是领导者,是很重要的。

要对训练全面负责。不要等别人设计培训项目或者把培训课程改进得更真实有效,你要主动做好这个工作。最好的训练项目不是由上层指挥的,而是由下层——那些离行动和训练所得最近的前线领导者们——驱动。要利用最有能力的团队成员去带动训练,并且把他们的经验传授给其他人。

"我们没有预算去做培训"不是一个正当的借口。设计一个领导者不熟悉的场景进行角色扮演,让他们做有难度的决定,从而变得更优秀,这样的培训根本不需要花钱。

"我们没有时间培训"不是一个正当的借口。要给重要的事情挪出时间。而好的训练对任何团队的成功都是必要的。在日常运营中加入经常性、重复性的训练是提高团队绩效的最有效方法。

再说一次,让训练效果好的关键是平衡。艰苦的训练很必要,但是训练有道才能使时间得到最有效利用,是达到最佳学习效果的关键。

**商业应用**

"我不相信我的前线负责人能完成任务。"高级项目经理说,"你说我们要进行分散指挥,但是我没有信心我的这些下级负责人能做好。"

"培训是你培养领导者和对他们建立信任的方法。"我回答道,"咱们看看你们的培训课程。"

"我们没有真正的培训。"高级项目经理说。

"唔,这肯定是你们的问题。"我说,"为什么你不负责做一个?"

我已经在他们的负责人年会上做过主题宣讲了,而且我们在《极限控制》中提到的战斗原则引起了强烈的共鸣。这家公司请我回去为公司的二十多个高级负责人设计一个领导力培训课程，这些负责人是部门领导和高级项目经理，级别仅次于那些负责实现公司高级行政团队愿景的首席领导层。

这是一家很优秀的公司，拥有一些可靠的负责人，他们有些经验丰富，有些则是刚刚加入团队。由于他们的成功，公司得以快速成长和扩张。但是资源，尤其是有经验的负责人资源，分散在了大量同时进行的项目上，这造成了问题。

虽然渴望成功，态度积极进取，但是公司有些负责人认识到公司的快速成长把一些资历浅的下级负责人放到了关键的领导岗位上，而公司对这些人几乎没有监督。高级领导层意识到这会影响公司服务质量，影响前线团队在预算内及时妥善完成任务的能力。

在我给公司高级负责人上课的几个月里，我一直听到这样的说法："我们没有足够老练的负责人去做这些项目。我们有太多没经验的负责人，他们还没准备好。"

这确实是个问题，而且当他们向公司决策层提到这个风险时，决策层并没有完全理解。

我在一次给高级负责人的课上正面说到了这问题。"你提的这点的确是个问题。"我说，"但是唯一让这些缺乏经验的负责人准备好的方法，是对他们进行培训。你必须在培训的时候把他们放到困难的场景中，这样他们就能对现实世界的挑战有所准备。"

在场有些人看起来对此有所怀疑。

"培训怎么能代替实际经验呢？"一个负责人问。

我看到另外几人在点头，同意这个问题的假设。

我解释说培训不能代替实际经验。没有什么比现实世界的经验更有用。

第二部分　平衡任务

但是我强调了有挑战性的培训，集中在真实性、基础性、重复性上的培训，可以很好地提高缺乏经验的负责人的绩效。这也会极大降低缺乏经验的负责人在无人监督情况下工作所带来的风险。

我说了很多关于拉马迪战役的经历和我们从中学到的经验教训。这么做是为了给这些人提供背景，这样他们就能充分理解我们所教授的领导力原则是从何而来。

"你知道在我 2006 年作为海豹突击队排长去拉马迪执行任务之前有多少实际战斗经验吗？"我问这些人。

有些人耸耸肩。没人回答。他们要么不知道，要么不想猜，或者可能是不想承认那个答案。

"无。"我说，"那是我的第一次。我之前从来没做过排长。我从来没领导过一个排的海豹突击队员在一支大型的美国传统军队前面行动，这支军队由五十辆坦克和几千名陆军和海军陆战队将士组成。我此前从来没参加过真实作战。我排里没人在此之前参加过。"

"你知道当我们去拉马迪时约克有多少作为行动组组长的经验吗？"我继续问，"无，但是他在打击叛军的行动中展现了不俗的战略眼光，并且带领'猛汉'行动组成为美军在那儿取得胜利的重要助力。德尔塔排的排长塞斯·斯通——他首次作为排长出战，在他的第一次战斗中就证明了他是一个杰出的战斗领导者。"

我讲述了约克告诉我的关于塞斯和德尔塔排他们第一次作战的故事，那是在拉马迪东部危险暴力的马拉博区。塞斯带领他的排巡逻，其中包括德尔塔排勇敢好斗的尖兵、机关枪手和狙击手 J·P·迪奈儿，同行的还有来自美国陆军传奇的 101 空降师 506 伞降步兵团 1 营的"兄弟连"的战士，以及由一名美国陆军少校作为顾问所带领的一支伊拉克部队。506 团 1 营的将士们来到这个动荡的地区已经有几个月了。他们每天都看到暴力血腥

107

的战斗和无数激烈的枪战，而我们"猛汉"行动组的海豹突击队员才刚到。在海豹突击队员、美国陆军和伊拉克部队组成的联合巡逻队进入马拉博不久后，当敌方战士用机关枪和RPG火箭攻击他们的时候，他们发现自己陷入了我们所说的"大混战"——一次激烈交火中。美伊联合巡逻队被困住了，无法移动。塞斯挪到负责伊拉克士兵的陆军上校身边，在子弹呼啸而过时躲下身来。

"我会带着我的一部分海豹突击队员从侧边包抄敌人。"塞斯在乱哄哄的往来枪声中冷静地说，指着地图上他们计划行动的地点，"我们会在那边一个屋顶上占据制高点。"他补充道，指向一片建筑。

"听起来可以。"上校说，"去吧。"

塞斯发出行动信号，J·P·迪奈儿端着他的Mk46机枪走在前头，其后是一队海豹突击队员。他们大胆地包抄敌人，进入并清扫了一栋建筑，占领了屋顶。从那里，他们从高处向敌军士兵攻击，杀了好几个敌人并且迫使剩下的敌人逃离。

巡逻队不再受困，得以继续行动并很快回到了安全的基地中。

约克听取行动后的简报时，那位上校对塞斯说："你在交火时冷静指挥队员和包抄敌人的样子太让人佩服了。你肯定参与过很多巷战和战斗。"

"没有，长官。"塞斯回答，"那实际上是我的第一次战斗。"

我向教室里的高级负责人们解释了塞斯和德尔塔排能在他们第一次战斗中表现如此之好的原因是，他们在出征前进行了非常好的、真实的训练。我们查理排也一样。

"我们都曾身陷一些极困难的情况中。"我继续说，"但是我们曾经花了几个月时间，通过严酷的训练对此进行准备。那些训练救了我们，让我们能高效执行任务，这是'猛汉'行动组成功的重要原因。"

"我们可以进行培训。"一个高级负责人表示同意,"如果决策层可以设计一个培训课程的话就好了。"

"那就是你要做的?"我问,"等着决策层去设计一个培训课程?那听起来像是极限控制吗?听着,他们已经管得够多了。另外,你们在座的所有人都更了解这个问题。你们清楚下级负责人在哪些方面经验有所欠缺,而且你们有他们所需要的知识。所以'你们'应该去设计课程。"

我解释说在海豹突击队里,组织领导力培训的不是上将和上尉那些高级领导者,而是战场归来的排长、士官长和上士们。

"设计培训课程得靠你们。"我说,"然后再对指挥链上游解释说明,争取他们的支持和批准。"

"把你们的没经验的下级负责人放到困难的场景中。"我继续说,"跟他们进行角色扮演。迫使他们在压力下做决策。然后对那些决策进行总结分析。"

我向他们提起了约克在训练分队的名言:"艰苦训练是教官和领导者每天的神圣职责。"

"但是你们要训练有道。"我提醒他们,"最大限度地利用时间和资源。培训要有真实性,以便让你们的关键负责人对他们在现实世界中的挑战做好准备。我向你们保证,好的培训会带来丰厚的回报。"

在整个领导力培训课程中,我跟很多公司高级负责人变得很熟。他们中有好几个优秀的领导者。其中三个认识到培训的紧迫性并且愿意负责解决这个问题。尽管很忙,他们还是站出来接受挑战,去设计和推行一个实用的培训课程。

我向公司决策层说了这一情况,指出培训课程的必要。正如我所料,决策层对此很支持。他们对部门负责人和负责培训课程的高级项目经理的努力表示赞许。

设计培训课程需要大量的精力和时间。终于，经过数月的准备后，培训可以开始了。我没在现场观摩第一期培训，但是一周后，我通过电话和其中一个负责培训课程的高级项目经理了解了情况。

"培训进行得怎么样？"我问他。

"没有预期好。"他说，"有很多抵触。"

为了设计一个实用的培训课程，他们投入了大量的精力，所以听到他这么说我很吃惊。

"怎么回事？"我问。

"不是内容的问题。"高级项目经理回答，"内容很好。目标明确。是培训过程的问题。"

"教第一次课的负责人可能不是做这件事的合适人选。"他继续说，"他讲的信息量太大，而且不停向学员提问，大部分人都跟不上。当他看出学员不明白的时候，他就在教室前面冲他们大吼。这些学员平时是一群有热情的人，但是没人喜欢那次培训，反馈非常负面。"

"这不好。"我回应道，"你知道对公司来说一个有效的培训课程有多重要。首要的是，教课的人好培训课程的效果才能好。所以你们得谨慎选择合适的人来做这件事。"

"你们要提高标准并且努力培训。"我说，"但是你们不能教得太难，而培训的首要目的是培养团队，让你们的团队可以更高效地执行公司的任务。"

"所以，你们要控制好。"我继续说，"重新找一个人上课。实际上，你应该教下一节课，并且明确告诉学员这次是不同的。培训要难，但是这只是让团队进步的方法，让他们对现实世界的挑战做好准备。你要努力训练，但是要训练有道。"

一个"猛汉"行动组机关枪手在一个院子里进行观察掩护。拉马迪战役的作战地形大部分是城市地形,但是有些行动是在城外的乡村。然而,基本的东西是一样的:掩护并行动。注意看他肩上多带的一条子弹带。虽然"猛汉"海豹突击队员尽量多得带弹药,但是仍然经常不够用。

(照片由美国海军二级士官山姆·彼得森拍摄,美国海军提供)

## 第六章

### 越拉南的查理排：做积极又谨慎的领导者

约克·威林克

"越拉南"——伊拉克，拉马迪东北部，MC-1 作战区：2006 年

突然，机关枪声划破寂静的夜空，美丽但是致命的红色曳光弹光尾在天空留下一道弧线。我不确定发生了什么，但是我知道我的狙击观察掩护小队正在黑暗中与人交火，那是我唯一确定的事。我不知道他们是否是发现了敌人才开火；我不知道跟他们交火的敌军规模有多大；我确定我不知道进行观察掩护的海豹突击队员需要我或者突击小队提供什么样的支援。突击小队已经就位随时准备行动。但是尽管我不知道到底发生了什么，我还是需要做出决定。我的默认思维模式就是进取——采取行动去解决问题和完成任务。有这种想法在脑中徘徊，我知道我们必须做的是：执行计划。

我们准备在叛军一个特别暴力的据点发起一次大型清扫行动。我们的

目标是在那个据点清扫出一个村子和市场，那个市场有一片低矮建筑和摊位，美军将其称为"小牛市场"。这个名字来源于过去在那附近的一次战斗行动，当时遭敌军袭击的美军呼叫了空中支援，美军战斗机用 AGM-65 小牛导弹轰炸了几个敌军阵地。

我是这次行动的地面部队指挥官，部队由海豹查理排的突击小队，十二名伊拉克士兵组成，地点在美国陆军城外乡下农业区的前哨站（缩写为 COP）。美军将那片区域称为"MC-1"。虽然和拉马迪城北边接壤，MC-1 是由幼发拉底河隔开的。幼发拉底河自西向东穿过这片区域，划分了城市和农业地区。河那边有灌溉农田、防洪堤、棕榈树和运河，几小撮房子散布其中。这跟我们预想中伊拉克城市或者废弃的土地样子完全不一样，这更像越战电影中的一幕。"猛汉"行动组和其他美军部队把这个地区戏称为"越拉南"，致敬我们从小听到大和看到大的故事中的地方，这些故事是一代代参加过越战的海豹突击队员口口相传下来的，是好莱坞电影胶片放映出来的。

虽然幼发拉底河把拉马迪城区和越拉南地区分割开，城中的暴力扩散开来并且渗透到了乡下。路上埋设了大量简易爆炸装置（后文简称 IED），威力巨大到可以掀翻装甲车，大道上还有频繁的袭击。联合巡逻队在穿过田野和空旷地带的时候很容易沦为敌方迫击炮的目标，这些敌人对地形很熟悉。美国陆军 109 步兵团 1 营（109 团 1 营）负责这一区域。他们是一个优秀的作战部队，是经验丰富、专业、勇敢的将士。当"猛汉"行动组到达这里时，109 团 1 营已经在这里战斗将近一年了。由于乡村地形广阔，只有少数公路，集中兵力作战是不可能的——一个步兵排要负责好几平方公里的作战区域。如此有限的兵力要在如此大的空间中作战，想要深入渗透到敌占区是很难的。

立夫所在查理排的一个副排长（或称 AOIC）和 109 团 1 营的步兵将

士们建立了牢固的关系。副排长和负责该区巡逻的陆军连队以及排里的领导层联合了起来。他们一起制定了激进的作战计划，组织了一次向敌方控制区大胆的沿河推进。副排长、查理排的上士、狙击手克里斯·凯尔带领他们的海豹突击队员和与他们一起巡逻和进行狙击警戒的伊拉克士兵们深入作战地区，频繁地与敌军进行激烈交战。

在一次行动中，副排长把他的海豹突击队员和伊拉克士兵分成两个小队。一队步行巡逻，穿过一片泥泞、开阔的地面，突然，藏在树木间和附近建筑中的叛军分子用机关枪向他们射击。为了安全，巡逻队趴在了地上，敌人的火力把他们困在了那里。当他们开始"喝泥浆"时——面朝下呈俯卧姿势以躲避弹雨——敌人的迫击炮弹开始在他们所有人周围降下。奇迹般地，泥泞的地面救了巡逻队，因为迫击炮弹在爆炸前深深地打入了泥里，大地吸收了爆炸力和致命的弹片，泥巴里留下了大洞，但是幸运的是我们的队友和伊拉克士兵身上没有洞。另外一支海豹小队在这块地边缘的堤坝后得到了掩护，他们很快进行有力回击并击退了敌人。他们娴熟地运用"掩护并行动"进行计划和作战，使得困在开阔地带的那支海豹小队可以移动到安全地带而没有伤亡。

久而久之，这一系列由109团1营将士、海豹查理排、伊拉克士兵进行的激进作战行动对叛军对该地区的控制形成了挑战。他们的联合行动使109团1营站住了脚，并且在越拉南的中心地带建起了一个小型前哨站，让109团1营一个排的将士们在那里生活和工作。从那个小前哨站出发，109团1营和副排长带领的海豹突击队员们进行巡逻，在那个小前哨战里，他们破解干扰信号，获得敌人在该地区行动的情报。最终，他们确定了一小块有十几栋建筑的废地，看起来那应该是多次敌袭的发源地：小牛市场。

多个情报来源表明这片区域就是叛军行动的大本营，副排长带着情报来找我们——立夫、查理排的其他成员，还有在行动组的我——建议我们在这个地区进行一次大胆的行动。我们同意并且制定了计划，目的是清扫村落，搜索市场，销毁我们找到的所有隐藏的武器。行动策划流程启动，上级批准了任务，几天后，我们离开拉马迪军营向 109 团 1 营位于 MC-1 区的前哨站进发。

为了在进攻前"看到"村子和市场，我们在行动前派了一个狙击观察掩护小队进入目标区域，该小队由十几个海豹狙击手、机关枪手、一个医疗兵、一个无线电技师和一个小队长组成。他们的任务是作为行动的尖兵，秘密潜入，观察目标区域内的可疑活动，给进入村子的突击队提供保护。这很重要，因为敌人在这个区域有有效的预警网络。同情或害怕叛军的当地人监视着进出敌人据点的马路和小道，当联合部队经过时，当地人会发出信号或者用无线电通知叛军我们在向他们行进。那让敌人有机会行动。要么跑和躲，藏起他们的武器然后假装平民；要么集结部队，然后用 IED、机关枪、火箭和迫击炮攻击。

为了避免行动暴露，观察掩护队员跟随标准美国陆军后勤车队进入前哨站，这样就不会引起敌军怀疑，我们其余人——将会实际对村子和市场进行清扫的突击队——留在拉马迪军营，准备出发。

黑夜降临后，观察掩护小队从前哨战出发。他们悄悄地穿过积水的田野，渡过运河，越过堤坝，穿过椰枣林，最终到达目标区域。观察掩护小队在一定距离外观察了几分钟，然后确定村子外围的其中一栋建筑看上去像是空的。排头兵又往前走了一段，确定那里没人，然后呼叫观察掩护小队的其他人前进。小队进入到建筑中进行了清扫，他们并不像特警队做的那样激烈，而是像飞贼那样悄悄地行动。确定没有问题后，他们让狙击手就位，并在警戒位置安排了机关枪手。无线电技师向位于拉马迪军营的战术作战中心报告了他们的位置。

## 第二部分　平衡任务

观察掩护小队就位后，行动的下一阶段开始了。作为行动的地面部队指挥官，我加入了立夫和其余查理排海豹突击队员的队伍，这些海豹突击队员和伊拉克士兵将会是行动的进攻主力。提议进行行动的副排长是突击队的指挥官。我们在拉马迪营上车，向位于MC-1区域的前哨站进发，观察掩护小组就是从那出发的。我们的突击队是由大约三十个壮汉组成，海豹突击队队员和伊拉克士兵各一半。

因为有观察掩护小队，村子里有任何风吹草动都会被看到并且传给突击队。我预计在突击队进入该区域和叛军的预警网络报警后，那片区域的敌人会有所动作。悍马一路顺利，我们到达了前哨站，也就是行动的出发点。我们停下悍马，进行战斗泊车（悍马进入停车位让士兵可以快速下车），然后我们的队伍下了车。我通过无线电快速地确认了观察掩护小队的位置。

"查理26，这是约克，完毕。"我说。

"约克，这里是查理26，说吧。"观察掩护小队队长回复。

我快速地报告了情况："突击队在前哨站就位。我们来的时候那边有什么活动吗？"

"没有。"他回复，"没什么重要的活动。我们看到有几个当地人在走动，正常生活中，大约二十分钟前变得安静了。你们来的时候，没有变化——看起来村里人都睡了。"

"收到。"我回答，"我们会继续等候，然后按照计划在几小时后开始行动。"我告诉他，表明我们会按照既定时间在夜里发动进攻。

我向车子走去，然后把消息告诉队伍里的其他人。突击队下车后进到了前哨站的屋内，他们取下装备，伸展四肢，等待行动。立夫、他的副排长和我还有事要做，所以我们去了109团1营将士在前哨站设立的小型战术作战中心。世人通常认为战术作战中心就是巨型等离子电视、咖啡机、美观现代的家具，但是这一个中心是另一个极端。这个中心是个精简版，墙上的几张地图；放在架子上的无线电设备组，用来跟野外作战的小队和拉马迪军营联络；几块干擦黑板上写着名字、人名和计划；还有基本联络流程。就这些。

副排长对这个地方和负责人很熟悉，他跟在中心里的陆军排将士打了招呼。

立夫和我向在中心里的109团1营领导层做了自我介绍。"晚上好。"我和他们握手的时候说，"我是约克，行动组的组长。这是立夫，海豹排的排长。"

"很高兴认识你们。"109团1营的排长说。他是一名职业军人，守在前哨站的非委任军官[1]和士兵也是。"感谢你们对我们的支持。我们真的在这有了不错的进展。一个月前，我们只是试图接近这里就会遭到攻击。但是现在，我们住在这！"

"厉害。你们做得很棒。"我说，"很高兴我们能给你们提供帮助。"

之后，那位排长给我们用地图做了讲解，指出危险地区，描述了这片地区敌人的战术，然后大概说了下如果我们需要的话，他们可以提供什么样的火力支援。立夫和我针对进出目标村落的道路提出了问题，然后我们坐下开始注意听无线电。

我们在目标区域的观察掩护小队还在继续向我们传递对方动向，没有什么重要变化。该地区已经安静下来，村里没有明显的活动。

在前哨站，我们听着1营的无线电网络，109团1营的所有排和连队都在听着这个频道。在这样一个冲突频发地带，总是有事发生，无线电让我们知道实时情况——敌人的动作，友军试图联系，美军有人受伤或者牺

---

1. 非委任军官，即没有委任状的军官，是美国军队中级别较低的军官，其上是委任军官。——译者注

第二部分　平衡任务

牲。听着远方模糊的枪声和战场上的无线电呼叫，听着这些肾上腺素飙升的人做决策、传递消息、呼叫支援，是一种怪异的体验。有些领导者即使在糟糕的情况下也保持着冷静。而另外一些人，你能从他们声音中听出他们的慌张。几百个这样的无线电呼叫教会我和"猛汉"行动组其他领导者，如果你想有效地领导队伍，必须在无线电上保持冷静。

然后，在一些常规的无线电呼叫中，我们听到了一个从拉马迪战术作战中109团1营打来的奇怪的无线电呼叫。看起来好像有另外一个联合部队没有跟我们消除冲突，据称在"猛汉"行动组正在行动的区域开展作战行动。一个行动组出战却没有其他单位密切合作是不正常的。但是还有更多让人迷惑的信息，无线电传来的报告说那个队伍"可能穿着当地人的服饰"。

这让情况马上从奇怪变成了危险。在正常情况下，在这种敌方战斗区域中有多个美军和伊拉克作战单位时（从他们的战斗装备和武器来看很明显是友军），在没有充分消除冲突的情况下，潜在的友军攻击所带来的危险是很高的。但是对于开展行动的联合部队来说，当在该区域中有美军部队有可能将他们错认为敌方战士时，不穿有辨识性的制服完全是疯了。伊拉克陆军穿的军装不整齐，有时还会穿平民服饰，这让辨别友军和敌人已经很难。叛军有时会穿戴半军事装备和不搭配的制服，还有他们最爱的服饰——运动裤搭配用以遮脸的巴拉克拉瓦盔式帽或者阿拉伯头巾。在我第一次出征伊拉克的时候，我排里的队员总是戴着黑色的巴拉克拉瓦帽，不仅是用来保护我们的身份，还能用来对敌人形成心理威慑。但是在拉马迪，"猛汉"行动组没人戴巴拉克拉瓦帽或者遮住脸。遮脸的人代表着恐怖分子，没人想在这种环境中被误认为是恐怖分子。那带来的可能是美方的一颗子弹。

在所有的无线电交流中，我们收到了一个来自观察掩护小队的呼叫。

"他们有动作了。"观察掩护小队的无线电技师小声说。

立夫、他的副排长还有我站起来走近无线电台仔细听。

"四到六个役龄男子,正在进行战术移动。"无线电技师描述道。

"能确认身份吗?"我问。这是一个比较难的问题。我问的是,他们能不能确认他们正在看着的那些人是友军还是敌人。

"稍等。"无线电技师说。在海豹突击队,"稍等"有很多种意思,鉴于如何使用和使用时的语气。它可以是说"等一下",或者是"别逼我了""我不知道,我去看一下",另外还可以是"做好准备,情况不妙"。

无线电技师的语气混合了"我不知道,我去看一下"和"做好准备,情况不妙"。

立夫和我互相看了一眼。我冲立夫点点头,他知道我在想什么。然后他朝副排长点点头,他们拿起头盔,夺门而出,集结队伍,告诉他们和车队整装出发。

然后我下达了一个让观察掩护小队队长意外的命令:"不要开火,除非你能确认敌方行动。那儿可能有友军。"

"什么?"观察掩护小队长问。这很不寻常。

"那儿可能有没跟我们配合行动的友军,他们可能穿着当地服饰。"我告诉他。

"真的假的?"观察掩护小队长回应道,他的沮丧比他的无线电信号听得还清楚。

"真的,告诉其他人。"我严肃地回答。

这个情况很糟。战斗本身是有迷惑性的。掌握战场上的所有动态是不

第二部分　平衡任务

可能的。这是经典的"战争迷雾[1]"。迷雾是真实的。不同的报告、观点、角度、收到和处理情报的时间差、天气状况、光线、地形、敌人的声东击西、友军的行动和反应——这些混乱和不确定性加在一起让战争画面雾蒙蒙一片。当我主持西海岸海豹部队的训练时，我时常教给他们的是：你在战场上能掌握的最重要信息是"你"在哪。没有这个认知的话，其他一概不重要。其次重要的是你的其他友军在哪里。然后重要的信息才是你的敌人在哪里。如果不知道你自己的队伍在哪，不知道友军部队在哪，与敌人交战几乎是不可能的。

在当时的情况下，虽然观察掩护小队确切知道他们的位置，突击队的位置，以及109团1营的步兵部队的位置，但是他们不确定那里是否有其他友军部队，在这种情况下他们也无法准确地辨别出他们。情况不妙。

时间在紧张中过去。突击队已经上了车，整装待发。然后，没有任何预警，观察掩护小队所在地爆出了枪声，曳光弹划破了天空。

我不知道发生了什么，不确定谁在向谁开枪。我向观察掩护小队的无线电技师询问情况。没有回答。

观察掩护小队与叛军交火了？可能是叛军和当地居民之间的枪战？是观察掩护小队遇险受到了攻击？"穿当地服饰"的联合部队在那吗？这是在和友军自相残杀吗？我不知道。我唯一知道的事，是我们在策划行动时计划和演练过的，如果观察掩护小队遇险，突击队会"狠狠"地上，就是说我们会直接把车开到目标区域（通常他们会在几百米外停下，然后突击队步行过去）然后进行"封锁"，或者说在贯穿村子的主路上设置警戒。我还知道如果村子里有叛军，而我们给了他们太多时间的话，他们将会做的

---

1. 通常认为是卡尔·冯·克劳塞维茨（1780-1831）所说，他是普鲁士将军和军事理论家，曾在他的书《战争论》中写道："战争是不确定的。"注意：克劳塞维茨实际上从未用过"战争迷雾"这一说法。——作者注

不是组织防御准备迎战，就是逃跑——这两个结果都对突击队不利。所以尽管情况不明，我还是按照原计划进行：进攻。

我向外面的车子跑去，车上已经载满海豹突击队员准备出发，我跳上指挥车，打开我无线电上的麦克风，说："执行计划，执行计划，执行计划。我们现在出发去达斯特路（村里的主路），把它封锁起来。"

首席导航员通过无线电下令："出发。"

车队挂挡，然后开始迅速沿着马路驶向村子，驶向炮火，驶向真相不明的前方。

当突击队向目标区域进发时，射击还在继续，但是随着我们的车队开近，声音渐渐小了。虽然情况还有诸多不明，有些事我们知道得很清楚。突击队知道观察掩护小队在哪里，立夫和他的副排长已经向所有人说明这一点。我们还告诉了他们那里可能有友军部队，这让所有人都对开枪都很紧张和谨慎。

短短几分钟后，突击队到达村子中心的路上，队伍停下来，然后设置警戒。观察掩护小队已经停止射击，但是他们明确报告了自己的位置，所以我们知道他们在哪。

"观察掩护小队，什么情况？"我用无线电问。

"我们确认了河边的武装役龄男性身份，他们在准备袭击。我们交火了。"小队长回应。

"村里有敌人行动吗？"我问。

"没有。"他回答。

"收到。开始进攻。"我说，按照我们的原计划进行：积极进攻模式。命令下达后，突击队下车，在村子里设置了封锁线，开始系统地逐个清扫一栋栋建筑，然后是小牛市场，挨个对摊位进行清扫。尽管敌人明显已经收到警报，但是他们还没有时间反应。随着突击队对村子和市场的清扫，他们找到并扣押了几个疑似叛军分子，抓到他们时，他们还没从睡梦中清醒。我们还发现并销毁了一批敌军武器。尽管行动中充满迷惑性和不确定性，但是果断行事和大胆进攻让我们获得了胜利。

我们希望我们的海豹突击队员积极大胆。我们希望他们倾身向前，快速移动，发现并且抓住机会——去积极地执行计划解决问题、克服困难、完成任务，然后取得胜利。

但是当然，积极进攻也必须要有所平衡：答案并不"总是"进攻。进攻必须要和逻辑分析以及对风险和收益的仔细分析相平衡。

在拉马迪，"猛汉"行动组很荣幸可以为美国陆军第1装甲师第1战斗旅的5600名美军将士——陆军战士、海军陆战队员、水兵、飞行员——提供支援，支持他们运用占领、清扫、坚守、建设的战略将拉马迪城从叛军手中夺回。我们和陆军和海军陆战队的领导者们以及他们所带领的排、连、营都建立了非常好的工作关系。我们的关系是建立在信任和互相尊重的基础上的。第1战斗旅的指挥官是美国陆军上校，他是一位杰出的领导者——积极进取、睿智，并且有惊人的战略眼光。他是一个真正的职业军人，也是我有幸合作过的最优秀的领导者之一。当这位旅长要求支援时，"猛汉"行动组给予了支援。陆军的战略是"占领、清扫、坚守、建设"，我们很骄傲可以派出我们的海豹突击队员和伊拉克士兵作为先头部队参加了几乎所有这一战略指导下的主要作战行动，把美军前哨站设置在了最危险、最动荡的城区。

在我们被派到伊拉克后的几个月，有一次在拉马迪军营举行的该旅作战会议上，旅长问我海豹突击队是否能帮忙在一个叫作"C湖"的城市的北边清除一个敌方迫击炮队。这个城的名字来源于当地的主要景观，一个发源于幼发拉底河，形状像一个字母 C 的牛轭湖[1]。那是一片大约 10 平方英里的乡村地区，地形空旷沿河，几幢房子零星散布其中，有几条崎岖不平的乡间小路。

但是那也是叛军用来向美军发动迫击炮攻击的地方。几乎每天，叛军都在向美国部队所在的拉马迪军营和附近的基地抛射迫击炮弹。尽管没有那么频繁，但是炮弹也会落在我们位于鲨鱼基地的军营。美国的雷达技术能够追踪迫击炮弹的轨道并且推算出炮弹的发射源头。攻击拉马迪军营的很多迫击炮弹来自 C 湖地区。可惜的是，敌人知道我们能找到他们迫击炮的发射源头，所以他们改变了战术。他们不再从一个特定地点发射迫击炮，而是不断地在整个地区移动。另外，当叛军发动迫击炮攻击时，他们每次只是在几秒钟内快速地发射一两枚，或者三枚炮弹，然后就迅速收好炮管消失不见。那是一个很有用的战术，我们很难反击。

除了迫击炮攻击，叛军在整个 C 湖地区的路上布满了大型 IED。那片地区道路有限，美军车队只能在几条路上行进，成了叛军的靶子。路边是开阔地形，敌人可以从很远的地方观察美军的悍马车队，然后通过无线电在数百米外的隐蔽地点引爆路边炸弹。C 湖的简易爆炸装置已经在近几周造成了重大伤亡，毁掉了数辆悍马，导致数名美国陆军战士牺牲。

因为"猛汉"行动组曾成功地在拉马迪其他地区消灭过敌人迫击炮队和 IED 放置人[2]，所以我们可以在 C 湖地区提供帮助是符合逻辑的推测。当旅长问我能否在该地区提供支援的时候，我告诉他我会了解下情况，然后决定我们如何能最好地协助完成任务。我绝对想帮助第 1 战斗旅处理这种情况，消除威胁，从而确保让更多的美军将士可以回到家人身边。我们也

---

1. 牛轭湖是一种地理特征，因湖的形状像牛轭而得名。——译者注
2. IED 放置人，美军将放置简易爆炸装置或者路边炸弹的人称为简易爆炸装置放置人。——作者注

## 第二部分　平衡任务

想杀死袭击我军的敌人，让他们为我们因 IED 而牺牲的陆军兄弟们付出代价。我回去把他们的要求告诉了立夫，他的士官长托尼，以及其他永远渴望与敌人作战、消灭敌人的查理排队员们。于是他们开始分析情报，研究地图，向在 C 湖附近执行过任务的陆军了解情况。他们和查理排其他成员以及"猛汉"行动组情报部门一起研究了最可能完成任务的行动方案。

在接下来的几天里，查理排在城市的其他地区开展了其他行动。但是他们一回到基地就继续做 C 湖的作战计划。之后，经过几天仔细分析，立夫来到我的办公室和我讨论了他们的分析结果。

"我不知道，约克。"他面带失望地说。

"你不知道什么？"我问他。

"C 湖的行动很难。"他回答，"我不确定这样做有没有意义。"

"好，跟我仔细说说。"我说。

然后立夫和我仔细研究了挂在墙上的 C 湖详细地图。首先，我们标出已知的迫击炮发射地点。没有哪两次迫击炮攻击是从同一地点发动的。其次，这些地点的选择没有明显的规律。最后，迫击炮发射所在地地形没有共同特征——有些在马路上，有些在田野里，有些在平房或者楼房附近，有些在开阔地带，有些在树木遮盖的地方，有些地点则是根本没有任何遮挡。没有任何规律可循，我们无法在正确的地点安排我们的狙击小队去观察和攻击敌方的迫击炮队。

接下来，立夫指出了 IED 的爆炸地点。因为这片区域以幼发拉底河为界，运河纵横交错，这意味着用车辆接近该地区的方法很有限，只有一条大路可供出入。这里地形开阔并且植被稀疏，无法提供有利位置可以让我们设置狙击观察点，以便让我们可以远距离观察主路从而发现和攻击 IED 放置人。如果要做的话，我们将不得不暴露自己的位置，成为敌人的活靶子。一旦我们遇袭，如果我们需要支援的话，唯一一条可以让美军车辆通过来接应我们的路就是这条大路,而这条路上 IED 袭击的风险相当高。这会把来支援我们的陆军部队置于非常危险的境地——实际上,快速反应部队可能根本无法接近我们。当然,这些 IED 也可以让同在车上的海豹突击队员和伊拉克士兵面临极大的危险。

"主要结论是。"立夫总结道,"任何在 C 湖地区的反迫击炮和 IED 的行动成功率都很低。但是对参与行动的海豹突击队员和伊拉克士兵以及支援我们的陆军部队来说,风险将会非常高。"

显然立夫、托尼以及其他查理排领导者对此做了功课。我确信他们不是在逃避风险,因为我们在拉马迪的过去几个月中他们已经一次又一次地证明了这点。我知道,为了保护勇敢的美国陆军和海军陆战队不受敌人的致命攻击,他们渴望放倒敌人,越多越好。但是我明白,从他们的分析来看,我们无法预测敌人发动攻击的地点,这意味着我们将要在一个完全随机的地点设置观察掩护点——这无异于大海捞针。即使我们知道在哪里设置观察掩护点,由于很少有地方可以让我们找到掩护或者躲起来,敌人很轻易就能找到我们。最后,因为无力观察掩护整条大路,我们甚至不能完全防止 IED 的放置。

"所有这些都对我们不利。"立夫继续说,"虽然我们很愿意响应旅长的要求,但是我不确定这个行动是否合理,风险和回报不成正比。"

他是对的。虽然我们很想开展这个行动,与敌人交战,消灭敌人在 C 湖的迫击炮队和 IED 放置人,但是这个行动不合理。

"是的,你是对的。"我同意道,"对我们和支援部队来说风险很高,但是得到回报的可能性很低。我会和旅长说的。"

我对旅长有很高的崇敬和敬仰。他和他的队伍对我们赋予极大的信心和信任,并且很感激我们不断对他们陆军和海军陆战队在高处提供狙击手观察掩护。我还认识到在这件事上,他高估了我们在 C 湖消灭迫击炮

第二部分　平衡任务

和 IED 威胁的能力。那天晚上，我开车穿过基地向旅长解释了情况。他对此表示完全理解，然后我们讨论了其他解决问题的策略，比如利用持续的空中保护或者在该区建立一个永久性联合驻军点——一系列关卡或者前哨站，用以控制情况。旅长和我一样都知道，积极进取是一个非常好的品质，但是它需要与谨慎行事和仔细思考相平衡，这样才能确保高风险低回报的情况不会发生。

**原则**

问题不会自己得到解决——一个领导者必须积极进取并且采取行动，解决问题，实施解决方案。太过被动或者等着解决方案出现通常会使问题更严重乃至失控。敌人不会撤退——领导者必须主动出击遏制住敌人。好生意不会自己找上门——领导者必须走出去做好生意。团队的改变不会自己发生，新工作方法不会自己实施——领导者需要积极地将它们付诸实践。

积极进取的态度应该是所有领导者的默认状态。"默认：积极进取"。这是说最好的领导者和最好的团队不会等待行动。相反，在理解了战略目标（或者领导意图）之后，他们积极地开展行动去克服困难，利用手边的机会，完成任务，取得成功。

不是去被动地等待别人告诉你去做什么，"默认：积极进取"状态的领导者会主动寻找方法去将战略任务做的更长远。他们明白领导的意图，知道自己的权限在哪，他们就会去做。对于一些超出他们级别或者权限的决策，"默认：积极进取"状态的领导者仍然会向上级领导提出解决问题的建议并且执行主要任务以取得战略性胜利。在海豹排和行动组，我们希望所有层级的领导者都能够做到这点，这包括只对自己和他那一小块任务负责的前线战士。但是这种态度对任何团队和组织中的领导者都很重要。

这对于战场上的成功和商场上的成功一样重要。

"积极进取"意味着主动。它不意味着领导者可以生气，发脾气，或者咄咄逼人。一个领导者必须永远专业地对待团队里的下属、同侪、他的上级领导、顾客或者客户，以及团队之外提供支持工作的人员。怒气冲冲地对其他人讲话是没有用的，发脾气是弱点的表现。在战场上、商场上、生活中赖以成功的攻击性不是对人的，而是用来解决问题、达到目标和完成任务的。

在积极进取和仔细分析思考两者之间进行平衡也很重要，这样才能确保风险已经经过评估和规避。"默认：积极进取"的态度的另一面是，有些时候犹豫会让一个领导者更加了解情况，这样他就可以正确地加以应对。相对于立即对敌人的火力攻击做出反应，有时谨慎的决定是等着看事态发展。这可能只是火力侦察？这是敌人在声东击西吗？这可能是敌人在诱敌深入，后面有重兵埋伏？三思片刻也许就会发现敌人的真实目的。过于激进而没有辩证思考，那就是胆大妄为。那会给团队带来灾难，影响任务的完成。当有前辈告诫需要谨慎时不接受建议，不理会重大风险，或者不对突发情况做出应对预案，这些都是蛮干。这是糟糕的领导。

军事史学家一直提到一个说法叫作"胜利病"，这是造成胆大妄为的一个主要原因。这个病通常发生在队伍在战场上取得几次胜利后，这让队伍对自己的战术、战力过于自信而低估敌人或者对手的能力。这不仅是战斗领导者或团队才有的问题，任何领域的领导者和团队都会有这个问题，无论是在商业世界中还是生活中。

对抗这个胜利病是领导者的责任，这样的话，团队即使成功也不会骄傲自满。任何行动的风险都必须经过仔细评估，要考虑完成任务的回报是否值得冒险。当然，还要反向思考，不作为的成本也要考虑在内。

虽然领导者必须要积极进取，但是领导者也必须小心谨慎，以免他们仅仅因为采取行动的本能而去"找死"。积极进取和小心谨慎这对矛盾必须要得到平衡。所以要积极进取，但是永远不要胆大妄为。

**商业应用**

"我'现在'就要建立团队，这样我们就可以准备好应对接下来十八到二十四个月内的增长。"CEO 怀着极大的热情跟我说。她是一家小公司的所有者，该公司正在计划快速扩张。这家公司的上一个所有者因为将要退休，在过去的五年中对公司进行的是平稳经营策略，CEO 把这家公司从他那买了过来。

自从接手公司，新 CEO 一直都非常激进，一直在争取新客户。她工作努力，并且要求她的团队同样努力。在随后的几年，公司保持着非常大的增长。她知道针对公司增长她需要一些帮助，所以她请了先头梯队来指导她，并且为她的团队进行领导力培训。无疑，她和她的公司看起来正沿着正确的方向发展。

然而，CEO 的成功之路上有几块大绊脚石。首先，她花掉了大部分的个人资金去买这家公司，而之前的拥有者只给公司留了很少的现金流。所以她的个人财务问题和公司较低的现金水平情况让公司没有多少运营资金。

传统的业务问题也有。跟大部分销售情况一样，这家定制生产的公司有很多潜在销售机会需要跟进，而只有很少一部分这样的机会可以转化为实际的销售订单。公司从接到订单到收到货款的周期特别长。这其中包括设计、测试、获批、生产——所有这些步骤之间都有往来运输造成的时间间隔，因为生产是在亚洲进行的。这意味着从签订合同到最终收到货款的过程中间有大量资金是长时间滞后的。

129

CEO 继续向我一口气倒出她的计划："我明白我们现在的方向。我们的销售机会正在增多，成交量在上升。明年我们会有爆发式增长，我想让我的团队不仅仅是对此有所准备。默认模式应该是积极进取，对吧？"她问我，引用了我几天前与她和她的团队讨论过的领导力战斗原则。

"绝对是。"我回答，"'默认：积极进取'！"

我一向喜欢这样的态度。那天下午，她向我更详细地解释了她的计划，关于她扩招的岗位，新设的岗位，以及她将怎样构建公司。这些计划让人印象深刻。她对公司前景，以及公司将来可以与最大竞争对手并驾齐驱的巨大接单能力和生产能力非常有远见。

为了能让扩大的团队有地方办公，她正在寻找一些新的办公地点——或者，最少是把隔壁拿来扩大现在的地方。但是，她倾向于搬去一个看起来更专业的新地点。公司现在的办公地点因数年的业务衰退而有些破旧，而且这栋楼看起来就不是一流的。CEO 深知第一印象的重要，决心换一个地方。

"新的办公地点可以适应甚至带来更多的增长。"她解释说，"我知道我们会需要的！"

她这样积极进取的心态我听在耳中就好像音乐，CEO 的活力和热情让我彻底站到她这边。

"非常棒。"我告诉她，然后又加了把火："如果你做好正确的准备工作，建好基础设施，并且让合适的人现在上岗——那么你就在明年就会拿下全世界。"

之后，充满热情和决心的我们像刚赢了洲际篮球冠军赛的高中生一样击掌致意。

用这样的会面结束一天是多么美妙啊！我走出那栋楼时满怀着对下周会面的期待。

第二部分　平衡任务

但是当我开车去机场搭回程飞机时，我从兴奋中回过神来，意识到我对这家公司太感情用事了。有感情是对的，但是太多了。我意识到公司老板的热情把我感染了，我很欣赏她积极进取的态度。因为这个原因——为了 CEO 和这家公司的长远利益——我需要控制自己。

当天晚上我回到家里，我给她发了邮件，就那次美妙的会议向她表示感谢。我赞扬了她的态度，但是之后弱化了那些想法。我告诉她，在做任何重大决定之前，我们应该做一系列理性分析，分析应该包括公司财务，运营资金和增长潜力，以及预测公司间接费用会在短期和长期如何增长。我要求她让团队把这些数字准备好，以便我们可以在下周的会上对它们进行讨论。

当我在下一周见到她时，很高兴见到她仍然激情澎湃。但是我要控制好自己，我要确保自己不受激情和积极进取的态度所控制，确保她不会过于激进——甚至鲁莽。

"我觉得我们还是可以继续计划的。"CEO 边说边把我领进她的办公室，她的 CFO（首席财务官）和人力资源总监正等在那里。

"很好。"我回答，"让我们看看数字。"

CFO 用几张幻灯片解释了一下公司的财务状况。当说到最终盈利的时候，我觉得现金流太紧了，紧到让我觉得不太好。但是计划也许还可行。

然后我注意到了销售预测表上的一个词：最高。

"我看到这里写着'最高'。这些是你们最大可能实现的目标？"我问 CEO。

她结巴了一下，然后确认说："嗯，是的——差不多——但是随着我们扩大销售团队，我们应该可以达到这些目标。"

"你说的是你还没雇好，还没经过测试和培训，尚未证明实力的销售团队？"我问道，心里渐渐有些担忧。

"唔，还没有，但是……"她回答道，声音越来越小。

"我们都知道这些没有一项对销售人员来说是容易的。"我说，"雇佣不易，培训不易，证明实力当然也不易。新的销售人员在每个行业都是看运气的。如果你指望用勉强成立的销售团队去实现一个最高目标，公司可能会出大问题。"

"嗯，如果完成任务需要稍长一点时间，我们可以再多用点时间。"CEO反驳道，"我们有时间。"

"你确定？"我问，"再把预算拿出来吧，好吗？"我跟CFO说。

他把关于预算的幻灯片放到屏幕上。这次我很仔细地看了一遍。

"你们的最高目标仅仅能够抵付间接费用——而且随着间接费用的增多，情况不会有所好转。"我说。

"但是我们要准备好在明年主导市场。"CEO说，下意识地让我对激进的准备方式心生向往。我得控制我自己——还有她。

"我明白。"我回应道，"但是你看，如果无法在六个月中完成最高目标的话，你就不能收支平衡。当你坐等货款进来的时候，你的运营资金已经花完了。现在，你可以去办贷款或者找投资人，但是你会为这个短期牺牲一直付钱。如果这样的趋势持续下去而没有外部资金投入进来的话，一年之内，你的公司就会情况倒转。在十八个月内，公司会在一些投资交易中处于非常弱势的地位，或者会面临强制收购——甚至更糟，破产。"

"但是如果我们确实达到了目标而准备工作却没做好呢？"CEO问，"我认为我应该激进一点儿？"

"唔……你需要做好准备也需要激进一点。但是激进不意味着你就要不顾风险，这不意味着你要承担本来可以而且应该规避的巨大风险，这也不意味着把希望寄托在不切实际的最高目标上。你要积极分散风险并且保证公司的长远利益，积极保持对公司的全面掌控和领导，积极做好预算和

第二部分　平衡任务

突发情况的应对计划。这是你应该激进的地方。不然的话，你将会使你自己，你的奋斗，你的团队，和你的公司都面临风险。"

CEO 点点头，开始明白我说的意思。

"听着。"我继续说，"你知道那天我是如何向你的领导团队解释'默认：积极进取'模式的，我详细地解释过这不是说对自己人要咄咄逼人。喊叫和吼叫不是积极进取，不能对领导团队有所帮助。当然了，有些时候你必须要严厉，但是这必须平衡好。积极进取是很好的品质，但是也可能导致情况失控。现在我们面临的就是一个相似情况。锐意扩张和增加间接费用不会有益于你和你的公司。这只会让你暴露在风险之中并且处于弱势。所以，让我们停一下，看看你试图达到的最终目标，想一个测算过的、平稳的方法。然后制定一个计划，要纳入审核触发机制和分支计划，这样你就可以计算和控制风险，而且当事态发展不如意的时候你还能有退出的策略。"

CEO 点点头，笑了。"我觉得我可能就是有点太激进了。是的，有道理。肯定有办法可以冒较少的风险和更好地控制情况发展。"

有了这点共识，我们开始着手工作。我们制定了一个计划，随着销售团队扩大，用多更多的订单证明他们的实力，公司会缓慢增加基础设施和提供更多支持。公司搬迁不在计划中，甚至对现有办公场所的扩大也推迟到真正出现空间拥挤的时候再说。她还决定削减其他开支，她缩减了仓库规模，这个仓库此前没有放满过。她还决定去掉三个经理中的一个，此前他还没有做什么业务。当她向我说明这些对计划的修改时，我笑了。

"我喜欢。"我告诉她。

"我也是。"CEO 承认道，"这也是一种好的积极进取，不是为不确定的未来积极准备，而是积极削减开支和管理我的损益表。"

"而且你知道吗？"她问我。

133

"知道什么？"我问。

"这样感觉很好。"她回答，她很高兴能够把积极管理公司的心态集中在正确的方向，将之与清晰理智的想法和合理的风险规避相平衡。

作为"猛汉"行动组德尔塔排的首席狙击手和士官，J·P·迪奈儿也是队伍的尖兵，这是在巡逻队中最危险、最靠前的位置，负责识别前方的危险和正确地将队伍引导到目标或指定地点。德尔塔排在此次任务期间进行的大部分巡逻都会遇到袭击并与敌人交火。图中，在拉马迪东部执行了一次狙击观察掩护任务后，迪奈儿勇敢地带领德尔塔排和他们的伊拉克士兵穿过街道。即使在伊拉克烈日下与敌人连续紧张作战了几小时，迪奈儿也仍旧保持着他的行为标准，端好武器的同时扫视危险。

(照片由山姆·彼得森提供)

## 第七章

巴格达陆地战：灵活的纪律等于自由

约克·威林克

### 伊拉克，巴格达中心地区：2003 年

"去他的，为什么这帮家伙要在悍马里面抽烟？"我纳闷。

我看着前面的悍马车，好像有人从车里扔了个烟头出来，闪着红光的余烬在悍马旁和街道上小小地爆开来。然后我又看到一个，然后又一个。几秒后，我反应过来。那些不是烟灰落在悍马上，那是子弹。

那是我第一次遭到攻击——而我甚至都没意识到。我们海豹排的悍马车队此时在巴格达市中心，正在开往恶名昭彰的一个暴力街区。在伊拉克战争早期，我们的悍马是没有武装的。车子没有门而且车身铁皮很薄——子弹可以从外部打穿。它们不是用来打巷战的，这使得迎面而来的小型武器攻击变成了真正的威胁。

不幸的是，我们看不到敌方火力是从哪来的，因此我们也没有还击。

一两分钟后，我们停在目的地，那是一个位于巴格达中北部的小前哨站。我们的车队刚停在院里，我的耳机中就接到了一个无线电呼叫。我的一个人中弹了，医疗兵在无线电上问受伤的人在哪辆车上，回答说伤员在四号车上。我下了车，周围扫视一圈，飞快地评估了一下我们当时的情况。所有的车辆在我们来的路上停成一线。这条路在我们右方，与附近的底格里斯河平行。我们已经开过了前哨站的主楼，周围是一排排装满砂石用布包裹的大箱子，这些箱子叫作海思科防御墙。海斯科防御墙沿着主楼对面的底格里斯河岸排开，但是防御墙到主楼就没有了。在我看来这不是大问题，因为底格里斯河很宽，从河对岸由小型武装发起的攻击不太可能有什么效果。

对所处环境放心后，我走回四号车去检查受伤的海豹突击队员。我的人此前从未受过伤，我之前甚至没有遇过敌袭，排里没人遇到过。但是我没慌。我知道我的医疗兵会快速检查受伤的海豹突击队员然后开始治疗。我还知道第 28 战斗支援医院（CSH）就在离我们不到十分钟车程的地方，正如我们在应急方案中提到的，如果有需要，我们可以很快地开到那里。

幸运的是，没有这个需要。那是轻伤——犹如奇迹，是轻伤。一枚子弹，肯定是威力大大减小的跳弹，打中了那个海豹突击队员的头，射穿了皮肤但是没有进入头骨。相反，它在皮肤和头骨中间游走了一个弧形。医疗兵检查了伤口，找到了子弹，把子弹沿着它射入的轨迹推到了伤口处，然后把伤口一挤，子弹就出来了。没什么问题。

我们正处理伤情，医疗兵告诉我谨慎起见应该把伤员送到战斗支援医院时，无线电传来报告。

"我们遇袭了！"有人在我们排的内部无线电上说。

我跟其他所有人都在悍马后蹲了下来。

我们听着看着周围情况试图弄明白到底发生了什么。我觉得我听到了几声枪响,但是我不确定。

这时大家都很困惑。我看到我的人在看向不同的方向,莫名地从一个地方转移到另一个地方,武器和激光束对着所有方向,在悍马的四周找掩护。所有人都想做点什么,但是看上去他们好像不知道要干什么。当然,这是我的错。我是负责人,我得给出指令。但是这时,即使是我也不确定该发出什么指令。所以我按照从我的一位老排长那儿学来的做,有疑问的时候,问。这没什么可丢脸的——如果因为你过于自大羞于问问题而导致错误决定,那才是丢脸。

"从哪来的?"我喊道。

"河对岸!"一个人喊道。很好,我现在有的放矢了。但是只有一个人回复了,那不是海豹突击队的作战方式。在海豹突击队,如果有人口头下令,所有人都要重复指令以确保每个人都得到了指令。但是因为"河对岸"不是我们的标准指令或者不是我们用来传递消息的标准格式,没人重复这句话。这说明不是所有人都知道攻击来自哪里。结果,排里的人还是很迷茫并且没有行动。有几个队员从悍马上下来并在悍马周围就位,其他人,包括司机和射击手则是留在了车里。

我必须快速地清除困惑。我们车停在海思科防御墙外,大部分悍马车和人都在河边,暴露在敌人的枪炮中。我得把车和人都弄到海思科防御墙后面去——而且我动作要快。在我脑中,一瞬之间,我努力想出了一个计划。更重要的是,我需要一个办法可以通过无线电把那个计划告诉所有人。一个对当前事态的长解释对众人来说太复杂了,很难让他们口头传达下去,我不确定该怎么做。

然后我意识到这是我们在此前的训练中遇到过的场景。虽然那些训练场景是发生在步行巡逻的时候,规模完全不同,但是同样的处理方法完全适用于现在——排里所有海豹突击队员都知道的方法。所以我决定用我们步行时指挥行动的标准口令。

鉴于悍马的行驶方向，火力始发于我们的右侧，于是我下达了指令。

"目标在右！"我喊道。因为这是每个人都听过和重复过的标准指令，所有人都重复了指令。现在所有人都知道威胁来自于哪里了。

接下来，我喊道："架枪！"这是让所有人的枪对准方向。这也是一个标准口令，每个人都一边瞄准了河对岸一边重复口令。几秒钟内，所有的海豹突击队员都就位了，所有的武器都指向河对岸的威胁所在。

最后，我下令："向右移动！"——让队伍以攻击来源方向为准开始向右移动，这样我们会移到海思科防御墙后。

"向右移动！"队员重复道。马上，车和人开始有条不紊地向海思科防御墙后移动。不到一分钟，所有人都到了海思科防御墙后得到了掩护，对方攻击也结束了。

攻击规模不大，飞过来的子弹不多也没什么威力，我们没人再受伤，悍马也没有一辆中弹，事儿不大。我记住这次事件的唯一原因是，那是我第一次受到敌人火力攻击。但是我学到了很重要的东西：严格的标准操作流程的威力。总是有人，尤其是越战时代的海豹突击队员，告诉我这些流程的重要性。现在，我亲身体会到了。

但是严格会造成问题。虽然我现在完全明白了为什么严格的标准操作流程很重要，但是我还没领悟到执行它们的过程中有可能会过于严格——过于死板。

作为"猛汉"行动组的组长，我学到了这一课。我们在南加州帝王谷崎岖的沙漠地形进行我们第一组主要训练：陆地战。在陆地战训练中，我们学习射击，移动，以团队为单位进行联络，接近和消灭敌人，"掩护并行动"，以及利用我们的建制部队去抗击敌人。陆地战是基础训练，是所有海豹突击队技术的基石。但是这组训练不仅是基础训练，而且是最耗费

第二部分　平衡任务

体力的训练。训练包括重装穿越沙漠的长途步行巡逻。在快速反应训练（简称IAD）中——敌袭时海豹突击队员所执行的，预设的经过大量演练的应对行动——单个海豹突击队员，作为一个多变的、需要配合的行动中的一员进行行动，必须起床、下楼、冲刺跑、爬行、打滚、跳跃，然后一遍遍地扑倒，这一套动作非常耗体力。此外，排和行动组的领导者们还必须"思考"。他们要分析地形，找出敌人火力的所在位置（在训练中，指的是在实弹演习中的反应标靶或者在空包弹演习中敌军扮演者的位置）。领导者必须快速地分析出是向敌人所在位置攻击还是撤退——是打败敌人还是避开火力撤离该地区？一旦做出攻击还是撤退的决定，领导者就需要下达战术命令，指明海豹突击队员应该执行的行动方案，就好像四分卫在队员靠拢时进行的战术指挥。区别是这不是在橄榄球场上的靠拢，这是关乎人命的战场（实战训练中的训练场）。

一旦命令下达，队员传递命令，然后开始行动。这些行动本身是非常机械的——它们必须这样。在实弹训练中真的子弹到处飞，如果一个海豹突击队员移动出了他指定的区域，他很容易被友军所杀。因为有这个危险，海豹突击队训练教官们紧盯着这些标准流程的演练，并且严格要求按流程进行。如果无法按照流程行动会收到安全违规书面批评，如果收到超过两三个安全违规就可能导致三叉戟审查委员会的审查并且失去海豹突击队员资格。

在陆地战训练中，快速反应训练的前几天是非常基础的。小队和排的队员在开阔、平坦的地形上按照简单的、明确规定的、提前设计好的动作移动。第一轮没有开火，所以交流清晰好懂，动作很基础，领导者们不需要考虑地形因素而只是简单的排兵布阵。这很简单和直接，让海豹突击队员可以理解标准操作流程，包括个人动作以及这些动作如何融入整个行动计划中。一旦"干巴巴的"、不开火的快速反应训练做得熟练后，海豹小

141

队和排就要开始实弹演习。这就多加了好几层挑战，因为海豹突击队员们必须在真实的机关枪和步枪声中听取口令，然后把它们传达给排里其他人。这不需要很久去适应，在平地上，这些战术动作非常容易做到。

当训练教官们把队伍从平地换到真实沙漠环境时，一切都变了。有沙丘、深谷、露出地表的岩石、干涸的河床、灌木丛、矮树丛，以及其他半干旱沙漠的共同特征。现在，排里的领导者必须思考，并且带领队伍。这种地形在得到正确解读、理解、利用的时候，在战场上会提供无可匹敌的优势。高起的山脊线是射击的极佳位置；岩石提供掩护；深谷或者地形下陷处为队伍逃离敌人攻击准备了出口和掩护。确认地形特征和制订好计划后，接下来的挑战就是通过口令和视觉信号把计划传达给队伍的其他人，这两种手段都会因噪音、尘土以及地形本身的影响而模糊。

在"猛汉"行动组，德尔塔排在快速反应训练的最初阶段遇到一些困难。一旦开始交战（模拟攻击开始），队伍就会陷入困境。没有命令下达，他们会在一个位置上停留太久，消耗弹药，而没有前进或者后退，这很糟糕。通常情况下，"不是包抄就是被包抄"。要么你向敌人移动，要么敌人向你移动。在战场上停滞不动会让你丧命，而停滞不动看起来是德尔塔排对每个模拟敌袭的反应。

作为行动组组长，我对队伍的表现负责。注意到这个问题之后，我决定对德尔塔排的排长塞斯·斯通在快速反应训练中进行观察。塞斯是一个相对经验较少的军官。像立夫一样，他在接到命令去水下爆破训练之前只参加过美国海军水面舰队的一次行动，后来和立夫一起才参加了海豹突击队的基础训练。他们都毕业于美国海军学院，来自得克萨斯，都是约翰尼·凯希和金属乐队的粉丝，非常努力，也是非常亲密的朋友。我很幸运有他们做我下面的排长。

尽管如此，事实却是他们都没经验。他们在做"猛汉"行动组排长的

## 第二部分　平衡任务

两年前刚从水下爆破训练项目毕业,而且每人在出征伊拉克前只参加过一次战前训练,训练中他们的大部分时间不是在战场上组织作战行动,而是在战术作战中心通过无线电给场上的队员提供支援以完成任务。基于他们之前的经历,我不能指望他们是战术专家,我必须教他们。

塞斯要求一些帮助,所以我在快速反应训练中紧紧地跟着他,跟着他很容易——过于容易了。塞斯按照标准操作流程行动,"没有任何例外"。每一个按规定他要完成的动作,他都做。轮到他站或者动的时候,他就站起来移动到下一个指定地点;轮到他卧倒和还击的时候,他就趴下进行还击——像机器人一样。他把标准操作流程做得分毫不差,没有任何改动或者思考,这让他把行动搞砸了。

作为领导者,你必须把观察和预测接下来发生的事作为工作的一部分。通过观察,领导者就能了解周围环境和地形,他们能分辨出敌人位置和观察他们自己队伍的位置。一旦领导者把这些都看明白,他们就可以下令了。

我观察了塞斯,很明显他的错误是"太"严格地遵守了标准操作流程。作为领导者,如果你严格按照流程要求进行行动和站位,你可能不会站到能看到实际战况的最佳位置上;你可能会停在阻碍视线的凹地中或者灌木丛和石头后面,或者在角落里看不到排里其他人;你可能会停在一个为其他队员提供关键火力掩护的位置,于是你会进行射击,而不是领导和指挥队伍。所有这些行为都是有问题的。

塞斯没有意识到的是标准操作流程是一般指导原则,不是一定要遵守的严格规定。在塞斯心里,流程是严格的,虽然它们足够严格可以保障安全,但是他没明白这些流程也是非常灵活的。

当然,流程中有些部分根本就不灵活。例如,他们不能从其他射手射击的射程范围内走,不然他们就切断了其他队员的火力范围——或者更糟的是,进入到他们的射击范围并且被他们的子弹打中。但是在火力线后面的话，大家就可以自由安静地移动，尤其是领导者们。领导者可以在火力线后左右移动以观察大家的位置和下达命令。他们可以向后移动到更远去寻找出口。领导者甚至可以把其他射手抓过来代替自己在火力线上的位置，以便让他们自己可以起身、移动和寻找有利地形。更重要的是，领导者不是"可以"做这些事，而是"必须"做这些事。不为做出最好决策而移动、观察、分析，作为领导者是失败的，也辜负了团队。

在下一轮的快速反应训练中，我告诉塞斯我会待在他身边告诉他怎么移动。我们从整备巡逻队开始，向目标可能出现的地点进发去与敌人交战。我跟着塞斯，在他火力范围相反的方向在他旁边走，这样我就不会妨碍他履行职责。德尔塔排进入了一条深谷，两边都是岩石和尘土。这只是训练练习。但是在让人流汗和造成疲劳的闷热沙漠气温中进行高风险实弹演习，海豹教官们对每个动作作点评，目标可能在看不到的位置突然出现的悬念，以及要做出正确决定的压力，这一切全都使气氛极度紧张。

最后，自动目标在我们前方出现，并且我们听到了它们"啵啵啵"的模拟机关枪声。和走在他前面的德尔塔排尖兵J·P·迪奈儿一样，塞斯趴下开始向目标射击。J·P·迪奈儿是个优秀的、年轻的队员，身材魁梧，并且十分有攻击性。迪奈儿也有些特别，仅仅二十二岁的他是个天生的领导者，随时能站出来领导大家，正如他将在拉马迪战役中多次做的一样。他也非常勇敢——这会在将来的战斗中表现得非常明显。在拉马迪东部马拉博区的一次激烈交战中，他毫不犹豫地在敌人呼啸的子弹中冒着生命危险跑上大街，救了受伤的美国海军陆战队的枪炮军士，为此迪奈儿获得了银星勋章。但是现在，在这个训练场景中，迪奈儿马上开始机关枪射击以压制"敌人"火力。排里其他人进入他们各自的火力范围，在巡逻队中左右轮换。

"目标在前！"塞斯喊道，提醒所有人目标敌人在巡逻队前方。一个接一个，排里其他人重复口令，"目标在前"的喊声向一排排人传开来。

我看着塞斯。他知道他们所处的深谷是一个渠形的地域，前方火力有限而且深谷两边的墙限制了行动能力，他下了命令。

"转向中心！"他喊道。这是正确的决定，也确实是这种情况下的唯一选择。排里其他队员都预料到了这个命令并且迅速地把命令传了下去。

"转向中心！"

得到这个命令后，德尔塔排开始小心地配合演习"掩护并行动"。当有些海豹突击队员进行猛攻镇压对方火力时，其他人站起身向后撤，离开敌人的攻击。一切顺利——直到轮到塞斯行动。

塞斯经过所有人沿着深谷过去，最终到达标准操作流程中他的指定位置。到了那个位置后，他向着谷侧的土墙跪了下来。我看着他盯着离他几米远的墙上的石头和土。

"在那你能看到什么？"我问。

"看不到什么。"他摇摇头说。

"如果你什么都看不到，你怎么能知道把你的排带到哪儿去？"我严厉地问他。

他沉默了一会儿。

"我不知道。"他承认道。

"嗯，走吧。"我告诉他。

这时他真的困惑了。

"走？"塞斯问。标准操作流程规定了他必须在哪儿站位，在他心中他遵守了规定——在他心中，他没有能力违反规定。但是那些规定让他盯着一堵墙，看不到任何正在发生的事。如果他看不到情况如何，他没办法指挥。所以我告诉他去破坏规定。

"是的，走。"我告诉他。

"但是标准操作流程的规定呢？"塞斯问。

塞斯担心他不按规定移动位置的话会影响整个行动的进行。塞斯不懂的是，标准操作流程不是不可更改的，尤其对于领导者来说。所以我对他快速地解释了一下。

"只要你在最后一个队员的视线范围内。"我告诉他，"你就可以随处移动，这样你就能看到到底情况如何——然后决定下一步的方向。你是领导者！你得找到出口。"

作为排长，塞斯的工作之一就是找"出口"——一个可以让海豹排逃离敌人火力和掩护他们行动的地形。

"收到。"塞斯回答。然后他沿着深谷多走了十码，当他走开的时候，另外一个海豹突击队员回来填补了他的位置，这正是他应该做的。海豹突击队的动作流程里面本就有能让领导者随处移动的安排，这样领导者可以去寻找、查看和分析地形。如果领导者从规定位置上走开，其他人会过来填补他的位置。

但是塞斯还是没能找到出口，而且他已经快要出了最后一名队员的——也就是刚才替他补位的队员的——视线范围。

"我什么也没看见，但是我离得太远了。"他说。

"没问题。"我回答，"等着下一个人回来让他补你的位，然后你就可以离开得更远。"

塞斯点点头，冲我笑了笑。他开始明白：领导队伍不是说他要严格遵守流程——他要去思考和做最合理的事让自己可以最大限度地支持和带领他的队伍。

"去那边！"塞斯指着一个方向冲一个正向他的方向移动的海豹突击队员大喊，"我要去找出口！"

那个海豹突击队员跪到了地上。塞斯往后又挪了一小段距离去寻找出

## 第二部分　平衡任务

口。他仍旧什么也没看见。

"把这儿填上！"他冲下一个沿着深谷朝他跑来的人说，指着一个通常情况下海豹突击队员应该占据的位置，然后转身继续去找离开深谷的出口。

终于，他找到了一个出口：从右边切进来的另一条深谷，清晰地指向不同于海豹排现在行进路线的方向。这是一条可以让他们和敌方攻击拉开距离并且为他们提供掩护的好路。

他停在了出口的角落位置。当下一个人沿着深谷过来的时候，塞斯指着深谷右侧喊道："从这儿出去！从这儿出去！"那个海豹突击队员听从了塞斯的指挥，剩下的队员也沿着新的深谷鱼贯而入，离开了敌人的攻击范围。他们顺着新的方向移动了大约一百米。

塞斯看着我。他什么都没说，但是他的表情正在大声清楚地表达：他不知道接下来该怎么办。

"你觉得你甩开敌人了吗？"我问他，指的是他是否认为敌人的威胁还存在。大家现在没有边走边射击，表明他们没再看到敌人，也就是说敌人不再是威胁了。

"肯定的。"他回答。

"好。"我说，"那么现在你需要什么？"

塞斯很清楚我是什么意思。

"点人数。"他说。

"对，然后呢？"我问。

"把我们和敌人的距离拉得更远。"他很有信心地回答。

"好。"我告诉他，"那么就去做吧。"

"收到。"他回答道，开始满怀信心地指挥大家行动。

塞斯在巡逻队中向前走了一小段距离，现在他不再因为标准操作流程

147

而束手束脚。他很快找到一块足以盛下他整个排的洼地。他在洼地中间做好战术准备姿势，然后在他的人开始进入洼地的时候做了个"防御"的手势。他们看到他的手势后马上站到了标准指定位置。不到一分钟，所有德尔塔排的队员都就位了，他们的枪掩护了所有方向。塞斯从两个小队长那里收到了"竖大拇指"的手势，这说明他们点齐了人数——所有的海豹突击队员都在——并且整装待发了。塞斯站起身，走向迪奈儿，然后给他一个开始向外移动、远离敌人的信号。

在这一次快速反应训练中，塞斯领导队伍的能力得到了迅速增长，德尔塔排的优异表现反映了这一点。塞斯现在明白标准操作流程不是固定的、一成不变的、没有任何改动空间的法律条文。它们是需要与适应性、常识性相平衡的指导原则。所有人都应该做好这个平衡，领导者尤甚。

看到塞斯的信号后，J·P·迪奈儿从他的防御位置站起身走出去，扫视潜在的威胁。塞斯紧随其后，取代他作为巡逻领队。德尔塔排其他人站起来跟上塞斯，就像他们将来会在拉马迪大街上多次做过的一样。

## 原则

虽然"纪律等于自由"对于个人和团队发展来说，是一个很强大的工具，但是过于严格的纪律会扼杀团队领导者和成员的自主思维。严格的标准操作流程、重复的过程和始终如一的方法对任何组织来说都是有用的。一个团队越是严格照章办事，就越有需要对现有计划进行小幅修改的自由。当面临一个使命或者任务时，一个团队不需要从零开始做计划，相反，团队可以按照标准操作流程做计划的一大部分。作为海豹突击队员，我们要做的每件事都有标准操作流程。站队和上车的方式、车队和巡逻队的集结方式、清扫建筑的方法、处理俘虏和伤员的方法——这个单子长得没完没了。但是那些标准操作流程并没有在战场上束缚我们的手脚,相反,它们赋予我们自由。严格的标准操作流程是我们做出修改的基线,我们可以迅速地在此基础上自由行动。

但是这其中必须有平衡。在有些组织中,军队和平民领域都是,有些领导者制定了太多的标准操作流程。太过严格的流程实际上抑制了他们下级领导者的意愿和思考能力。这有可能对团队表现造成负面影响,有损于任务的完成,对组织各个层级的有效领导有所阻碍。

严格的流程必须和这些相平衡:应用常识的能力、在必要的时候不按标准操作流程操作的权力、思考其他解决方案、应用新想法和基于实际情况对流程进行调整的"自由"。如果标准太严格,团队成员就无法做出调整,无法适应,无法使用他们最有价值的东西——他们的大脑——快速想出针对特殊问题的解决方案,而这些特殊问题是标准方案无法解决的。

而且如果过于极端的话,过多的纪律——过多的程序和过多的标准流程——会完全抑制和扼杀下属的自主性。即使当标准流程明显会导致失败时,受限于严格流程的领导者们也只是会按照标准流程行事,而不是对其做出必要的改动。

所以对于一个领导者来说,平衡这两者是很关键的:严格使用标准流程,自由适应、调整和见机行事以最大限度地支持上级的主要意图,然后取得胜利。在战斗中、商场上、生活中,领导者要讲究标准严格,但是不能死板僵化。

**商业应用**

销售副总裁是个不可小觑的人,她非常有冲劲,很聪明,有经验。从基层一路升上来,她对公司事务了如指掌。公司的产品很好并且可以给客

149

户带来真正的好处。

但是即使身处天堂也有烦恼，连续四个月的销量下降。公司的 CEO 认为他们需要帮助，于是他们请先头梯队公司来进行评估和指导。我一到公司就对销售副总裁产生了深刻的印象，但是我也能感觉到她的沮丧。

"情况如何？"我问她。

"不够！"她回答，"差的不是一点半点！"她在笑，但是她没在开玩笑。

"别人也是这么告诉我的。"我说，"你觉得是怎么回事？"

她想了一会儿，然后回答。

"你看。"她回答，"我不是百分百确定。去年业绩很好，一切都很完美。我所有的区域经理都努力带动销售人员——把他们培训得很好，而且业绩完成得不错。前线销售人员自己都干劲十足。"

"那听起来很好啊！"我对她说。

"当时很好。"她继续说，"然后到了十一月——通常这对我们来说是淡季——之后是十二月。我们的产品很实用，家庭高效安全保护系统——不是大家想从圣诞老人那里要的华而不实的东西。"

"确实不是。"我同意道。

"我们想要在这段时间保持销售额和利润水平，所以我们领导团队很积极，就是你说的'默认：积极进取'模式。"副总裁继续说。

我笑了，知道她理解了我经常说的基本概念。

"那很棒。"我对她说，"你们是怎么积极进取的？"

"我们全员都很积极。"她回答，"我们增加了对销售人员的培训，增加了对他们销售电话的监督。为了增加利润空间，我们收紧了定价模型，而且我们开始追踪——并且带动——所有销售人员每天的对外电话。"

"那没有任何效果？"我问。

"不是我们想要的效果。"她说,"我的意思是,很难说。今年十一月不像去年十一月那样差,但是离我们的目标还很远。"

"所以之后你做了什么?"我问。

"我们加倍了。"副总裁说。

"你们加倍了?加倍了什么?"我问。

"所有。"她说,"我们改进了电话脚本,甚至对销售人员进行了更多的培训。我们让销售人员把脚本背得烂熟,他们全都做到了。我们在定价上更加谨慎,确保每单都实现最大利润。我们还增加了每个销售人员的最低电话数量要求。我们给整个销售队伍都增加了标准。"她解释说。

"然后呢?"我问。

"然后什么都没有。"她说。

"什么都没有?"我不解地问。

"什么都没有。"副总裁表明,"今年十二月实际上比去年差。然后,一月份情况更糟,二月和三月持续下降,四月份是我们这三年中最差的一个月——但是三年前我们的规模是现在的一半。"

"这很糟糕。"她严肃地说,"但是市场是好的。我们的竞争对手做得就不错,但是我们却正在失去市场份额。可是我们的产品真得比他们的强。这说不通。"

"对,肯定说不通。"我表示同意,"我去研究一下。"

坦白说,我有点担心我可能找不出原因。

接下来的一周,我和带领销售团队的七个区域经理进行了谈话。他们分别在两个呼叫中心工作,每个人的销售团队里有五到七个销售人员。销售人员要不停地打电话——他们坐在呼叫中心把从网上、传单广告和邮寄广告得来的销售机会全部通过电话联系一遍。他们相对年轻,但是很有动力。有些人在过去几年中有稳定的六位数佣金收入。区域经理——之所以这么叫是因为他们的销售人员针对国内不同的区域进行销售工作——也都是好人。除一个人外，他们全都是从呼叫中心提拔上来的。那个没在呼叫中心工作过的经理之前是客户关系代表，他转来这个部门是为了更高的收入。所以他们都很了解公司业务，而这主要是因为他们自己的经验和销售副总裁的指导。

我去呼叫中心做更多了解。在其中一个呼叫中心，为了了解情况，我召集了四位区域经理一起开会。

"你们觉得现在是怎么回事？"我直白得问他们。

"不知道。"其中一个说。

"什么都不知道？"我问。

"不太清楚。"另外一个说。

"没有任何想法？"我又问了一遍，我的声音听起来好像很迫切。

他们沉默地坐了一会儿。最后，其中一个经理发言了。

"我们有过很多想法。我们把知道的每个销售驱动因素都想了一遍。"区域经理说，"我们觉得销售人员可能没有正确地介绍产品，或者没有有效地针对反对意见做出解释，所以我们把电话脚本做得很好，确保没有纰漏。而且他们都背得滚瓜烂熟，并且知道不能对脚本有任何更改。然后我们发现他们会轻易降价，他们给了不必要的折扣，让我们的利润减少。所以我们把定价也收紧了。他们现在的降价空间小了很多。而且我们提高了他们每天要打的电话数量——他们正在按照新的要求做。他们每天多打了百分之三十的电话。他们完成了所有要求，但是我们就是不能把销售拉上去。"

"所有人？"我问，"所有销售人员业绩都变差了？"

"是的，每个人都是。"另一个经理插话说，"而且你看，我们做到了'极限控制'，我们读了那本书。但是我跟你说，我觉得我们需要新的产品特性，我们需要从技术角度把竞争升级。"

"但是你们的销售副总裁告诉我,你们的产品是实实在在比你们竞争对手的产品好。"我反驳道。

"是的。"那个经理说,"但是没有'新'东西。我们需要一些新的卖点——那才是我们所需要的。我跟你说,我们的销售团队已经做到最多了,多一点儿也不行了。他们现在就跟机器似的。"

我点点头,事情不对。我不太明白不对在哪。"好吧。"我告诉他们,"我看看能怎么解决……"

第二天,我和前线打电话的销售人员待在一起。我听了他们打电话,然后问了他们一些问题。每个我听过他们打电话的销售人员都非常专业和娴熟。他们说的话是有脚本的,但是他们说得很自然,让你几乎听不出他们说的是完全一样的东西。一开始,他们给我留下了深刻印象,非常深刻。看上去这里每个销售人员都能得奥斯卡演员奖。

但是他们也只能得个奥斯卡奖了。我听到一个接一个的销售人员遭到拒绝而没有拿到订单。他们的产品介绍很流畅,但是没有让客户接受。当他们有客户对产品感兴趣时,即使按照脚本说,大部分人也不能针对客户的反对意见做出解释。而且那些最终说服客户买产品的人,要艰难地和客户经过一番讨价还价才能成交。整整一个上午,只有三个单子成交。

最后,我请他们几个人去吃午饭。我们去了一个汉堡店,点了餐,然后坐下来等。

"所以这是怎么回事?"我问,开始了对话,"你们工作都很专业,但是销售额却下降了。有什么想法吗?"

"我要是知道就好了!"其中一个年轻的销售说。"这要了我的命。如果我不开单的话我可能就无法在这继续干下去了。"

"我也是。"另一个插进了对话,"得有些改变,不然我干不了。"

所有这些人都在摇头。

"你们现在做的和六个月前有什么不一样？"我问。

"我不觉得这是因为我们现在做得不对——我们做得更好了。"一个叫约翰森的销售激昂地说，"我们更好了。我们对脚本、降价幅度，对反对意见的解释要求都更严了。我们正在按要求做。我们像销售机器一样。但是销售就是在下降。"

机器——这是我第二次从销售团队那里听到这个词。我注意到了，但是，这还是不能解释问题所在。

"如果你把所有事都做到完美，那么你们做错了什么？"我问。

桌上所有人沉默了一分钟。最后，一个资格最老的销售维杰发言了："那就是我们做错的地方。"

"什么？"我问。

"就是那个。"他说，"我们把每件事都做到完美，像机器一样，像机器人。"

"嘭"的一声，我明白了。就是这个问题——维杰是对的。

"太完美？你这么说是什么意思？"其中一个销售说。

我专心听维杰说话，看看他说的是不是和我想的一样。

"我的意思是，我们把所有事都做得太完美了。我们念脚本。我们回答问题。我们对异议进行反驳。我们按照价格模型定价。我问你：上一次你让电话那头的人大笑是什么时候？"维杰问这些人。

没有回应，所有人都表情空白。他们的沉默让答案显而易见。已经很长时间没有人让潜在客户笑了。

"那么你们和他们建立了什么联系呢？"我问。

"没错。"维杰说，"没有。"

"有没有可能是在追求完美的过程中，你们都变得太完美了？你们变成了机器——机器人？"我问。

"而且我们都知道怎么应对一个机器人销售。接电话——挂电话。"维杰说。

他是对的。就是这个问题。为了提高销售额，领导层做了他们认为是对的事。他们进入"默认：积极进取"模式，使用了非常严格的标准操作流程。他们把这件事做得太过，把销售人员在前线的自由度拿走了。销售人员只是按照脚本一遍遍地念，而不是根据潜在客户的反应进行调整应对并与客户建立某些联系。如果他们没有跟客户进行真正的对话，他们念脚本念得再好，听起来再有说服力，也是白搭。

而且问题不止一个。随着我继续深入挖掘，我发现了更多问题。因为定价的灵活性没有了，所以前线销售人员对于那些有可能，但是就差一点点价格让步就能成交的订单束手无策。没有给特殊折扣的能力，或者以任何方式调整价格的权力，销售人员只能看着到手的客户溜走。

最后，由于每天打电话的指标上升，而且他们要严格遵守这个规定，销售人员在打电话的时候，很容易就放弃一个客户。如果他们感到有一点点迹象表明他们无法成功拿到订单，他们就会去打下一个电话，这样他们才能达到电话数量的最低要求而不会受到惩罚。这与他们所说的变好的情况完全相反。好的情况应该是：销售人员投入时间跟潜在客户解释细节并建立关系，从而提高成交的可能性。

有了这些反馈和信息，我回去找到销售副总裁，跟她详细解释了问题所在和解决方法。

"标准太多？！"她问，脸上挂着大大的笑容，"想不到我能听到你这么说，约克！"

"我不经常这么说。"我解释道，我知道因为我经常兜售标准、纪律的好处，因此我会受到些嘲弄。"因为通常情况下标准是缺失的。但是在这里，

155

天平向一边倾斜得太多了。前线员工没有可以让他们把事做成、在战场上迂回、在场上调整和适应情况的自由——在这里，指的是打电话时的情况。他们没有跟潜在客户建立联系。他们像机器人一样回答问题，没有权力在碰到硬茬子的时候给折扣，而且因为最低电话数量的硬性要求，他们在电话通话上甚至更加公式化——这正是他们不该做的。你是一个销售大师，如果要求你一字不差地念脚本，这对你会有什么影响？"我问。

想到实际情况，她沉默了一会儿。

"会很难拿到订单。"她承认，"我本应该知道的。每个销售人员都是不一样的，每个客户也是——每个电话也是。在电话上建立联系的能力是最重要的。但是我把这个能力从他们那里拿走了。这是我的错，我得承担责任。"

我笑了。"是的，你要承担责任。"我表示同意，"那是'极限控制'——这个理论有效，不是因为你说了你要承担责任，而是因为现在你要承担责任去解决问题。"

"是的，我会的。"她说。

在接下来的几天，我们制定了一个新方案和一个新的培训课程，这个课程强调的不是念脚本，而是和潜在客户——电话另一边的人——建立联系。除此之外，公司改变了业绩指标。他们不再统计打出去的电话数，而是统计跟潜在客户在电话上花的时间，这些时间是用来引导对话的，从而带来更多的销售额。最后，他们放松了定价结构，给销售人员更多的自由，可以给有希望的客户做价格调整，然后拿到订单。

销售副总裁很快就实施了新方案，而且她看到了销售额迅速上升。严格标准和自由行动相平衡了——目前是——一切都回到了正轨。

海豹突击队七队厄科排2003年在巴格达南部乘车巡逻。速度和有攻击性的姿势可以避免敌人攻击——大部分时候。

(照片由约克·威林克提供)

# 第八章

## "悍马"车队摆脱伏击：有效利用问责制

约克·威林克

### 伊拉克，巴格达：2003 年

叭叭叭叭叭叭叭叭！

我们亲切地称为"马德乌斯"的 0.50 口径 M2 型口径机关枪正愤怒地在城里扫射。而且它不是唯一的火力源，敌人在高速公路两侧用轻型武器攻击我们的悍马车队。当时是在巴格达，那是 2003 年秋天，伊拉克战争早期。我们的悍马车没有武装。我们把车的帆布门全部去掉，把座位改成全部向外，这样我们就能端着武器随时警戒和向敌人开火。面向外也能让我们的防弹衣朝向敌人火力，从而保护我们不让子弹打伤。"马德乌斯"0.50 口径机枪架在转塔上，悍马顶上有个圆洞，一个海豹突击队员从这个洞里把上半身探出去负责操作这架机枪。悍马里的海豹突击队员们带着中型机枪坐在后座上，机枪都架在人工摇臂上，这样我们在悍马行驶的时候可以准确地射击。

枪声一响，有一个无线电呼叫进来了。

"攻击在右！"

那让所有人都知道敌人的攻击在右方。马上，每个有可用武器的人都狠狠地回击了对方。几十柄机枪和M4步枪喷出火苗和光弹，我们用密集的火力攻击对方，让任何向我们开火的人都不得不深深地后悔他们的决定。

但是仅仅因为我们在射击，不意味着我们会让悍马停下或者减速。当我们开火的时候，无线电上很快传来了呼叫。

"快走，快走！"这是说，我们实际上将要加速驶出敌人的埋伏区。那正是我们做的。开了几百码后，我们驶出了埋伏圈，无线电里传出了停止射击的命令：

"停火！"

我们继续行驶，回到了我们位于巴格达国际机场外围的基地。到达基地后，我们把悍马加满油以备下次任务使用，然后我们回到自己的院子做总结。

总结里没做什么批评。为什么？我们成功摆脱了敌人的又一次伏击，然后再一次，我们击溃了他们，而且我们没人中弹。在伊拉克战争早期，我们还没遇到"猛汉"行动组三年后在拉马迪遭遇的那样的有组织的、有战斗经验的、财力雄厚的叛军。这次，敌人不过就是一群由罪犯、暴徒和前萨达姆·侯赛因政权的人员组成的到处找麻烦的人，他们对我们来说不是什么问题。我们被训练得很好，我们很有攻击性，而且我们执行的任务是相对于敌人很有优势的。我们执行的大部分行动是我们称为"直接行动"的任务。

我们会收集情报，针对从各个消息来源得来的信息进行讨论，确定关于嫌疑恐怖分子的最重要信息：他们的位置。一旦我们有了他们的位置，我们就开始计划袭击。

袭击都不复杂。我们会把车停在预定地点，然后步行去目标建筑。到达目标建筑后，我们用不同的方法进入外墙，有时是翻过外墙，有时是破门，有时是这两项同时进行。几分钟内，我们就会控制整栋建筑并且制服一切可能的威胁。

当然，根据具体目标，每次行动的计划会有些微小不同。我们修改计划和战术、技术和作战流程，但是同时，我们始终牢牢抓住战斗领导力的基础原则：掩护并行动、简洁明了、划分主次并付诸行动、分散指挥。

"掩护并行动"让我们安全地在基地和目标间来回。我们在所有的行动中都使用这个基础但是重要的战术，而且它出现在我们制定的所有的计划中。我们让计划"简洁明了"。虽然有时很想用更复杂或者难懂的战术，但是我们总是选最直接的行动，这样队伍里的每个人都会准确知道怎么执行计划。在计划阶段，我们会利用"划分主次并付诸行动"以确保队伍把精力和资源集中在目标最重要的一面。最后，我们会用"分散管理"制定计划。下级领导者制定次要的部分，然后我们会把这些融入一个综合计划中。

除了战斗法则，我们使用秘密潜入、出其不意和猛烈打击以确保我们在面对任何敌人的时候都占上风。我们从来不打算公平作战。我们的工作是最大化自己相对敌人的优势，并且竭尽所能做到这一点。

我们的战术和计划通常会让敌人颤抖、迷惑和无法巧妙地防守。由于我排里之前从来没人参加过战斗，有机会可以把学过的关于计划和执行任务的所有知识进行实践，这让大家很满足——不仅是因为我们执行了重要的任务，还因为我们已经训练和准备了很久。

那很棒。很棒是因为我们在这么多年"无趣"而没仗打的日子之后终于要来真的了；很棒是因为我们研究出了让我们行动非常有效的合理战术；很棒是因为我们相对于敌人占上风，我们的武器、战术和训练都远远优于敌人。我们感觉自己好像摇滚明星。在少数几次交战中，他们根本不堪一击。到现在为止，只有一个人受伤而且比较轻。我们觉得没人可以阻止我们。

那感觉很好。

做过的任务越多，我们就变得越自信。我们甚至开始尝试做得更好，更快地完成任务，突破极限。

我注意到大家为了行动更快开始少带装备。鉴于我们没遇到任何的持续攻击，就开始带更少的弹药；因为敌人不太抵抗，我们用不上手榴弹，所以就带得更少；因为任务都很快，而且我们总是把车停在附近，车上装载着几个五加仑大水罐，里面有充足供水，所以他们开始少带水。这么做是因为我们相信，如果我们装备少了，移动起来就会更快。我们可以更敏捷地从门和窗户冲出去追赶从目标建筑逃出去的坏蛋。我们想要变得更好、更高效，而且我对此很赞同。

但是后来大家开始变得自大。我们开始觉得敌人甚至根本碰不到我们。

有一天，在执行某次任务之前，我跟其中一个兄弟谈话。

"咱们去干翻他们！"我和他开玩笑，拍拍他的背。但是我的手没碰到应该穿在身体前后的坚硬的防弹护板，我感觉到的是软的衬垫。为了确认，我抓着衬垫捏了捏——他没把后防弹护板插到他的衬垫里。

"你的后护板呢？"我问他。

"我把它拿出来了。"他说。

"你拿出来了？"我难以置信地问。

"对，我拿出来了。"他不屑地说，"太沉了。没有它我行动得更快。"

我大为震惊。当然，七磅一块的护板很重——但是它们阻止子弹打入你的身体杀了你！

## 第二部分　平衡任务

"是，但是如果你中弹了呢？"

"我不会跑动。"他不屑地说，"敌人就不会打到我后背。我们很多人都把它们拿出来了。"他耸耸肩对我说，好像这个主意非常有道理。

"很多人？"我问他。

"对，我们想要更快。"他说。

我手下有些人没穿防弹衣——一个保命的关键装备。

"白痴。"我默默地想，"这群白痴！"

然后，我迅速地意识到了我的错误。我负责确保我的人每次上战场的时候都有合适的装备，那就是我们做检查的原因——保证他们为此负责。但是因为我们的作战节奏太快，所以我不是总有时间去检查每个人的装备。当然了，我，排士官长和我们的上士会轮流定期检查装备。但是我们有时在发布任务后十五到二十分钟之内就开始行动，我们没办法每次都检查每个人的装备。这些装备包括防止他们背后中弹的防弹背心。比起强制让每个人携带他们应该带的装备，应该有一个更好的办法。我知道答案。解决这个问题的方法不是问责制。方法和所有团队解决问题的方法一样：领导。我必须要领导他们。

几分钟后，在上车出发前，我们围着站在磁性黑板旁点名，为下一次任务作准备。上士点完名后，我在出发前做了最后讲话。

"记着我们要快速地从目标建筑中出来。"我说，"这个区很乱，所以我们不想让那里的敌人有时间在我们离开的时候对我们不利。"

"还有，最后一条。"我强调，"如果你没穿后护板，去穿上。现在，所有人。没问题吧？五分钟后上车，行动！"

只有五六个人赶回他们的帐篷去拿护板——但是五六个人也太多了。几分钟后我们上了悍马去完成任务。行动很顺利。我们攻击了目标建筑，收集到了我们需要的情报，然后回到了基地。在做总结时，我说了后护板的问题，但是没有大喊大叫，甚至没有威胁要检查每个人的装备并且针对此事问责。我知道问责不是答案——我们只是没有时间在每次行动前对每个人问责。相反，我解释了"为什么"穿护板对他们是很重要的。

"我知道你们有些人一直不穿后护板。是吧？"我环视了一下房间。几个人点点头。

"坏点子。"我继续说，"坏点子。为什么你们不穿后护板？"我问其中一个人。

"想变轻一点。"他说，"我们越轻，行动起来越快。"

"我懂了。"我回答，"但是你能比子弹快吗？"引起了一阵轻笑。

"对，但是我没想比子弹快。"一个年轻、自信的海豹突击队员说，"实际上，我没想跑。所以敌人不会看到我的后背。"这也让有些人点头和咧嘴笑了。我甚至听到了后排几个人说"绝对的"。这是一个大胆的说法，一个自信的说法，一个勇敢的说法。但是它已经不是大胆、自信、勇敢，而是骄傲自大。

我明白这个自信、年轻的海豹突击队员是怎么得出这个结论的，而且排里任何人都有可能得出同样的结论。我们一直在赢敌人——而且赢得轻松。我们只遭到了几次攻击，而且都不猛烈。我们占上风，觉得自己天下无敌。

"好，我很高兴你不打算逃跑，我不觉得这屋里的任何人会逃跑。"我对大家说，而且我是真的相信。我们排的队员很坚定。

"但是我问你。"我继续说，"你总是知道敌人会在哪吗？你觉得他会永远都在你前面吗？你不觉得我们有可能遇伏，或者敌人从后方包抄，而子弹有可能从你没想到的方向射向你？"

屋里安静了。那当然有可能发生——任何时候。

"听着，我很高兴我们在痛扁敌人。"我说，"而且我们会继续痛扁他

第二部分　平衡任务

们。但是我们不能骄傲或者自满。敌人可能永远不会打败我们。但是同时，他们有可能在下次任务就打败你。虽然轻装上阵很好，可以让我们行动迅速，但是速度快并不能阻止子弹打中你、杀了你。而且这不仅是为了你，你不仅是作为个人在冒险。如果你们中有一个中弹，那意味着别人要抬着你。想一下在我们想要轻便迅速的时候，这将怎样拖慢我们在密集火力中的行动。"

"但是远远不止为了这一点。"我说，"如果我们中有一人牺牲了，敌人就赢了。除此之外——更重要的是——这是美国的损失，是海军、团队和你的家庭的损失。所以我们要尽一切努力防止这样的损失。这其中包括穿上所有的防弹装备。明白吗？"

房间安静了。我要说的说完了。

随着征战的继续，我们仍然没有时间检查所有人的装备。但是我们对大家强调这点，确保让每个人都明白他们的最低装备要求。他们也知道哪些东西是不能少的，而且更重要的是，"为什么"它们是必不可少的。我的部队明白了"为什么"一件保命的装备是必要的，以及它是如何不仅影响他们个人而且还影响任务，之后，他们保证不仅会带着适当的装备，而且还一定会把装备调整到随时可用的状态。

这件事的结果并不是因为我"向他们问责"。真正的原因是他们现在明白了"为什么"某件装备对他们、任务和团队来说很重要。现在他们"向自己问责"。此外，当部队明白了"为什么"是，他们就有了自主权——他们开始运用这个权力来监督自己和互相监督，从而有更多的、统一的行动来保证大家携带适当的装备。

这不是说我再也不检查装备。这是一种矛盾：虽然一个领导者想要团队成员因为懂得"为什么"而对他们自己进行监督，但是领导者仍然要通过一定程度的检查向大家问责，以确保大家不仅理解"为什么"而且还要付诸实践。所以如果可以的话，我的士官长、上士或者我会定期检查装备——但是那不是我们实施问责的主要方式。我们不需要抓着队员的手来确保他们会承担责任。他们"向自己问责"，经过证明，这样做有效得多。

一旦排里的队员意识到按照标准行事的重要性，以及违反关于随身装备的规定会如何影响整个任务的完成，我们就不需要仅仅依靠对装备的检查了。每个队员都对别人造成了同辈压力，从而让其他人遵守规定。而且队内的同辈压力比我在指挥链上从上向下施加的压力要有力得多。

队伍理解"为什么"和指导性的问责制相结合的平衡给团队带来了最好的结果。证据是，在接下来的作战中，我再也没有抓到不穿防弹衣的人。

**原则**

问责制是一个领导者必须利用的重要工具。然而，它不应该是主要工具。它必须和其他领导管理工具结合使用，比如确保大家明白"为什么"，放权给下属，以及相信他们可以在"没有"直接监督的情况下把事情做好，因为他们完全明白这样做的重要性。

遗憾的是，领导者通常觉得问责制可以解决一切问题——而且觉得他们这样做是对的。如果一个领导者想要保证一个下属在工作中遵守命令，领导者可以重复检查以确认工作的完成。有了足够的监督，任务可以百分百完成。这就是为什么领导者经常使用问责制去解决问题，这是最顺理成章、最简单的办法。领导者让一个下属去执行一个任务；领导者看着下属工作；任务完成时领导者去检查。这几乎没有犯错的空间。

遗憾的是，除了监督做某项工作的某个下属之外，领导者几乎没有其他的事能做。如果有多个下属在做多项工作，领导者很快就会分身乏术，无法去监督所有下属。再者，当注意力集中在指挥链下游和团队内部时，领导者就会无法顾及上级领导层并与之建立好关系，对战略决策发挥影响，也无法将眼光投向战略目标，对未来经营做出预判，对发展有所了解。最后，当领导者不进行直接监督时，下属不一定会继续正确地完成某项工作。

领导者应该将问责制作为诸多领导管理工具中的一个，而不是将其作为主要工具。领导者必须"领导"，而不是向人问责。领导者必须保证团队明白"为什么"；确保团队成员对他们的工作有自主权，并且可以在必要的时候对工作进行调整；确保他们知道他们的工作是如何有益于目标任务的整体战略性成功；确保他们知道他们的某项工作对团队是如何重要，以及如果失败的话后果是怎样的。

然而，这并不是说不再使用问责制。在《极限控制》的第二章《没有糟糕的团队，只有糟糕的领导者》中我们写道：谈到标准，对于一个领导者来说，"不是你主张什么，而是你容许什么"。领导者必须在最重要的事务上态度坚决、维护标准。这是关于问责制的另一面，有些情况下绝对应该使用而且必须使用问责制。如果一个下属不能达到标准要求，那么领导者必须坚持标准，即便他理解"为什么"，明白对任务的影响，对该项工作有自主权。为了让下属按要求做事，领导者必须深入地进行微观管理。但是领导者不能停留在这种状态上。领导者最终必须给下属留有余地，让他们可以基于自己自发的动力去工作——不是因为他们会被问责，也不是因为领导者的微观管理，而是因为他们对"为什么"有更好的理解。

而这就是必须要进行平衡的地方，在需要的时候使用问责制，但是不要把它当作唯一推行工作的方法。过分依赖问责制会消耗领导者的时间和精力，并且不利于培养对下属的信任以及下属的成长与发展。

相反，问责制应该与其他方法结合使用：教育团队，让团队成员在没有上级直接监督的情况下自主坚持标准。这是最优秀团队的标志之一。

**商业应用**

"他们就是不按我说的做！"全国业务经理告诉我，"他们就是不关心！"

大约三个月前，这家公司开始使用新的软件追踪客户安装和使用他们新产品的情况，这些客户主要是大中型企业。这是一个经过严格考察的系统，它建在已有平台上，现场技术员可以输入这些信息——已经安装的设备，已经完成的测试，解决的问题和系统的缺点。它也和公司的客户关系管理系统相关联，当销售人员需要就续订和升级服务联系客户时，该软件系统会为他们提供客户信息。

"具体哪些事现场技术员没做？"我问。

"他们不用这个系统。他们不输入信息。他们去客户那里解决安装和维护问题，他们做了自己的工作，然后轰隆隆——没了。他们在系统中输入了符合最低要求的信息，但是没有细节。"

"他们应该输入什么样的细节？"我问。

"细节很重要——不是对他们，而是对后续工作来说。"业务经理说，"如果出问题了而另外一个技术员要去解决问题，如果他们知道之前一个技术员做过什么的话，会节省很多时间和精力。此外，细节对销售人员很有帮助。当他们打电话给客户推销新服务或者续订已有服务的时候，如果他们不知道客户的产品使用经历，他们就无所准备。这看起来好像公司里根本没人关心他们的客户。别人已经认为你们公司不关心他们了，我们却还在试图向他们推销。"

"我知道哪里会出问题了。"我说，"那么为了让他们按照规定做事，你都做了什么呢？"

"我们做了一系列的检查。"他说，"我们从技术员开始。告诉他们需要填写细节。那基本没什么效果。接下来,我们开始针对团队负责人。我们告诉他们软件里的每个空格都要填——而且我们会根据填写空格的数量给予奖励。"

"效果如何?"我问。

"花了钱,但是没什么改善。"业务经理回答,"技术员按照要求做了,他们填了所有空格。但是他们填的答案是无意义的一两个字。"

"嘶……"我说。

"对,嘶……"业务经理表示同意,"然后是区域业务经理。我们认为如果对他们问责的话,他们就会让大家按要求做。所以我们告诉他们,如果他们区的技术员不开始填写所有空格——填有效的信息——的话,我们就会减少他们奖金的百分之十。一两个星期之后,情况有了一点起色。然后,情况又倒退了——退回到技术员根本什么都不填的情况,大部分空格连一两个字都没有了。"

"这不好。"我评论道。

"不好,非常不好。"业务经理说,"尤其是因为我们为了这个新软件的设计、开发和安装花了很多钱。"

"好吧。"我说,"我去找几个团队负责人、区域经理和前线技术员谈谈,看看我能做点什么。"

接下来的几天里,我开了几个会,并且去和指挥链下游的所有人谈了话。我是从区域经理开始的,找出他们的问题没花很长时间。他们很努力地对团队负责人和技术员实施问责,让他们填写所有空格——尤其是当他们面临削减百分之十奖金的威胁时。但是不久,他们就发现如果他们的技术员在填写空格上多花时间,他们就无法安装那么多产品和解决那么多客户问题。无法安装那么多产品,他们就少赚钱,那样他们的损失比不按规定填写信息造成的百分之十奖金损失要高。意识到这点之后,区域经理开始不再向前线员工问责了。

团队负责人有另外一个版本的解释。他们很忙。他们负责安排团队的日程，而且这是一个很繁重的工作：预约、取消预约、客户不在现场、解决问题时间太长而与其他预约产生了时间冲突，以及难免会遇到的问题：有技术员无法到场的时候找人接替他们。除此之外，作为技术专家，他们花很多时间通过电话给技术员提供关于复杂问题的帮助。最后，他们也是第一批受到客户投诉影响的人。任何关于产品或者技术员的问题都会直接先送到团队负责人这里——而且那些电话必须要小心和有技巧地处理。他们有这么多事要做，没剩什么时间做别的。而且他们也肯定没时间在每次任务完成后，点开每个技术员的页面进行检查，从而确保数据的输入。所以虽然他们明白应该这样做，但是他们就是没有时间去做。

最后，我和几个技术员谈了谈。他们有些大问题。首先，把信息输入系统花的时间比上级领导层知道的要长。在现场，不同地区的不同客户的手机信号强度不一样。在有些信号差的地方，加载一个页面可能要花一到两分钟，但是有八页要加载，这大大地浪费了时间。还有，每页开始都需要重新填客户的名字、地址和账户号。复制、粘贴并不解决问题，因为你一次只能复制一条信息，这就需要你没完没了地来回翻页。最后，最常见的答案不是用多选来完成的，相反，每个问题都需要打字输入，这浪费了更多的时间。除此之外，最重要的是，前线没人真正知道这些数据将会怎样对"他们"有所帮助。

当我把这些信息反馈给全国业务经理的时候，他震惊了。

"好吧。"他沮丧地说，"问责制不起作用，那现在怎么办？"

"现在你要'领导'。"我告诉他。

他思考了一会儿。

最终，他说："好吧，我糊涂了。我应该怎么领导？"

这是一个很不错的信号。他很谦逊，承认他需要一些帮助——而且更多的是，他会提出要求。

"嗯，情况不算太坏。"我回答，"幸好你们那儿有些不错的人想做正确的事。首先，你要就如何让软件变得更好去征求意见。有些办法真的能把它简化一下。一个问题准备多个选项。让客户信息可以自动显示在下一页也会很有帮助——这些人在每页上打的都是相同的信息。此外还应该有更少的页面。简化一下。我知道你们基本不需要把这些信息打印出来，那么为什么这些页面要与打印稿格式一致？在每页上放更多的问题，这样技术员就不需要一页一页地加载——这些都是浪费现场时间的。这些只是我跟你们仅仅四五个技术员聊过以后的初始建议。我肯定，更广泛的问询会带来更多的想法，根据软件使用者的直接反馈可以帮助将软件进行简化。"

"有道理。"业务经理回答道，"我本以为我们已经有够多反馈了。"

"可能你们是在一开始做的反馈调查。"我说，"但是一旦如此复杂的情况在现场发生后，你们就需要不断征求反馈信息，以便把软件做得更好。事情就是如此。"

"明白了。还有吗？"业务经理问。

"肯定有。"我说，"我在跟前线员工的谈话中发现的最大问题是，他们不知道他们为什么要做这件事——而且，最重要的是，这样做对'他们'会有什么影响。"

"对他们有什么影响？"他重复道。

"对，现在，他们不懂。"我说。

"但是他们知道这些信息会帮我们留住客户，并能让我们对客户向上销售[1]更好、更贵的产品。"业务经理说,"显然,那会让公司有更多的利润。他们还要懂什么?"

"嗯,想一下你刚才说的。"我说,"如果公司赚更多钱,如果公司利润更多,你觉得一个前线技术员会关心吗?"

"我希望他关心!那样他才有钱拿!"业务经理喊道。

"希望不是处理方法。"我说,"而且,从他的角度讲,他一直以来有薪水拿是因为他是这里的员工——不管公司盈利如何。这对他没什么影响。"

"他还是应该关心。"业务经理坚持道。

"他当然应该。"我同意道,"而且在完美世界中,每个雇员都会深切关注他所在公司的盈利能力。但是这些人有其他需要关心的事,丈夫、妻子、孩子、足球比赛、账单、车子、贷款、周五晚上的比赛、坏了的水暖器、要去上大学的孩子。他们有一大堆要关心的事——不管你喜欢与否,公司的盈利能力不是他们首要关心的问题。"

"所以我们要做什么?"业务经理问,"如果他们不关心,他们为什么应该付出更多的努力?"

"他们必须要理解'为什么'——但是那个'为什么'必须跟他们有关系,关系到'他们'的利益。"我告诉他。

"那么我要怎么做?"他问,"我怎么才能让他们关心公司的利润?"

"你要想一想。"我说,"好比这样,如果你能得到你想要的数据,你会给前线技术员和你的销售人员更好的装备,对吧?"

"绝对的。目的就是这个。"业务经理同意道。

"而且一旦技术员和销售人员武装起来,他们能更好地工作,对吧?"

---

1. 向上销售:指的是根据客户已购的产品或服务,提供具有更高价值的产品或服务,刺激客户做更多的消费。——译者注。

我继续说。

"肯定是。"他回答。

"好。"我说,"现在跟着我的逻辑走:有了这些数据的帮助,技术员将能提供更好和更快的客户服务,销售人员将能卖给客户更多的产品。当我们提供更好的服务和卖出更多的产品时,我们的业务就会增长。当我们的业务增长时,我们就会赚很多钱——"

"那就是我说的!但是那能有什么用?"业务经理插话道。

"听着。"我告诉他,"当公司赚更多钱时,我们能把更多的钱投到广告和基础设施中,我们甚至会赢得更多的客户,并且能更好地支持他们。作为公司,我们表现得越好,我们就会得到更多的客户。有更多的客户,技术员就会有更多的工作,也就意味着加班和加班费。而且一旦业务多到极限,我们就需要更多的技术员。我们需要更多的技术员,就需要为了让他们留在这儿付更多的钱。所以顺着这条逻辑,我们会给技术员涨工资,尤其是那些老练的技术员。最后,我们有更多的技术员和客户,就需要更多的团队负责人和区域主管。这就打开了这家公司所有技术员的上升通道。所以公司的盈利能力不仅给公司所有人带来更多的钱——前线技术员可能对此不太关心——而且更重要的是,它直接影响了技术员,它增加了涨工资的机会,以及职业晋升通道。就是这条线把所有这些串在一起,并且让公司所有人联合起来——上至公司领导层,下至前线技术员。这就是对团队的领导。"

业务经理点点头。灯亮了。一切变得清晰起来。

在接下来的两天,我帮他做了一个简单、清晰的宣讲,解释关于"为什么"的逻辑。我们还说了,为了确保工作完成,他仍将需要偶尔检查员工的工作——一定程度的、公开的问责还是需要的。但是大部分问责都会自然产生,来源于领导者本人和现场技术员他们自己,因为他们现在明白了"为什么",所以他们就有了权力。当他们完全理解了这样做对他们的影响和直接利益后,他们就会帮忙监督,让其他人按规定完成工作。

几天之后,全国业务经理在全员参与的早会上对计划做了简要说明。他还让一个有技术背景的区域经理负责收集对软件系统的意见反馈,以便使软件变得更好用。最重要的是,他解释清楚了公司的每个成员都会因他们尽力收集的数据获益——这会帮助所有员工提高他们的生活水平。

员工们现在理解了,然后他们照着做了。

# 第三部分

## 平衡自己

在去拉马迪开展一次夜间直接行动前,"猛汉"行动组查理排和德尔塔排的海豹突击队员们看望了在拉马迪营医疗设施"查理医疗中心"的海豹突击队伤员兄弟,他正等着医疗后送把他转移到大的手术中心。受伤的海豹突击队员是在第一章开头描写的那个勇敢的年轻人,他是我们杰出的队友和朋友。查理排的排长立夫·巴宾在中间。查理排的突击手和机关枪手马克·李在右边。

(照片由作者提供)

## 第九章

## "石头，剪刀，军衔"：好的领导者是好的跟随者

立夫·巴宾

### 伊拉克，拉马迪中南部：2006 年

不祥的静谧笼罩着运河中缓缓流动的河水。夜间光线对裸眼来说很暗，远处有几盏路灯，照着尚未被子弹和路边炸弹的弹片毁掉的路面。透过我们的绿光夜视镜，我们看到河两岸的芦苇。河岸那边棕榈树林和从城市蔓延出来的楼房墙群也能看见。我们武器上的激光照明灯在狭窄的河道两边扫寻埋伏着的敌人。

我们的四艘船慢慢地列队行进，我们小心地压低噪音和亮度以便掩藏我们的位置。美国海军陆战队战士带着他们的重型机枪，驾着他们的江河巡逻艇（SURC），艇上载着的是"猛汉"行动组的海豹突击队员和分给我们的伊拉克士兵，还有来自隶属于第五海空火力联络连第六支援武器联络营的海军陆战队战士们。他们的指挥官戴夫·伯克少校是我们这些人中的

高级军官。他是一个杰出的领导者，也是一个曾经在伊拉克和阿富汗执行飞行任务的海军陆战队战斗飞行员。作为"顶级枪手"的教官，他本可以去任何他想去的地方，但是他志愿加入了地面队伍，成为一名前方空中控制员。在伊拉克所有他可以选择的地区中，他选择了拉马迪。有戴夫和他的海军陆战队为我们增加火力和支援，我们高兴死了。他们是一个出色的团体。虽然戴夫军衔比我高，但是作为海豹突击队查理排的排长，我是地面部队的指挥官，负责指挥即将登陆到拉马迪最暴力街区进行步行巡逻的所有将士。在遭遇敌人时，我们将有数小时不会得到友军支援。在不知敌人数量的情况下执行任务，我们只能靠我们自己的火力。为了降低风险，我们带了很多人，这是我带队人数最多的一次——几乎有五十个人。我们人数上的优势能让我坚持到戴夫可以联络到空中部队，并且引导他们在我们上方提供支援。

用船运送部队使我们躲开了简易爆炸装置这种敌人大量使用的路边炸弹。但是在大约50码宽的狭窄运河上，船上的所有人都完全暴露在外，在叛军向我们进行火力攻击时没有遮挡，也没有办法寻找掩护。我们唯一的优势就是黑暗和出其不意的攻击。此时，一切都很安静，我们看不到岸边有任何动静。但是气氛极度紧张。过了芦苇丛，运河两边的城市属于基地组织。我们正要去的地方，除了一个个战争蹂躏过的城市街区，没有任何东西，这片地区已经几个月没有美国或者联合部队踏足，牢牢地控制在残忍嗜杀、忠于伊拉克基地组织的叛军手中。

我们将会是踏入这片地区的第一批美国人。我们的任务是掩护美国陆军"暴徒"特遣队（第1装甲师37装甲团1营）的行动，他们开着重型坦克和车辆行驶在世界上最危险的路上——从统计上讲，这条路比任何伊拉克的路，或者任何地区任何一条路的IED袭击都多。我们是先头部队，是在主力部队进攻前出发的一小队人。主力部队有几百名美国陆军和海军陆战队将士，大约五十辆坦克，还有几十辆重型装甲车，他们是本次作战的前锋，要在敌占区建立一个小型美国前哨站。在凌晨的黑暗中，就在我们乘船进入该地区几小时后，排雷部队的重装甲车将会小心地上路缓行，找出并拆卸炸弹，为 M1A2 艾布拉姆斯坦克和 M2 布莱德利作战车开道。戴夫的任务是很关键的，他和他的十二个海军陆战队战士（包括一个海军医疗兵）随我们出战，控制着我们头上的战斗机，在坦克开过来之前，如果我们遇到敌袭——很有可能——那是我们几个小时内唯一的支援。

当我们到达指定登岸地点后，两艘艇悄悄向岸边移动，而另外两艘艇用他们的 0.50 口径重机枪、M240 中型机枪和 GAU-17 迷你速射机枪[1]来掩护我们的行动。我们从江河巡逻艇船舷走下来，尽可能安静地走上泥泞的河岸，因为我们带着重得不可思议的装备——每个人都带着他的头盔、防弹衣、武器、无线电和装有足够水、食物、弹药和备用电池的背包。这些是让我们在伊拉克最危险城市的最危险地带"搞定行动"的必要装备。如果我们失去了空中支援，我们将会独立面对几百个装备精良、战斗经验丰富的敌人的猛攻，他们占据着城市，统治着在这片充满恐怖活动、威胁和杀戮的野蛮地区生活的平民。

我们知道他们就在那里——等着、看着、听着。下船后，我们穿过芦苇丛，沿坡而上走到一片椰枣树林中，给在我们后面下船的队伍留出空间。查理排的尖兵克里斯·凯尔走在前头，我紧跟在后面。我们停了一会儿，然后跪下来，一边观察周围的危险，一边听着周围的动静，武器已经准备就绪。没有任何动静。

当克里斯和我听着敌人的动静时，我听到后面有个人按了我们用来互

---

1. M134 GAU-17 迷你速射机枪：使用 7.62×51 毫米北约弹的电动武器，它有 6 个枪管，每分钟发射 4000 发子弹。

相联络的无线电。但是没有人说话，我只听到了设备的沙沙声和队员在背包和战斗装备下缓慢移动时沉重的呼吸声。那是一个"热迈克"，指的是不小心拨动了一个无线电按键——平民使用手机时遇到的这种情况叫"屁股拨号"。但是在战场上，这就不仅是烦人了。这会让我们无法在队内传递重要信息，而且无线电中不断的噪音也降低了我们听到敌人动静的能力。

"热迈克。"我按着我的无线电，尽量压低音量说，"检查下你的装备。"

没有反应，热迈克还在继续。这是个麻烦，而且让我很生气。但是我毫无办法。

我在等待人数点齐的信号——就是说所有人都成功从船上下来了。收到信号后，我打了"出发"的手势。作为尖兵，克里斯率先出发。他带着巡逻队绕着一些小型建筑走，穿过一片椰枣林后到达一条路边，这条路和我们将要行进的方向垂直。这是一片没有树，没有遮挡的开阔地带，然而我们不得不从这里穿过。路对面是城市地形，尘土飞扬的街道和垃圾遍地的小巷，以及拉马迪中南部的院子、围墙和房屋。这是敌占区。我们来这是为了夺回它。

从这片开阔地到路对面的建筑大约有三十码。我们把这种情况叫作"危险穿越"。我们需要武器来掩护巡逻队，他们在快速穿越开阔地的时候完全暴露在外，容易收到攻击。我们的战士端着武器做好掩护准备后，克里斯和我互相点了下头，然后悄悄地向街对面一起用最快速度移动。到达那边后，我们做好准备，掩护在我们之后过来的人。他们一到我们这边，克里斯和我就再向前行进。突然，克里斯举起手，示意巡逻队停下，我朝他走过去。

"怎么了？"我低声问他，说话的时候尽量压低声音。

"我的电池没电了。"他悄声回答。激光照明器让我们能在黑暗中使用武器，他步枪上的照明器不管用了。这是一件重要的装备，没有它的话，克里斯不能准确射击，而这是他作为尖兵的主要职责。

不过，剩下的巡逻队几乎都在后面，五十名营运员试图在敌人接到我们的警报之前越过空旷地带。

"我们不能停在这。"我说，"我们身后的所有人都暴露在路上。我们离目标建筑只有三百米。咱们继续往前走，然后你可以在那儿换电池。"

克里斯不太高兴，情况对他非常不利。但是作为领导者，我要为整个队伍的利益着想。

克里斯不情愿地继续带着巡逻队向前走。我们走出来后上了一条铺砌过的路，这是一条夹在两道8米高混凝土墙中间的窄道。"危险穿越"之后，"热迈克"停了，因为那个人调整了他的设备。但是那时候我几乎没注意到。我们现在深入敌占区，正扫视着各个方向的威胁。我们知道敌人的攻击可能在任何时候到来。

在这长长的尘土飞扬的路中间，有一条浅沟，未经处理的污水从这里汇入附近的一条小溪。在街道左边，一堆堆垃圾靠墙放着。这些垃圾堆是IED的最佳藏匿处，这致命的炸药是敌人最有效的武器。为了避开炸弹，克里斯明智地挪到街道右侧沿着墙走，把整个巡逻队拉到右边以规避风险。

突然，我看到克里斯定住了。在我前方只有15米的地方，他的武器指着一个很明显的威胁。那是在转角处，处于我的视线范围之外，但是这个没有言明的信号很清楚。敌人！这是墨菲定律的完全发挥，他的激光瞄准系统没有可用的电池，克里斯能做的只有等我认出信号并且采取行动。

在接下来的几小时里，IED清扫队要清扫由城里到我们所在位置的半英里路面，在我们等待他们工作的这几个小时里，我们的狙击手和机关枪手在黑暗中透过夜视镜和武器瞄准镜观察着。他们开着白灯来到这里时，天还是黑的，好像是从一部《疯狂迈克斯》电影里出来的。"水牛"——一个装有巨型机械臂的大型装甲车——开始在我们占领的建筑旁边的街道上挖掘。我从房顶的一侧窥视，三层楼下，我能清楚地看到清扫队挖出来的大型圆柱形炮弹壳，这些是叛军捡回来的，他们把炮弹壳改装成了威力很大而且致命的简易爆炸装置。

我想起了我在基础水下爆破训练中学到的一句话："如果你能看到炸药，它也能看到你。"如果那些炮弹引爆了，大块的金属碎片会飞向四面八方，撕开它们遇到的所有物体，包括我的头，如果我继续从房顶上窥视的话，这并不明智。我藏在了房顶的墙后。

作为地面部队的指挥官，我负责决定我们的下一步——向什么方向移动，以便在美国陆军营到达时提供最好的援助。我在房顶上看到一个南边三百米远的地方有一幢大型建筑，于是我拿出地图细看。我跟查理排的士官长，也是我们的主要领导者托尼把情况说了一下。

"我喜欢南面那栋建筑的样子。"我说，指出远方的楼然后在地图上指出它相应的编号，"房顶能给我们提供高处的有利位置，而且墙壁看起来足够厚，可以为我们提供保护，不让子弹打中我们。"

克里斯·凯尔不同意。克里斯不仅是我们的尖兵和首席狙击手，他还是对这种"狙击观察掩护"任务最有实战经验的。

"我喜欢那栋四层的大楼。"他指着完全不同方向反驳道，在东方大约三百五十米处有另一幢建筑。我们在地图上找到了它和它的建筑编号。

我对此有所怀疑。我觉得南面的楼可以让我们最好地支援陆军，打乱敌人的进攻，并且不会让我们处于敌人和友军之间的糟糕位置。在南面几百米外的拉马迪边缘的村子里有另外一个美国陆军前哨站。但是克里斯建议的东面，在你到达位于拉马迪东部动荡的马拉博区的美军前哨站之前，只有一个接一个的敌占街区。克里斯觉得敌人的主要攻击会从那个方向来。

随着 IED 清扫队完成工作并把通道打开，"暴徒"特遣队的坦克开始抵达了。"主力枪"迈克·巴耶玛和他"斗犬"队（1–37 布拉沃连）的陆军战士是这次行动的主力。作为连长，迈克是第一个到达现场的。"暴徒"特遣队的营级领导和约克在后面的一辆布莱德利战车上，他们就停在后面。

我们和美国陆军部队简单说了下情况，而且我把我们之前几个小时清扫和占领的那些建筑移交给了"主力枪"迈克和他的"斗犬"队战士。

关于我们接下来向哪里移动，我还是没想好。我的军衔在克里斯之上，但是我知道克里斯掌握着我没有的重要经验和知识。我不是狙击手，我不像克里斯在之前的任务中给美国海军陆战队在费卢杰战役中做过支援。

虽然我是负责人，但是我认识到为了让我的队伍取得胜利，要做一个好的领导者，我还必须愿意去听从别人的意见。"领导"不是指让大家都必须按我的安排行事，或者是证明我知道一切。它指的是与队伍里的其他人合作，然后决定我们如何才能最有效地完成我们的任务。我遵从了克里斯的意见。

"好。"我告诉克里斯，"按照你的计划到东边那栋楼去。"他笑了。

在黎明前最后几分钟的黑暗中，我们沿街走了350米，然后进入他选的那栋四层的公寓大楼。我们按步骤清扫了大楼，然后让狙击手和机关枪手就位。

克里斯的建议经证明是绝对正确的。在接下来的48小时里，我们破坏了敌人数十次对新美军前哨站和在附近的美伊联合巡逻队的攻击。我们海豹突击队的狙击手的战绩是：确认死亡的21个敌人，再加几个可能死亡的敌人。实际上敌人所有的活动都在东边，南边几乎没有任何动静。如果我们按照我一开始的选择行动——如果我无视克里斯，并且用"我说了算"而驳回他的意见的话——我们有可能会无功而返，不能破坏敌人攻击，而那将极有可能导致我们海豹突击队、美国陆军和海军兄弟们丧生。

在我海军生涯中曾经有很多次，在我试图证明我的领导能力时，我没有听从别人的意见。这样做没有让我作为领导者的形象在队伍中得到强化，反而削弱了我的威信。在那样的情况下，我不得不修复和重新建立队伍对我的信任。

作为"猛汉"行动组新来乍到的排长，在我刚刚加入海豹突击队时，我在一次早期训练行动中把这一点搞错了。在我们出发来拉马迪之前的战前训练中，我们在海上练习登船和占领船只。我们把这叫作"探查、登船、搜索、抢占"行动。

在为海上登船训练作准备的时候，我们计划了几个小时的演习，目的是把我们的标准作战流程融入其中，练习移动、战术和通讯交流。演习是在一艘停在圣地亚哥港的船上进行的。这是一个很棒的训练，是为更难的任务作准备——在船只航行时登船和清扫船只。

查理排和德尔塔排有些人调去了其他训练和资格培训，"猛汉"行动组那天的参训人员是查理排和德尔塔排的混编。我是负责指挥的高级军官，查理排的士官一个都没能参加。相反，当天参加训练的资格最老的海豹突击队员是德尔塔排的一个队员。他不是士官长或者上士，但是他出过好几次派遣任务，这让他在那群人中成了最有经验的。而我之前只执行过一次海豹派遣任务。

我们开始了移动演习，由海豹突击队员绑住对面船只的露天甲板进行"掩护并行动"。一切进行得很顺利，直到我们注意到队里有人不太清楚交流时使用的术语。他们使用了几个不同的术语。很显然我们应该使用统一的术语。

"这是我在上一个排使用的标准作战流程。"我说，"咱们就按这个来吧。"我们把队伍集合起来进行总结时，我当着所有人的面这么说的。

德尔塔排经验丰富的士官不同意。

"我认为我们应该用另一种。"他说,劝大家使用他熟悉的标准作战流程。

"我已经说了。"我说,"再换的话太麻烦了。咱们就按我说的来吧。"

"我不太喜欢你的流程。"他回答,"我之前两个排里用的流程更好一些。"

对我来说,这两种方法的优缺点没有什么特别大的区别。重要的是我们使用同一种方法,而且因为我已经跟所有人说了,我觉得就按这个方法来使用是最简单的。

"暂时就按我的方法来吧。"我说,"回到队里以后,我们可以和托尼(查理排的士官长)和德尔塔排的士官长谈一谈。"

"我们不应该养成坏习惯。"那个队员说,"我的方法效果更好。"

我开始不耐烦了,我认为这是一个对意志的考验。作为一个年轻、缺少经验的指挥官,我决定我要显示我的权威——我是级别高的人。

"按我说的做。"我说,"就这样吧。"

说完,那个海豹士官和我返回继续训练。很快,我们结束训练回到队里。但是即使是在演习刚刚结束后,我也知道自己没有把情况处理好。用军衔或者职位在争论中取胜是作为领导者最弱的一种方式。在海军,我们把这叫作玩"石头、剪刀、军衔",这个说法源于"石头、剪刀、布"游戏,不同的是军衔总是赢。但是我见过的所有使用这种方法领导队伍的人,都不是我很尊敬的人。这绝不是我想要成为的一种领导者,在回去的车上,我为我的处理方式感到惭愧。

回到队里后,我把那个海豹士官拉到一边,为我的处理方式道歉。我告诉他我应该采用他的方法。他对我说,他跟我在行动组其他人面前争论是不对的。我们友好地结束了对话,我决心再也不让这种情况发生。

当时,我想如果我妥协了,让那个海豹士官去管事,那会让我看起来是一个很弱的领导者。但是现在回想起来，我觉得事实正相反。如果我让位给更有经验的那位海豹士官，那会让我成为一个更强的领导者。那会显得我在愿意领导团队的同时，也同样愿意听从他人意见。这将会强有力地证明我清楚自己并不知道所有问题的答案，我可以站在那些更有经验的人的背后。让他们去更好地在某些特定方面领导团队，带领大家完成任务。

我们争论的两种方法之间的微小差别在战术上的重要性不大。但是失去证明我是一个愿意听取别人意见的强大领导者的机会是一个战略损失。我从这次失败中学到了重要的一课，这一课在后来极大地帮助了我，而且让查理排和"猛汉"行动组更高效地领导团队和取得胜利。

每个领导者都应该准备好并且愿意做负责人，为了团队和任务的利益去做艰难和重要的决定。那是"领导者"这个词的原本意思。但是领导者也必须能听从别人意见。这是一个很难的二元，为了成为一个好的领导者，你还必须是一个好的追随者。在这其中找到平衡是关键。

**原则**

每个领导者必须愿意和有能力领导团队，但是领导者听从别人意见的能力也同样重要。一个领导者必须乐于倾听和跟随别人，无论对方是否是下级员工或者缺乏经验。如果有人有一个很好的想法或者有特殊方面的知识，而这让他成为某个项目负责人的最佳人选的话，好的领导者会认为谁得到这份功劳不重要，重要的是把任务用最有效的方式完成。当下级团队成员提出有利于任务成功的想法时，自信的领导者鼓励他们站出来做负责人。当团队取得成功时，无论领导者是否负责具体实施、战术或者战略，大部分功劳是领导者的，而一个好的领导者会把这些赞誉和嘉奖推给下面的团队。

同时，一个好的领导者也必须是他自己上级领导的一个好的跟随者。正如我们在《极限控制》中所写的：领导者最重要的工作之一是去帮助自己的老板。当一场关于某个做法的争论结束并且老板做出决定后——即使你不同意这个决定——"你必须像在执行自己的计划一样去执行这个计划。除非上级领导的命令是违法的、不道德的、不规范的，或者是如果下级负责人不坚决反对领导命令的话，就会严重威胁组织的存亡、组织的分支或者战略成功。"那种情况应该比较少见。本书的第十一章《谦逊，但不被动》对这个矛盾进行了详细阐述。

在正常情况下，一个好的领导者必须听从和支持指挥链的领导。通常情况下，对于天生渴望管事的领导者来说，他们很难跟随一个能力稍差、不那么有攻击性、缺乏魅力或者平淡无奇的领导者。无论如何，当老板或者指挥链上游的合法命令与一个领导者的想法相冲突时，作为下级领导者，他必须愿意去听从和支持指挥链的领导。做不到这点会损害整个指挥链的权威，包括挑战权威的领导者自己。不听从指挥还会造成与上级的对立关系，这会影响老板听取下级领导者意见和想法的意愿，对团队造成损害。不能做好跟随者的领导者有负于他们自己，有负于团队。但是当一个领导者愿意听从别人的意见时，团队就会高效运行，而且完成任务的成功率会极大地上升。

### 商业应用

"我需要你的帮助。"吉姆跟我在电话上说，"我这儿有一个严重的问题，进退两难。"

吉姆是一个大公司产品部门的销售团队负责人。他是一个很有能力的领导者——聪明，对完成任务干劲十足，努力做到更好，在别人无法达标时他可以。像很多优秀的领导者一样,他非常有竞争力,而且他的团队比部门中其他团队表现更出色,他会为此感到骄傲。

吉姆读过《极限控制》,并且认为自己需要提升他的领导能力。

"可惜,我们不再提供对个人的指导了。"我告诉他,"我们之前做过,但是因为大家对先头梯队服务的需求量太高,我们现在把这个服务作为领导力培养和整合课程的一部分,只对长期客户提供针对主管级别的个人指导。"

吉姆很失望。当时,我住在纽约,吉姆住在附近的新泽西。

"我会尽量不影响你。"吉姆说,"只要你方便,我甚至可以坐火车到纽约来。"

"你具体是遇到了哪些关于领导力的难题?"我问吉姆,"你在哪些方面想要提高?"

"我跟我的顶头上司关系不好。"他回答,"而且我不确定应该怎么办。我一直是一个很有团队意识的人,跟之前所有我记得的老板关系都很好。通常我是他们的执行人。现在,我好像坐了冷板凳,而且我不确定做什么才能改善关系。"

我们的第一次对话让我立刻就喜欢上了吉姆。他是一个有"默认:积极进取"模式的领导者,听着他费力维持和上司的关系,我看到了以前的自己。我犯了很多相同的错误,当我积极地行动去赢得战术上的胜利时,有时会造成我和领导层的摩擦,从长远看,这是对团队有损害的,而且妨碍了我们战略任务的完成。我知道我千辛万苦得来的教训对吉姆会有用,会帮助他和指挥链重新建立信任关系。我也知道虽然他可能不会想听我必须要说的话,但是他渴望学习,所以他会更愿意听从和采取我的建议。我决定为他挤出点时间。

"好。"我说,"那咱们就干吧。我们接下来的几周里找时间在曼哈顿见面怎么样？"

吉姆很兴奋，热切盼望和我沟通。我们安排了见面时间和地点。

见面的地方是纽约一个装修精美、有悠久历史和充满故事的社交俱乐部，它的会员有非常成功的商业领袖和华尔街巨擘。我在得克萨斯东南的乡下长大，更习惯穿牛仔裤和法兰绒衬衫，或者是我驻扎在圣地亚哥时的衣服，T恤，冲浪短裤和人字拖。但是正如我们经常在先头梯队说的，在舒适区里是没有成长的。所以我按照场地要求穿了西装、戴了领带去见吉姆。

我的第一印象确认了我在电话里听到的，吉姆是一个努力的领导者，他很在意自己的工作和他带领的团队。他真心想要做到最好，赢得同辈和领导的尊重，而且他决心找到提升他领导能力的方法。在最初的对话后，我们开始研究他在公司遇到的关于领导力的难题。

"我感觉我的老板不喜欢我，所以对我和我的团队格外严格，很不公平。"吉姆说。他描述了他之前是怎么因为一次杰出表现得到他老板的老板——部门高级副主管——表扬的。

"那个表扬好像让我老板跟我不对付。"吉姆继续说，"最近一次的大爆发把事态推到了顶点。"

"大爆发是什么？"我问。

"几个星期前我去做了年度工作考核。"吉姆回答，"我们的团队总体表现很好。我本来期待的是一个不错的分数，就像我以前得到的一样，但是在我收到我的考核结果时惊呆了，因为分数低了。我的意思是，有些方面我们可以做得更好。但是这个评级比我应得的要低多了。"

"你是怎么回应的？"

"我冲他大发雷霆。"吉姆承认道，"我觉得那是对我的侮辱。而且，最重要的是，这影响了我们团队的工资水平。我们的奖金和业绩考核是直接联系在一起的,更低的分数意味着我的团队会得到更少的薪水去养家。我对此很愤怒,而且我这么跟老板说了。争论非常激烈,他冲我发飙,然后我冲出了他的办公室。"

"听起来不好。"我说,"听起来你好像在威胁老板。"

"很可能是这样的。"吉姆勉强承认。

"那说明他的自尊心在起作用。"我说,"一个好的、自信的领导者会对任何下级领导者的良好表现和上级的表扬表示欢迎。这对整个团队都有好处。但是一个弱的、对自己缺乏信心的领导者在杰出表现者面前会觉得受到了威胁。看起来这里就是这个情况。"

"我很了解这种情况,因为你跟我很像。"我解释说,"在我的海军生涯中我好几次碰到完全一样的情况,而且我想不出为什么。"

我向吉姆解释说很多没服过役的人会感到惊讶,在海军和其他美国军队中也有很弱的领导者,正如商业世界中不同领域的领导者一样。事实上,从我在美国海军学院到我在海军两条船上的日子,以及我在海豹突击队的几年中,我特别敬佩和尊敬的领导者寥寥无几。世界就是这样,即使在门槛这么高的海豹突击队,好的领导者都很稀少,而糟糕的领导者很常见。我当然曾有好几次直接为一个我认为很弱、厌恶风险或者就是纯粹畏首畏尾的领导者工作。那时候我是一个年轻、没经验但是很固执的领导者。我会经常因为一些小事就跟领导吵起来,然后我就发现别人都疏远了我,犹如队伍里下级领导者中的害群之马。那绝不是我想要的结果。当时,我把错算在领导头上。现在回想起来,我认识到我遇到的很多问题都是自找的。我说话和做事的时候表现出了我不尊重我的领导。在一个缺乏自信的领导面前,我表现出了自负的我,而不是控制住自己。我没认识到一个缺乏自信的领导会对我在和他交流过程中发现的轻蔑或者不专业特别敏感。大家通常把这种情况描述为"性格冲突"或者"人格冲突",指两个思维方式非常不同的人就是相处不好。但是那只是一个借口。我向吉姆解释说我当时可以做（绝对应该做）很多事去防止这些摩擦的产生。这又一次体现了《极限控制》中描写的思维方式的力量：这与别人无关，这是关于你自己。

"所以你现在打算怎么做？"我问。

吉姆不确定他下一步该怎么办。他对老板给他的考核结果有异议，而且想要把这个结果拿到部门副主管那里去申诉。

"我想回老板的办公室去把事情解决。"吉姆说，"但是我担心会火上浇油。"

"如果你去老板办公室，然后对他说他错了，他应该修改他的意见，你觉得结果会怎样？"我问，"即使你摆出数据来支持自己的说法，你觉得你能赢吗？"

吉姆认识到这种做法不会有好结果。毫无疑问，这只会让事态更加紧张。即使公司高层迫使他的老板把分数改高，从长远看，这会让吉姆和他的团队遇到的困难加倍。更改考核结果将是一场惨胜——战术上的胜利导致的是战略上的失败。

"你和你老板的紧张关系对你的团队有好处吗？"我问，"这对他们有好处吗？对你有好处吗？"

吉姆明白这对所有人都不好。他和老板的矛盾对他和团队所有人都不利。

"为了做一个好的领导者，你还必须是一个好的跟随者。"我说，"但是现在，你没做跟随者。"

吉姆看着我，他很吃惊。他没料到我会这样说。他是一个有能力的领导者，不曾在任何事上失败过。我知道他想要听到的可能与我说的正相反。但是我知道这是事实，而且这是他"需要"听到的。

"如果你不能做一个跟随者，那么你就不是一个称职的领导者。那也就是说，你对你的团队没有尽到责任。"我解释道，"你说你和你的团队没有其他地方可以更进一步了？你现在是最佳状态而且不能再好了？"

他和他的团队当然还有进步空间，吉姆承认。一旦他承认了这个事实，他也认可他老板在他评估中的一些批评，虽然很刺耳，但是并没有不对。他和他的团队有很多种方法可以改善交流方式，提高效率，和客户建立更好的关系，以及和其他部门搞好关系以便得到更多的互相帮助，使工作更高效。

"就像我们在《极限控制》中写道的。"我说，"这些事'简单，但是不容易'。虽然你把书看过好几遍，而且懂得书里的基本概念，但是在生活中应用这些原则有可能很困难。约克和我跟大家一样，对此多有挣扎——所以我们写了这本书！"

"你应该做的是。"我指导他，"认识到你作为跟随者是失败的，去找你的老板并且承担责任，接受评估中的批评和扣分，承认你可以做得更好。然后，向你的老板详细摆出你在每个分数低的方面进行改善所要进行的步骤。光说是不够的，你必须做。你必须通过实际行动在所有方面都做出改进。"

吉姆不可置信地看向我。

"我从约克那里学到的最难但是最重要的一课。"我解释道，"是你应该努力与你合作过的所有领导都建立相同的关系，无论他们好坏与否。他们是否是一个你崇拜的杰出领导者，一个尚需进步的平庸领导者，或者一个团队里没人尊敬的、糟糕的领导者，你都必须努力与他们所有人建立相同的关系。"

我讲到与任何老板的理想关系必须包含三点：

（1）他们信任你。

（2）他们看重并且寻求你的意见和指导。

（3）他们给你完成任务所需的资源，然后让你去做。

"他们作为领导者是好是坏，或者不好不坏，都不重要。"我总结道，"你必须和你的老板在相互信任和支持的基础上建立牢固的关系。如果你那样做，通过让你的团队成功，你将会作为一个领导者取得成功。而且因为大部分人都做不到，你会在同辈中鹤立鸡群，比所有人表现都好。"

"接下来，你的任务。"我说，"是去和你的老板建立更好的关系。去做一个好的跟随者，修复你和指挥链之间的信任。所以，去做吧！"

上尉"主力枪"迈克·巴耶玛和他驾驶着M1A2艾布拉姆斯主战坦克的陆军勇士们去支援在拉马迪的美国和伊拉克徒步部队。迈克指挥的是"斗犬"队——第1装甲师1旅37装甲团1营布拉沃连。"斗犬"队和它所属的营,"暴徒"特遣队1-37,是很杰出的陆军团体,他们在一些城市中最危险的拉马迪中南部敌占区,积极采取"抢占、清扫、据守、建设"的战略。有这么多的友军在几英里外的小城作战,包括隶属第2海军陆战师第8海军陆战团3营的利马连和奇洛连。仔细制定应急方案是必要的,这样才能避免在战场上与友军冲突,并且降低"蓝对蓝"或者友军攻击的极度危险。

(照片由迈克·巴耶玛提供)

## 第十章

### 巴格达的烟火圈：避免过度计划

立夫·巴宾

**伊拉克，拉马迪"烟火圈"：2006 年**

我心跳在加速。感觉心脏要跳出我的胸腔，让我喘不过气来。我们正在全力冲刺，用最快的速度跑过一整个城市街区。我唯一能做的就是把一只脚往另一只脚前面放，背上还背着重量压死人的背包。背包，或者叫"包"，指的是军用战术背包。我的背包里满满得装着多得吓人的装备和军械，额外的手榴弹、步枪的备用弹匣、闪光弹、备用电池、我的 M203 榴弹发射器上用的 40 毫米榴弹、食物和水。这是我在拉马迪市区的第一次行动，这是一个暴力、高度危险、敌人遍地的地区，我为所有能想到的突发情况都做了准备。我准备的这些能参加第三次世界大战。但是当我应该带领队伍、看护好巡逻队中的所有人时，我却在吃着风死命跑着，为了跟上队伍这是我唯一能做的。

我们计划的这次行动是跟第 2 海军陆战师第 8 海军陆战团 3 营（3/8 海军陆战营）的利马连的两个小队进入拉马迪中部一个位于街口附近很危险的地区，我们把那儿叫作"烟火圈"。这个名字的由来不是我们用来庆祝国庆节用的那种无害烟火，而是大量能把重装甲车炸上天或者炸碎的简易爆炸装置。

"猛汉"行动组那时刚刚到达拉马迪，我们从海军陆战队那里学到很多，他们已经在那作战好几周了。3/8 海军陆战营是一个由专业、勇敢的战士组成的优秀部队，与我们在多次作战行动中合作过的利马连和奇洛连一样，他们的任务都是负责拉马迪市区最暴力的区域的安全。他们勇敢地进入危险的敌占区巡逻，在遇到攻击时勇猛大胆地作战和行动，在前哨站承受着频繁的、大规模的、分工明确的敌人进攻，敌人进攻时是几十个人使用机关枪、迫击炮和大型汽车炸弹从不同方向同时攻击。这些海军陆战队战士们无畏地坚守阵地，击退了所有这些进攻。与 3/8 海军陆战营在拉马迪并肩作战让我们感到很自豪。海军陆战队通过贝洛林苑、瓜达尔卡纳尔岛、硫磺岛留下了光荣的传统和传奇故事，3/8 海军陆战营在此之上又添上了一笔。海军陆战队在夜里进行"人口普查行动"——虽然这个名字听起来像是简单得统计公民人数，但是那些行动跟容易完全不沾边。他们借着夜色的掩护在城里一些敌人最多的街区步行巡逻。海军陆战队敲门，进入房子，和住在那里的家庭谈话，弄清楚房子里住的是什么人，了解美军能怎样帮助他们，询问他们可能看到过的敌人活动。在日出之前，海军陆战队小队会占据一些建筑并且设好狙击观察点，然后整个白天就蹲守在那里。一旦太阳下山天黑之后，他们又会现身，继续做人口普查。

这次是我进入拉马迪市区的第一次战斗任务，海豹突击队查理排的两个组和我们的伊拉克士兵计划支持海军陆战队进行一次"留守一天"的行动——一整夜和一个白天，然后一直到下一个晚上。在我们出发前，当我

第三部分　平衡自己

们为行动做计划时，海军陆战队建议我们为敌人的猛烈攻击做好准备。我们得知他们之前在这片区域经历的攻击规模非常大，有数十个敌人带着弹药充足的机关枪和 RPG-7 火箭同时从不同方向进攻，同时还有敌方的狙击神枪手参与。但是这些海军陆战队将士不会向快速反应部队要求装甲车和步行部队增援，除非他们伤亡很重。"烟火圈"的 IED 带来的高风险让路面变得太危险——对车辆和步行部队来说都太危险——除非有绝对必要，车和人都不应该来。那意味着我们基本上要靠自己，仅靠我们自己带的火力去击退占领这片地方的叛军里的任意几百个。

"我们最好是准备好爽一把。"我想。

我在早期海豹突击队生涯中学到，应对突发情况的计划对于任何任务的成功都是非常关键的。考虑那些每个行动阶段可能出错的情况，对每个突发情况做好准备，将会使我们克服挑战并且完成任务。我从来没到过拉马迪的这片区域，但是我通过无线电网络经常听到关于敌人的袭击和美军伤亡的情况。我读到过行动总结报告，看到过送往拉马迪军营"查理医疗基地"的伤员和遗体。我知道这片地区很危险，所以我十分卖力得做应急方案。多亏了查理排优秀的士官长托尼·伊伏拉提的见解和经验，我们经得起考验的标准作战流程规定了每人在每次行动时他们负载装备里应该装的物品：七个供我们主要武器 M4 步枪使用的弹匣；三个手枪弹夹；一个个人无线电台、天线、备用电池；两个 M67 手榴弹，这是我们统一的破片手榴弹；一份作战地图；一个手电筒；一个头灯；一副夜视镜；一个备用夜视镜架；所有设备的备用电池；凯夫拉头盔；防榴弹用凯夫拉软甲和防敌人小型武器攻击的厚陶瓷防弹护板；需要的食物和水等等。

仅仅是标准的装备就很重了，尤其是对在伊拉克高温中进行的步行巡逻来说。那是晚春，最高温度已经达到 110 华氏度。即使是在晚上，温度也一般在 90 多度。

197

除了标准装备，我一般还会带额外的装备。在我的 M4 枪管下，我会装上一个 M20 340 毫米榴弹发射器。我在发射膛里放一个榴弹，另外 6 个 40 毫米高爆炸性榴弹放在我的负载装备里。我还为机关枪手们额外带 100 枚 7.62 毫米的接续弹药，还有用来向其他美军部队做记号和发信号用的闪光弹。

但是在这次行动中，我觉得我最好多带一点。我打开我的背包，然后想了下还有什么我可能会需要的。我脑中显示出不同的突发情况，有很多是最坏情况。

"如果我们遭到持续攻击而弹药开始不够了呢？"我想。我多扔了 4 个满满的 M4 弹匣进去。我还加了一条装有 12 个 40 毫米高爆炸性榴弹的弹带。

"如果我需要为坦克或者战斗机标记敌人位置呢？"我想。我多放了一个装满曳光弹的弹匣，这些曳光弹会沿着弹道划出一道显眼的橙色光芒。我还在包里多放了几个烟雾榴弹。

"如果我们在敌袭时弹药用得太多而需要更多的手榴弹呢？"我想。我又加了 3 个 M67 破片手榴弹到包里。

"如果别人需要呢？"我多加了两个破片手榴弹。

"如果我的无线电坏了或者我的备用电池用光了呢？"我在包里多放了一个无线电和两个备用电池。就算我在行动中不需要它们，我们小队里其他人也可能用得上。

接下来，我要放我的水和食物。我们预计会去 36 个小时。

"如果行动延长至 48 小时甚至 72 小时呢？"我想。我不想断水，尤其在伊拉克的大热天里。我们用 1.5 升塑料瓶带水。在之前的行动中我需要 5 到 7 瓶。但是为了防止万一行动延长，我把水加到了 12 瓶。仅仅是水的重量就 40 磅了。以防万一我还多加了些食物。

## 第三部分　平衡自己

我采取了一切预防措施,为所有我能想到的突发情况做了应对计划。但是还没离开营地,我就知道我做得过了。我的背包里装备实在太多,我根本拉不上拉链。然后,当我穿好我的作战装备——把东西放到我的负载装备上——并且扛上背包向将要把我们运到河对岸海军陆战队基地的车上走去时,我感到这些东西重得离谱。我开始觉得负重将会是个问题。

当我们开始步行巡逻的时候,我得知海军陆战队使用一种叫作"冲刺和据守"的作战方法。我们在短距离内使用"掩护并行动"。但是海军陆战队版本的"掩护并行动"是两个射击手进行警戒,后面两个人以最快速度冲刺,一直到街区的尽头。这是一种躲避敌方狙击手的方式,因为这样他们就必须射击移动的目标。这个过程是两个人一组交替进行,整个巡逻队就这样一公里再一公里地用好几次冲刺穿过城市的一个个街区。

在开始步行巡逻后不久,我就知道我有麻烦了。死沉的背包重重地压在我身上。我的胸腔随着喘息起伏,衣服让汗水湿透了。我的"护眼具"——保护眼睛用的防弹眼镜——让水雾全部蒙住了,为了能看清路,我只好把它拿下来。

作为海豹突击队员,我们以艰苦的身体训练和保持高水平的身体素质为荣。但是我完全高估了自己的能力,以为自己可以拿这么多东西。这实在是太多了。我参加基础海豹突击队训练课程的时候,我的水下爆破训练教官对我说:"如果你想犯傻,你最好是个壮汉。"装这么多沉重的装备很傻,而现在我就在为之付出代价。这时候就得挨着,要BTF,这是"铁血蛙人"的缩写,是查理排和"猛汉"行动组的口头禅。我们把BTF当名词和形容词用,在这时候,当动词用。

我是一个高级军官,是整个查理排的海豹突击队员和伊拉克士兵的负责人。但是我因为背的东西太重而非常疲惫,失去了对队伍和任务情况的感知。我唯一能集中精神做的就是把一只脚放到另一只前面,去死命得跟上大家。当我们终于在第二天晚上结束行动的时候,我学到了这让人谦卑的一课。

痛苦可以是非常有用的老师。而这一课我永远都不会忘记,不要试图对所有突发情况做计划。这样做只能让你负担过重而让你无法快速行动。是的,应急方案极度重要。但是我做得太过了。我在做应急方案的时候还应该记得考虑这些问题:

"如果我带的东西太重让我跟不上队伍怎么办?"

"如果我太累了,只能把精力集中在自己身上而无法有效领导队伍怎么办?"

"如果我的装备太重导致我无法快速行动,从而成为敌人一个容易的目标怎么办?"

这样的思考会帮我去适当调整应急方案,从而确保我不过度计划而造成更糟的局面。

这一课告诉我们不要过度计划,不要试图去解决所有突发情况,它不仅仅适用于领导者个人,也适用于团队。这是我在任务派遣前的训练中从约克那里学到的一课。在一次直接突袭行动中,我想尽我所能让更多的海豹突击队员进入并清扫房间。

"你不需要这么多人发动进攻。"约克看着我们的计划说,"这只会在房子里增加混乱。"

约克有无数在伊拉克进行直接突袭行动的经验。我完全没有。但是这对我来说不合理。我们追捕的是一个有名的坏蛋。他或者房间里的其他人会进行抵抗。难道不是参与突击的人越多——也就是房间里的射击手越多——越好吗?

只有当"猛汉"行动组被派到拉马迪,而我有了执行任务的现实经验以后,我才终于明白这其中的道理。当我们过度对突发情况进行计划,派一大队突击手去清扫目标建筑时，房间里过多的海豹突击队员只会增加困惑和混乱，尤其是当伊拉克士兵也参加我们战斗行动的时候。如果房间里只有一小队人，管理起来会容易得多，也更灵活和高效。如果目标建筑中需要更多的战士，把在外面负责警戒的人派进去帮忙更容易、也更好控制情况。但是把房间里的人派去外面帮忙就困难得多，因为在里面，我们对事态的控制弱很多，而且各种问题也很多。明白这个道理后，我们在处理目标方面的进步是非常显著的。这时，我明白了过度计划——试图解决所有可能发生的问题——有可能会造成更多的难题，让我们的队伍面临更大的风险，有损让我们最高效完成任务的能力。

这个道理对于计划本身也是成立的。当我在一个海豹突击大队里担任行动长官时，我看着一些排和行动组对任务做出了非常细致的计划——谁要移动到哪个房间，或者每个人应该在目标的何处建立警戒。但是任务从来不会完全按照你的计划进行。所以计划这种程度的细节是浪费时间，而且当事情没有完全按照他们设想的发展时，会在队伍中造成混乱。在这一课学到的是在做计划时，灵活性比微小的细节更重要。最高效的团队做的是最有灵活性的计划。

但是另一方面，全面的计划是很关键的。不为可能的突发情况作准备，就会让队伍面临失败。

虽然战斗需要参战人员面对重伤和死亡的可能，但是你不能因为对此感到害怕而裹足不前。你必须接受这件事很危险，而且你有可能会丧命。但是一点点害怕——在大型战斗任务开始前的紧张感，不断思考突发情况和回想会有什么遗漏——可以有效帮助防止骄傲自满的情绪产生。领导者必须考虑他们能控制的危险，并且通过制定应急方案去尽力降低这些危险。如果没有对突发情况做合理的应对计划，这样的领导是失败的。

在 2006 年的拉马迪战役中，"猛汉"行动组冒了极大的风险。我们自愿深入敌占区，这里通常是美国军队要冒很大危险和解决很大困难才能行动的地区。因为我们在拉马迪反叛军行动中冒着如此高程度的危险去支援美国和伊拉克军队，"猛汉"行动组受到了海豹突击队和其他特战队的批评。他们不了解我们花了很大精力去做应急方案，降低了我们可控的风险。而且那些批评者不知道的是——这在《极限控制》中没有讨论过——"猛汉"行动组拒绝接受的那些作战行动。我们收到过参加或者支援一些作战行动的请求，但是当我们对情况作了仔细评估后发现，很明显突发情况的应对计划没有做好。这样的风险不值得冒。

在这种情况下，又有一个美国特战队请求查理排和伊拉克士兵的支援。他们需要一个伊方合作部队去帮忙得到一个必要的作战行动授权。这个行动是计划在一个城里非常暴力和危险的地带开展的，该地区牢牢地控制在敌人手里。这支特战部队在拉马迪还是初来乍到。他们在几周前到达，还在对作战空间、在当地作战的美国部队、敌人的战术和能力进行熟悉了解。部队领导很有干劲和冲劲，渴望上战场参与大型作战行动。我知道在这个作战空间里，他也会有大把的机会。

这支特战队的作战计划很大胆，简单说就是在光天化日下沿着一条布满 IED 的大路驾车穿过市中心。当我仔细看过他们的计划后，没发现任何针对突发情况的应对计划。

"如果我们在开过去的时候因为 IED 损失了一辆车，到时候怎么办？"我问负责人。

"我们不会的。"他回答，坚持认为他们的装甲车和电子防御可以保护他的队伍在这种情况下不受伤害。

在"猛汉"行动组，我们学会了在每次行动时，对我们往返于目标的路线做应急方案。那里有可能有 IED，一个阻止通行的路障，或者一条我们以为能通过但是我们到达后却发现不能过的路。对于每一次任务，我们知道我们不仅需要一条主要的路线，还需要第二条和第三条路。那样的话，因为有应急方案，如果主要路线被堵住或者过不去，我们可以迅速地转去下一条备选路线。

"你们有到达目标的第二或者第三条路线作为备选吗？"我问负责人。

部队负责人摇了摇头说："没有。"

"我们不需要。"他说，"这是到达目标的最佳路线。"

关于这支特战部队计划使用的穿城路线，我听到的一切都是说这是拉马迪最危险的路之一——可能在世界上最危险的路中也排得上。其他在这一地区行动过几个月的美国部队曾十分肯定地对我们说过："不要从这条路走，不然一定会把你炸飞。"但是这支特战部队没有准备其他的路线。我建议负责人考虑一下其他路线，但是我的建议遭到了拒绝。

如果他们有一辆车碰到了IED，即使我们队伍中没有任何伤亡，这也会让我们无法接近目标，严重影响任务成功的可能性。此外，IED的袭击不是唯一的担忧。一旦IED让一辆车瘫痪，敌人可以用小型武器和火箭攻击，从而进一步打击困在车里的人。这些都是有可能发生的情况，对此应该有一个可靠的预案。整个队伍都需要知道这种情况下应该怎么办以及如何请求支援。但是那支特战队的负责人坚信他们能行，没准备任何针对突发情况的预案。

"有什么我没想到吗？"我想，"我太厌恶风险了？"

计划还在准备中，我开车去咨询拉马迪营一个经验丰富的美国常规陆军连的连长，他在拉马迪作战已经超过一年了。这位连长和他的部队都有丰富的经验。他们是国民警卫队，就是说在美国时他们是预备役军人。每月训练一个周末，每年训练两整周的兼职陆军军人。在平民世界中，他们是木匠、销售、教师、商店经理和公司老板。但是在伊拉克最暴力的战场上待了十五个月后，他们变成了坚毅的战士。我们相信他们的经验，依赖他们的指导。

我敲了连长的门。他表示欢迎并把我引进门。

我说了下特战队提出的计划,在地图上指出他们打算走的路线和目标建筑,然后向他征求意见。

他只是摇了摇头,然后评论道:"还没走完一半你们就会碰上 IED。你们永远都到不了目标。"

"我对这个计划感觉不好。"我说,对他的坦率评论表示感谢。

"立夫。"他继续直言不讳,"如果我想让我的一群人受伤或者丧命的话,这个计划正是我要做的。"

正是这样。我的怀疑得到了证实。我知道这个连长是一个大胆的领导者。他很勇猛并且受人尊敬。我知道他不会——也没有——逃离危险和风险。他和他的陆军战士们是"勇敢战士"的定义。他们曾多次冒险在高度危险的任务中支援我们。所以如果他这么对我说,我最好听他的。

我开车回去跟特战队的负责人谈话。进入他的办公室后,我把国民警卫队连长对我说的话告诉他。我力劝他修改计划并且找出去目标地区的备用路线。我强调了 IED 的威胁是非常有可能的,他和他的队伍需要对此有所准备。但是这位特战队的负责人没有担忧,仍旧对自己的计划很有信心。

"那些国民警卫队的人。"他说,"他们厌恶风险。我们开的是装甲车,而且我们有强大火力。"

像这支队伍一样的特战队、海豹突击队以及其他部队,他们都经过了更多的训练,有更好的装备,还有远远多于国民警卫队的预算。但是尽管国民警卫队缺乏超前的训练和装备,他们还是在这最艰苦的战场上做成了很多事。他们赢得了我们和其他在那里作战的美国部队的最大程度的尊敬。而且国民警卫队有比超前训练和最先进装备远远有价值的东西,在拉马迪艰苦作战十五个月的经历。因为那段经历,从和叛军的枪战到 IED 的毁灭性屠杀，这些国民警卫队战士已经通过了战争的考验，通过战斗证明了自己，然而他们仍旧谦虚谨慎，尊重敌人和他们的能力。

我继续试着说服特战队负责人再去做一个计划，把可能发生的突发情况包括进去。但是我没能劝服这位负责人放弃他们的行动。

我告诉他，我们的海豹突击队员和伊拉克士兵不会参与行动。我希望在没有伊拉克合作部队的情况下，他的任务不会得到批准。遗憾的是，他们得到了允许其执行任务的批复，而且无视警告，特战队负责人继续按原计划开展了行动。几天后，在大白天里——那天正午——他们开始了行动。

他们没有达到目标。

我们之后了解了事情经过：他们的装甲车队只沿着那条别人建议不要走的路开了很短的一段距离，IED 就在头车底下爆炸了。因为这辆重装甲车不能动了并且着了火，他们队里的几个人受伤了。他们不能丢下车和里面的人不管，于是他们在敌人呼啸的炮火中困了几个小时等待救援。最后，附近的一个常规部队做出反应，把他们的车拖走了。这是一个奇迹，虽然有几个人严重受伤，但是没有美军将士牺牲。但是那就差一点。这是让人学会谦逊的一课，显示了仔细计划的重要性。如果那个特战队负责人听从劝告去全面考虑可能的突发情况，他绝不会走那条路。相反，他和他的队伍会找出另外的路，从而避免让他的人受伤，让他们的车损毁，而且他们还会有更大的机会能成功完成任务。

**原则**

仔细计划对任何任务的成功都是关键性的。在《极限控制》的第九章"计划"中我们写道，任务计划意味着"绝对不要对任何事想当然，对突发情况做预案，以及在最大化任务成功率的同时最小化执行任务的队伍所面临的风险。"虽然战斗中的风险是显而易见的，但是商业世界中也有很多重大风险。生计濒临着风险，工作、事业、资本、战略新行动和长期成功。领导者们必须通过对可控事物做仔细的应急方案来管理这些风险。但是，不是所有风险都是可控的。

对于做计划来说，有一个矛盾是领导者必须做出调和的。你不能对所有的突发情况都做出预案。如果你试图对每个可能出现的问题都给出解决方案，你会压垮你的团队，你会过度计划，你把领导者的决策复杂化了。不是防止和解决问题，过度计划反而制造了额外的、有时麻烦得多的问题。所以，领导者应该只把精力集中在行动每个阶段最有可能发生的突发情况上，这是至关重要的。要选择每个阶段中最有可能发生的三到四个突发情况和最坏情况。这将会让团队做好执行任务的准备，提高成功完成任务的可能性。

但是很重要的是，领导者要在计划时控制好不要走向另一个极端——不对突发情况做出"足够"的预案。当领导者拒绝接受威胁和问题出现的可能性时，这给团队带来了更大的困难，并且有可能造成任务的失败。在团队的每个层级，领导者都必须与骄傲自满和过于自信做斗争。自负由成功——在战场上和商场上的一连串胜利——而生。战斗领导者必须永不忘记是什么正在面临危险，那是多么的重要——那是他部队里的生命。商业领导者也是一样，永远不要变得在面对员工和合伙人的生计和事业，或者他们投入的资本时冷酷无情。针对每一个风险，都要仔细地评估、斟酌、权衡风险和回报——成功的结果对团队和战略任务的好处。谨慎的应急方案要集中，这是管理这样的风险和取得胜利的关键。在这两个极端中取得平衡是很难的。但是为了取得成功，每个领导者都要理解这一点是很重要的，他必须计划，但是不能过度计划。

## 商业应用

"我不相信我们已经把所有的突发情况都考虑到了。"首席运营官（后文简称COO）说，"我说出了我的担忧。但是他们好像没有认真对待。"

约克和我坐在COO的办公室里，我们在这里要为这家公司的高级管理团队和中层经理开一个领导力培养和整合课程。公司在最近几年取得了一系列的成功，主要归功于睿智和积极进取的领导团队，他们渴望把公司做成一个市场上的主要玩家，在行业里与占主导地位的竞争对手较量。公司的成功吸引来了更多的资本，他们最近刚刚确定了一笔。结果是，公司现在有钱去扩张了。

一个接一个的胜利让公司管理团队和部门负责人建立了信心，这其中没有人比他们的CEO更有信心。CEO下决心要把公司做大，而且他有很多大计划。公司的COO极力主张要更谨慎和仔细地评估这其中的风险。

"你最担心的风险是什么？"约克问。

"我们正在试图往不同方向同时发展。"COO回答说。

"开一家子公司很费钱，而且还有风险。"COO回答道，"我们同时要开两家不同的子公司。我们还要扩大办公室，再雇几十个新的行政人员，跟公司总部所在大楼再签三层楼的长期租约。那是一百多间办公室和一笔很大的长期费用。这些计划现在看起来有道理，但是如果市场形势变差，或者我们遇到一个重大生产问题的话，所有的计划都会陷入危险境地。"

"唔，这些很有可能。"我说，"听起来你们的团队需要一些详细的应急方案。"

"你看。"COO继续说，"在扩张的同时我们必须承担一些风险，我乐意接受这个事实。但是我们需要想想如何应对这些风险。我担心我们把自己想得太好了。"

"为什么你觉得 CEO 是在同时进行这些新项目?"我问。

我们跟几个快速扩张的公司合作过。有些非常激进地开始新项目,他们取得了相当不错的成果。有些则是同时开展的太多,占用了大量的资金而回报甚微,他们不得不缩回去,采用一个更谨慎的增长策略。

"我明白在这些举措当中存在巨大机会。"COO 回答道,"我非常支持我们需要增长和扩大市场份额的说法。但是我们确实没做你们所说的应急方案——这是问题所在。你看,如果市场变差或者我们有一次大规模产品召回,或者其中一家子公司会倒闭的话,公司的损失会很大,但不会是灾难性的。但是如果两家子公司同时倒闭,这将是对公司底线[1]的巨大打击。这有可能让所有一切关门大吉。"

如果做了应急方案的话,CEO 和公司领导团队就会采取措施降低这样的可能性。如果他们只是集中精力先开一家子公司,等到这家公司的成功确定了之后再开另外一家,那样的话会稳妥得多。

"那更多的行政人员呢?"我问,"你觉得这些是不需要的吗?"

"我明白我们需要更多的行政支持。"COO 回答道,"我们好几个部门负责人都要求更多的人帮忙。我明白。但是签订一个能再加一百多间办公室的多年期合同,我觉得,有点太多了。为什么我们不能再签一层楼而不是三层?谁知道一两年后经济情况会怎么样呢?这家公司只经历过好时候。我们的历史不长,还没经历过艰难的时候。如果经济下行而我们流失很多业务呢?我们的公司就要为员工工资所累,即便我们让员工走,空下来的办公室的长期租约还在,占用了大量资金,而我们那时可能都没有这笔钱。"

他的担忧听起来很合理。很明显他不是完全地厌恶风险,但是他知道

---

1. 底线指公司或组织损益表中的最后一行,代表总收益或者亏损。——译者注

事情可能不会按照计划的走，所以他极力主张谨慎对待公司要面对的风险程度，以及缺乏降低风险措施的情况。这正是准备应急方案对任务成功如此重要的原因。

"当我们在作战的时候。"我告诉COO，"小心地评估风险和针对可能出错的事情做应急方案是很重要的。一旦我们分析了这些风险，我们就会发现，有很多事可以做，让我们可以控制并且降低风险。应急方案帮助我们采取必要的措施，为作战过程中结果的不确定性作准备。这与你们或你们团队的情况没什么不同。"

"在拉马迪，当我们进入到极度危险的敌占区时。"我说，"我们采取措施降低受袭的风险。路边炸弹或者简易爆炸装置是最大的威胁，所以在那些最糟糕的地区，我们没有开车。我们步行去那些地方。我们在楼上设置狙击观察点，守住那些敌袭概率高的地方，而且我们会设置多个这样的狙击观察点，以便他们可以互相支援。对这些突发情况做好应急方案帮我们控制了风险——哪怕是在这种环境中的极高风险。"

约克补充说："你可能觉得在海豹突击队，我们都是'铁血蛙人'，无论怎样都会冲向枪声响起的地方。大多数情况下，那正是我们所做的。我们必须在交战时拿出勇气，并且愿意用我们的生命冒险。但是我们不能犯蠢。我们不能冒不必要的风险，以致我们无法完成战略任务，而且还将我们的队伍置于险境。"约克继续说，"作为领导者，我们必须巧妙地降低那些我们可控的风险。对风险的仔细评估让我们能做出应急方案，这样我们就让队伍冒最少的风险，用最有效的方式完成任务。"

约克在培训的时候向COO解释，我们让海豹突击队的领导者们参加测试，让他们懂得谦逊，希望这样做能不让他们在战场上，在真的人命濒临险境的时候才学到这一课。

"我们通过'训练屋'来练习穿过走廊、进门和清扫房间的战术动作。

我们通常用彩弹和训练弹来进行这些仿真弹药训练，敌人是找人扮演的，他们是海豹教官或者志愿者扮演的坏蛋或者敌对力量。"约克说。

约克描述了有多少个场景是用来引诱海豹作战部队进入极度困境的，那时领导者必须抽出身来，分析风险。

"有一次。"约克说，"我们的海豹教职人员要放一个有掩体的'敌方'机关枪位，这是为了守住一条长走廊，那样的话，扮演坏蛋的人可以在有掩护的情况下攻击海豹排，而试图清扫房子的海豹突击队员却无法轻易攻击到他们。海豹突击队的指挥官会派两个射击手向敌人开火的方向沿走廊前进。这两个人会遇到猛烈的火力攻击，将会承受几十颗彩弹高速打在他们身上的疼痛。教职人员会打倒他们——他们会接到命令让他们躺倒在走廊的地板上，假装他们死了。海豹指挥官通常会再派两个射击手进去，攻击一个保护严密的位置，结果必然是一样的，又有两个海豹突击队员'牺牲'。然后指挥官会再派两个射击手，直到走廊里躺满尸体——幸亏只是装死。"

"这时候我们就该进行干涉了。"我补充道，"我们问那个海豹突击队指挥官：'你觉得继续让你的队员去送死是个好主意吗？'当那个指挥官做出否定的回答后，我告诉他，向着敌人炮火冲是很勇敢，但这是有勇无谋。这只会毁掉他整个队伍。而且更糟的是，他们不可能完成驱除威胁、清扫房子的任务。我指导他做应急方案——去想另外一种解决问题的方法：'你能派屋外的海豹射击手从其他方向攻击吗？有其他的入口吗？比如一扇窗或者门，可以让我们从后面攻击敌人？'这是我会问的问题。"

"我们看到那个海豹指挥官恍然大悟，他意识到他不仅可以这样做，而且如果他要做一个成功者的话，他绝对、必须这么做。"约克说，"降低可控的风险是一个领导者的责任。"

"我也曾在同一类困难的训练场景中面对同样的问题挣扎过。"我告诉COO，"当时弄明白需要做什么是很困难的。但是当我认识到这点，我意识到如果我们花时间做好应急方案的话，我们的表现会好得多。如果，在我们开始行动前，我想过在遇到相似情况时最好的应对措施是什么，我就能在遇到这样的情况时更容易地做决策。甚至更好的情况是，如果我告诉了队员在遇到这种情况时应该怎么做，他们会做好准备，那么他们甚至可以在没有直接命令的情况下直接执行计划。"

"但是最好的情况是。"约克补充说，"当海豹指挥官对可能发生的突发情况——比如房中的有掩护的敌人机关枪位——有所考虑，并且仔细计划如何应对时，他们会想出完成任务的其他方法，同时降低突击队面临的风险。这意味着他们可能从另一个方向进入房子，出其不意，攻其不备。这种情况下，海豹排可以大量消灭敌人、完成任务，而且一个人都不会损失。"

"那就是你要做到的。"我说，"所有商业项目都会有一些自带的风险。做好全面计划，了解突发情况并且针对突发情况制定行动方案，将会帮助你降低风险。虽然你不能计划所有事——而且你不应该因为做太多计划而停滞不前——但你仍然必须用缜密的计划去降低可控的风险。在计划和过度计划之间找平衡很关键，听起来你们现在需要做更多计划，这样你们才能充分做好准备，在这其中某些可能的突发情况发生时做出正确的反应。"

说完后，约克和我鼓励COO组织上游指挥链做一个综合计划，这个计划要包括对风险的明确分析和降低这些风险的应急方案。COO这么做了，他积极计划去完成CEO的目标，但是同时，他准备了全面的应急方案，确保成功达到长期目标的最大可能性。

"弹药桌"——查理排任务计划室里的弹药储备，这个房间也是"猛汉"行动组的"待命室"。海豹突击队员第一天就学到暴力行动和先进武器是交火时制胜的关键，"猛汉"行动组深表赞同。

（照片由作者提供）

# 第十一章

## 密歇根路一课：避免过度谦虚

立夫·巴宾

**伊拉克，拉马迪中南部，密歇根路：2006年**

当我们的悍马在拉马迪市中心的主路上行驶时，车队里的每个人都很紧张不安，这条路美军称为"密歇根路"。那是一个大白天，尽管暴力袭击频发，似乎很疯狂，但仍有一些当地人及民用车辆在沿路通行。

路上的每个坑，扔在路上的每片垃圾，都有可能是带来火焰、弹片和死亡的 IED。路边频繁出现的弹坑和烧焦的车辆残骸残酷地提醒着人们。伏击，同样，也是一个巨大的威胁。使用 RPG-7 火箭和弹链供弹机枪的叛军份子可能就藏在附近的建筑里，随时准备发动一场猛烈袭击。

我们的转塔射击手操着他们的重机枪不停地搜寻威胁。他们站在车里，胸部和头露在车顶的装甲板之上。每个转塔都在三面有装甲保护，但是射击手仍然很容易受到攻击。我们这些在车里的人也在透过厚厚的、盖满灰尘的装甲挡风玻璃和车窗瞪大眼睛，尽力搜寻着任何可能出现的袭击。但是对转塔射击手来说——我们车队最好的防御——最好的保护是我们的姿势。极度有攻击性，保持警惕的射击手把武器指向所有方向，随时准备在发现第一个有威胁的信号时释放他们的怒火。我们的目的是让潜在的攻击者犹豫，掂量一下他们是否想要承担后果，或者继续等待一个更容易的目标。圣战士[1]很喜欢谈论殉道，但是他们绝对不想用"我们"给的方式殉道。他们能对我们造成任何实质性伤害之前，可能就让我们杀了，这样的可能性对他们非常有威慑力。

这次巡逻迄今为止，我们的攻击性姿势——还有些许的运气——经证实是成功的，没有发现威胁。我们的车队继续驶过拉马迪市中心，驶过海军陆战队在拉马迪市政府中心的前哨站和另一个"OP VA"[2]，这是在暴力和野蛮的海洋中一个代表希望和安全的小小防御工事。看守这些哨所的勇敢的海军陆战队将士们来自第2海军陆战师第8海军陆战团3营的奇洛连和利马连，他们承受着来自大批叛军分子频繁的、凶猛的、分工协调良好的攻击。他们的岗哨有重重防护，上面盖有带保护色的毯子，让敌人的狙击手难以攻击，这里面藏着警觉的年轻海军陆战队员们，他们手持武器始终保持警惕。我们敬爱这些海军陆战队员们。

我们对陆军的"斗犬"队也怀有同样的敬意和兄弟情，"斗犬"队是隶属1/37部队的布拉沃连，我们一起进行过很多次作战行动。我们的车队刚刚离开"斗犬"队的作战基地猎鹰哨站，"主力枪"迈克·巴耶玛和他的陆军战士们在那里生活和工作，深入拉马迪中南部的暴力街区与叛军作

---

1. 圣战士：从吉哈德组织领工资的人；伊拉克叛军自称是圣战士。美军将其缩短称为 muj。——作者注
2. OP VA：老兵事务部观察哨的缩写；美国海军陆战队在前伊拉克老兵事务部大楼里设的哨所。——作者注

战。在过去的二十四小时里,"猛汉"行动组查理排的海豹突击队员们和跟我们一起的伊拉克士兵完成了一次狙击观察掩护任务和一系列在拉马迪危险地区的巡逻。我们遇到了一些实实在在的"大混战"——查理排对激烈交火的说法。我们在伊拉克的炎夏中又完成了一系列激烈的作战行动。当我们放倒几个敌人,破坏了他们的袭击和行动自由,并且我们一个人都没损失时,这一天总是美好的。虽然我们在中南部完成了我们的战术目标并且离开了猎鹰哨站,但是作战行动直到我们回到基地才结束。美军在伊拉克的伤亡主要都是 IED 造成的,有这个威胁在,从统计上讲,我们车队进出基地是行动最危险的部分。

当我们的悍马高速行驶时,路上的平民车辆会靠边停靠,给我们让出更宽的路。虽然这些车大部分都载着平民乘客,但是这其中的任何一辆都可能有制造致命大爆炸的汽车炸弹。我们的司机绕过了平民车辆,尽可能离他们远点。我们继续驶过了横跨哈巴尼亚运河的大桥,运河划开了拉马迪市中心和拉马迪西部地区塔米姆。我们快到家了。

每个人都累了、乏了、筋疲力尽。伊拉克夏日折磨人的高温在作怪,过去超过 24 个小时的时间内,我们穿着沉重的装备,流出大量的汗水,这让我们的脸因为失水瘪了下去。我们渴望着那些一到基地就会有的享受,空调、淋浴、热的食物,而且暂时不用担心下一刻会受伤和死亡。

很快,我们接近了密歇根路向奥格登门去的岔路,奥格登门是美军在该地区的主要基地拉马迪军营的后门。

"向右转,向右转。"无线电上传来首席导航员的呼叫。在距离大门还有 300 码的时候,车队慢了下来。小心开向奥格登门是明智的。正架着机关枪掩护我们的陆军士兵人们是看不到的,他们藏在从戒备森严的哨塔垂下的带保护色的网下面。这些陆军士兵承受着叛军部队的频繁攻击,经常遭到狙击枪、机关枪和迫击炮攻击。下了密歇根路的硬路面之后,是通往大门的路，这条路因为沉重的美军坦克和装甲车一直进出，已经被压碎了。细沙扬起在空中形成厚厚的一团尘雾飘进了车里。这些尘埃让人很难呼吸而且模糊了我们车内外的视线，它让我们看不到车队里仅仅在我们前后几码的车。

大门口有一辆巨型M88坦克救援车在执勤，我们的车队在它前面停下。当一辆68吨重的M1A2艾布拉姆斯主战坦克或者27吨重的布莱德利战车坏了的时候，需要有一辆巨型车辆来拖它。M88就是为这个目的设计的。但是在这里，在奥格登门，M88是用来封锁道路，挡住来自敌人最具毁灭性的武器的攻击，我们把这个武器叫作VBIED（车载简易爆炸装置）——平民称为"汽车炸弹"。我们在大门口向陆军士兵登记，报出我们的代号和总人数。登记检查完毕后，一个士兵会跳进那辆大M88里，发动引擎，然后，履带发出大大的咔嗒声，庞然大物开出去把路让了出来，让我们的车队回到基地，我们的家。

到达基地后，转塔射击手和车里的所有人都可以放松下来了。电网之外的每一刻，直到我们进入大门的那一刻，战斗都是在进行中。但是一旦进到里面，那就只是行政驾驶。将车开到我们在拉马迪军营生活和工作的地方：鲨鱼基地[1]，战斗压力暂时解除了，无线电上总会传来一些玩笑和笑话。我们穿过基地时会路过车辆墓地，那里放着因为受到IED的攻击而变形和烧毁的美军和伊军的装甲车残骸。它残酷地提醒着我们电网外的危险，而我们何其幸运又活过了一次行动，又一次安全驶过了这个危险莫测的城市。

当我们穿过拉马迪军营，从一个边门出去后，大路把我们引向鲨鱼基

---

1. 鲨鱼基地：我们后来把基地名字从鲨鱼基地改成了马克·李军营，以纪念在2006年8月2日的行动中牺牲的马克·李。——作者注

地。我们把车停在两栋有铁皮屋顶的木楼前,这里是我们的食堂和查理排的作战计划区。

"全体停车,全体停车。"无线电上的呼叫传来。

任务完成。我打开了悍马沉重的装甲门走了下来确认我的武器干净和安全后,我把它们和我的头盔放在我们排办公室的桌子上,然后去见约克。

他的办公室在主楼里,那是一幢大型的、用柱子装饰的建筑,曾经是美军进入伊拉克之前的萨达姆·侯赛因政权追随者的豪华住房。这幢楼现在是我们的战术作战中心。我穿过厨房进入战术作战中心,向那里"猛汉"行动组的监控人员问好,他们是信息系统技师和作战专家,当我们在外面遇到危险时会跟他们交流讨论。这些非海豹的辅助人员,是我们队伍中重要的一部分。我走进约克的办公室并向他问好。

"上帝是蛙人。"我说,这是我在执行任务回来后经常说的话。"我们有几次差一点出事,但是我们都全须全尾地回来了。"

我告诉约克所有人员和装备都已经查点清楚并且安全回到了基地。

"很好。"约克笑着回应,"欢迎回来。"

我们在拉马迪作战越多,我越意识到无论我们多么小心地计划和谨慎地降低风险,严重受伤和死亡的概率还是真实存在的,并且永远存在于我们所有行动中。只是有上帝保佑我们才没有人在行动中牺牲。因为全能的上帝经常看顾我们,指引我们多次在千钧一发的时候脱险,我们相信上帝一定是个海豹突击队员——或者,是我们在水下爆破队的先辈,蛙人。

战斗是一个严厉的老师,拉马迪的战场则是残忍的。我们不断在危险和持续巷战的巨大挑战面前变得谦逊。我是查理排的排长,也经常在多次作战行动中担任地面部队指挥官——高级指挥官。当我们取得了巨大成功让我变得有点狂妄的时候,我很快就会发现敌人又一次让我变得谦逊,因为他们采用了我们意料之外的新战术,或者在我们不备的时候进行攻击。最重要的是,我觉得我可以做,而且应该做得更好的那些事让我不断地变得谦逊。我应该更小心地和我们支援的其他美军部队消除冲突;把我的命令意图说得更简单、清楚和简洁;或者让下级领导者有更多的自主权。在这片战场上,"要么谦逊,要么教你谦逊"。

约克坐在他桌子那里,面前是一块电脑显示屏。他过去参与过很多种类型的战斗。他和他行动组的工作人员处理众多来自上级的要求,不断回答他们的问题,还要按照他们的指示做出堆成山的文书。多亏了约克,他替我们挡下了这些活儿的大部分,让我和查理排的其他成员,还有行动组里德尔塔排的兄弟们,把精力集中在我们的作战行动上。

"任务组追着我们要一个 E6[1] 去参加一个特殊任务。"约克告诉我。

我不喜欢这个通知。任务组是我们的直接上级指挥部,位于离我们 30 英里远的费卢杰市,他们想要我们给他们一个有经验的海豹突击队员去填补他们的一个空缺,要求这个队员级别是上士或者更高的军士。

"任务是什么?"我问。

约克说这是个敏感任务,保密级别很高,但是资料很多,而且好几个级别的负责人都能看到。

"这个任务是从 CJSOTF 来的。"他说。

CJSOTF 是多国联合[2]特战队的缩写,它是我们上司的上司,负责管理在伊拉克的所有特战部队。我明白是上面施压,让我们的任务组调一个人过去补缺。我明白这很重要,但是我还是很担忧,这也显示高层试图从我的排里攫取珍贵的人力资源。这激起了我的保护欲。

---

1. E6 是根据军衔对应的收入等级。美国海军的收入等级分为列兵(Enlisted)、准尉(Warrant Officer)、军官(Officer),对应的收入等级为 E1-9、W1-5、O1-11。——译者注
2. 多国联合:在美国军事术语中,"联合"指的是不同部队,包括美军不同的分支。——作者注

## 第三部分　平衡自己

让任何一个领导者把自己从直接任务中独立出来，去把目光放到更高更远的地方会很难。拒绝分享资源或者重要人员是领导者的自然反应，因为这会让他们手头的工作更难，即便这样做最终会让整个大团队和战略任务受益。但是作为一个领导者很重要的一点是，要足够谦逊，要能看到不仅仅是他自己所需要的东西。我从约克身上学到，谦虚谨慎是一个领导者最重要的品质。"猛汉"行动组是容不下骄傲和自大的。约克谈到的谦虚谨慎的重要性在我们到达拉马迪之后一次又一次得到了证明。

我明白了世界不是围着我和查理排转的。我们只是一个在拉马迪和安巴尔省周边地区中进行的大行动的一小部分。我们很荣幸可以为第1装甲师第1战斗旅的几千陆军和海军陆战队将士在拉马迪提供支援。

谦逊还意味着要明白我们还没完全解决问题，我们还没有找出所有答案。这说明我们必须向在拉马迪时间更长的部队学习，和他们合作，请他们协助我们的指挥链工作和协助我们完成任务。这与我们完成了多少次行动或者处决了多少个坏蛋无关。在我们协助过的大型反叛军行动中，成功的真正标尺是城市长期的稳定和安全。我们需要保持谦逊，去理解我们的上级指挥部，也就是任务组和我们指挥链的上游，他们有我们可能没有的战略眼光。

谦逊意味着理解上司的战略指示。这是指我们要竭尽全力去支持和我们合作的常规部队，我们训练和提供战斗咨询的伊拉克士兵，当然还有我们的上级。谦虚意味着我们要按照指示，埋头把工作做到最好。

但是同时，谦逊也会有一个矛盾对立。谦逊不代表被动。这不是说当事情真的重要时也不进行反抗。虽然我没有看到也不能完全理解任务组里的上司和他的工作人员那里的战略规划，但是他们也不理解战略指示或者要求对我们在前线的战术行动有怎样的影响。谦逊要和知道何时坚持立场相结合。

在我们接到命令去和伊拉克军人合作的时候，我目睹了一个很好的例子。约克在《极限控制》第三章"信任"中写到过，"猛汉"行动组刚到拉马迪的时候，CJSOTF 要求我们和其他所有美国特战队一样都要"陪同／和／通过伊拉克安全部队"行动。也就是说要我们和训练差、装备差并且经常不可靠的伊拉克军人一起行动。在经过开始的不满后，我们全面思考了要我们这么做的原因。在我们完全理解并把原因告诉给队员后，尽管这其中有固有的困难和危险，"猛汉"行动组还是接受了这项任务并执行了下去。

但是，还是有很多其他美国特战部队没有这样做，其中包括一些海豹突击队行动组。相对于接受"陪同／和／通过"伊拉克部队的实质精神，这些美军部队只是采纳了命令的字面意思，在美军行动里"加入伊拉克面孔"。有些时候，就是指一张伊拉克脸。很多美方部队在有二三十人参加的作战行动中只有一两个伊拉克士兵。伊方士兵在后方站着，对完成任务起不到什么作用。

为了纠正这种态度和推动命令的真正执行，CJSOTF 进一步指定了在每次行动中美国特战队员和伊拉克士兵（或者伊拉克警察）的具体比例。每有一个美国特战队员，按规定都要有七个伊拉克士兵。在伊拉克那些有很多伊方士兵并且危险程度相对小些的地方，这个规定看起来很合理。但是在拉马迪，和"猛汉"行动组一起行动的伊拉克部队人手少、任务重。能去执行任务的伊拉克士兵根本就不够。伊方人数的限制导致我们如果要按照规定来的话，大部分的行动我们只能有两到三名海豹突击队员。在伊拉克那些情况不太恶劣的地区，一个作战行动中只有三四个美国特战队员加上 12 到 16 个伊拉克军人的话，不会让队伍中的人生命受到威胁。但是，这是拉马迪，这是一个充满暴力活动的地区，是恐怖分子的聚集地和狠辣的伊拉克叛军的据点。面对战斗经验丰富、装备精良和意志坚定的敌人，

第三部分　平衡自己

伊拉克部队在战斗中作用不大。如果一支有 20 或者 30 名成员的叛军部队攻击我们，他们击溃一支大部分是伊拉克士兵和少数几个美国特战队员组成的队伍并杀死所有人的可能性非常高。这个可怕的结果不仅是一个理论，这在那些对拉马迪的暴力程度没有准备的美国部队身上发生过。

作为行动组负责人，约克明白"陪同/和/通过伊拉克安全部队"的重要性。实际上，他采取的方针与基本上其他所有的海豹突击队和特战队相反，他要求我们每次行动都带上伊拉克士兵。我们对此欣然接受。但是，当有关人数比例的规定下来后，我和约克谈了一下，说明这对查理排有什么影响，我们伊拉克士兵的人数是如何有限，以及这个规定会如何将我们的海豹突击队员和任务置于险地。

约克认为这次他应该为了任务和他手下的安全对规定提出抗议。

"我们不能服从这个命令。"约克在电话上对任务组的指挥官说。"我明白这么规定的原因。我向你保证我们会在每次行动的时候尽可能多地带上伊拉克士兵。但是在拉马迪，考虑到我们任务的类型，在这片危险的地区，如果我们按这个比例上战场的话，我们有可能会让一支队伍全军覆没。"

我们任务组的指挥官和他的工作人员表示理解。他们当然不想危及我们的海豹突击队员和我们参与的行动。因为我们很少不服从命令，而且有虚心按照上级命令行事的好名声，我们和指挥链上游建立了信任。所以当我们的任务组向 CJSOTF 解释了情况后，他们同意"猛汉"行动组不必遵守关于人数比例的规定。

作为查理排的排长，关于调一个经验丰富的上士去做另一个任务这件事，我的看法是一样的。不管新的任务有多重要，如果查理排在任务派遣期间放弃了一个重要的队伍领导者，这会严重影响我们的作战能力，并且让队伍失去重要的领导经验。

我和查理排的士官长托尼谈了一下。我们排只有两个人有这个级别：一个是上士，他是我们排一个重要的领导者；另一个是克里斯·凯尔，他是我们的首席狙击手和尖兵，他的经验和技术对于我们狙击观察掩护任务的成功是必不可少的。更糟的是，因为我们经常分成几个小队独立行动，而这些小队是由没经验的人带领的，在没有我和托尼监督时，我们这两个上士的经验就很关键。失去他们任何一人，不仅会影响我们在战场上的表现和行动效果，还会大幅增加我们队伍面临的危险，而我们的作战环境已经极度危险了。

对我来说这很清楚，对托尼来说也是，我们就是不能服从命令。在这件事上我必须抗命。

我和"猛汉"行动组的士官长说了这件事，他实际负责我们行动组所有人的任务调遣。

"我们不能服从这个命令。"我告诉他。

"查理排得服从命令。"他坚持道，"这是任务组指挥官下达的命令。我们没得选。"

我试着解释了这会对查理排有什么影响，但是，他还是说我们没有选择。可是这仍旧不合理。

所以，我去和约克说了。我决定理直气壮地说，我们不能服从命令。我知道如果我能说通约克的话，他会尽力支持我和查理排的。

我向约克说明了我明白这个计划很重要。我明白它有战略重要性，而且上级领导们很重视它。但是这样的话，我们就将不得不减少对"占领、清扫、坚守、建设"战略下的战术行动支持了，而这是我们的主要任务。

"我不能服从这个命令，这会给队伍带来失败，有可能带来死亡的后果。"我说。

第三部分　平衡自己

在拉马迪战役强度如此之高的作战行动中，少一个经验丰富的领导者会对海豹突击队查理排的作战能力造成灾难性的影响。那意味着我们在战场上的行动效果会大打折扣，而且我们排将要面临大得多的风险。

约克把任务组挡了回去，并且转达了我的顾虑。在CJSOTF的压力下，我们的任务组坚持让我们服从命令。虽然我明白上级对遵从这个要求的需要和压力，但是我不能在对队伍不利的情况下，被动地接受调走我手下一个重要领导者的命令。即使这可能会让我丢了饭碗，我也决心不让这种情况发生。

最后，约克介入向上级解释了损失一个有经验的海豹突击队员对我们意味着什么，以及这件事将会造成的负面战略影响。最终，他们另想办法填补了那个空缺，让查理排免于损失一个队伍的重要成员。

然而，虽然说作为一个领导者不能被动，但是他必须谨慎地选择什么时候和什么事是应该拒绝的。领导者有义务支持他们的指挥链并执行上级下达的命令(见第九章《领导者，也是追随者》)。拒绝服从上级命令或者任务调遣应该是极少数的例外，而且绝对不是常规。在没有不得已的情况下，不服从上级指令是不必要的，也是不明智的。如果挑战和质疑命令成为常事，下级领导者会破坏与指挥链上游的关系，这会削弱他们在真正必要时反抗上级命令的能力。

在"猛汉"行动组，我们在以上两个例子中的成功仅仅是因为我们用谦逊的态度和任务组的指挥官及他的工作人员建立了牢固的关系。当他们要求我们做文件的时候，我们做了——准时完成并且仔细编辑过的高质量文件。当他们让我们拍摄伊拉克士兵训练和作战的照片时，我们拍了，而且努力做得比别人更好。当任务组要求我们在行动出发前提交列有所有装备序列号的清单时，我们花了额外的时间和精力去完成。这些看起来没什么重要性的要求是很有意义的,而且面对每天这种快节奏的巷战,做到这些要求是不容易的。但是在"猛汉"行动组,我们没有在这些别人会拒绝执行的小事上抱怨。相反,我们明白这些行政命令一定有其深意所在,所以我们会把这些事做好。更重要的是,通过把这些看起来小的事情做好,我们和上级建立了信任,巩固了关系,因此,在少数情况下,如果有命令真的会对我们的任务有战略损害,并且提高了队员面临的危险时,我们可以对命令提出质疑。

保持谦逊是和指挥链建立信任的关键。和那些跟我们在拉马迪紧密合作的美国陆军和海军陆战队建立牢固关系也是非常重要的,这些部队是我们赖以求生和完成任务的力量。

我们跟迈克·巴耶玛上尉和他来自"斗犬"队的陆军战士建立了非常好的工作关系。作为"斗犬"队（1/73 营布拉沃连）的连长,"主力枪"迈克带领着大约有两百多个美国陆军战士和一百多个伊拉克士兵驻扎在猎鹰前哨站,那是一个位于拉马迪中南部敌占区腹地的前哨站。他和他的士兵们一直为了我们拼命,而我们也为了他们甘冒生命危险。这是一个建立在信任、互相尊重和景仰基础上的关系。但是我们的关系并不是那样开始的。

我是在任务计划阶段第一次见到迈克的,那是在美军第一次深入拉马迪中南部的大型军事行动发动之前。那是一次执行第 1 装甲师第 1 战斗旅的"占领、清扫、坚守、建设"战略的大型行动。我们海豹突击队将会是第一批踏足该地的美国部队。迈克的坦克和步兵会作为主力跟在我们后面。在做计划的时候,我们在他位于拉马迪军营的营部外面集合,这里是"暴徒"特遣队的大本营。我向他走过去并介绍了自己。

"上尉。"我用他陆军的军衔称呼他,"我是立夫·巴宾上尉,是海豹排的排长。我们十分期待和你们合作。"

迈克一脸好奇地看向我。

"海豹突击队来安巴尔省干什么？"他问，"你们不是应该在波斯湾开船吗？"

这是挖苦我呢。他在开玩笑，也是在挖苦我。这不是我预想的对话开展方式。但是我只是笑了笑。

"可能吧。"我回应道，"但是我们来安巴尔是给你们做支援的。"

迈克是个职业军人。他并不是无礼，但是他手下人很多，是一个由坦克和步兵战士组成的美国陆军加强连。他可能不熟悉海豹排的能力，所以不确定我们能如何给他们提供支援。

此外，很多常规陆军和海军陆战队部队都有和特战部队（简称SOF）合作的不愉快经历。特战部队，包括海军陆战队在内，可能会傲慢和自大。我后来得知迈克和他的人之前在和另外一个特战队合作的时候有过这样的经历。那支特战部队对待他和他的战士们很不专业。他们拒绝分享情报或者和别人一起做计划，他们自视甚高，这导致和他们合作很有困难。迈克可能觉得我、查理排和"猛汉"行动组是一样的。但是我决心向他展示另一面，和他建立牢固的关系。

不同于其他的海豹突击队和特战队，我们胡子剃得干净，穿整齐的制服，留短发。约克知道在常规部队中一身职业打扮是很重要的——所以他命令我们按规定做。那样做很有效，给对方留下了很好的第一印象。但是更重要的是，我们用应有的尊敬对待迈克和他的士兵，正如我们对待所有陆军和海军陆战队将士一样。"斗犬"队和我们合作过的其他连队都是杰出的军人，富有攻击性并且决心与敌人战斗、消灭敌人。装甲部队十分擅长操纵他们的坦克。步兵在巡逻和清扫时非常无畏。和他们建立关系，就是不要像自大的混蛋一样做事，不要因为我们是海豹突击队，就觉得自己比别人优秀。谦逊让我们的关系稳固。

两周后，为了建立猎鹰前哨站，第1旅在不同地区发动了一系列的行动。迈克和"斗犬"队是主力。我们又一次作为美国的部队先锋去开路，我们在高处做好准备，以便在他和他的战士潜入该地区时为其提供保护。

在猎鹰前哨站的行动中，迈克了解我们，知道我们会怎样对他任务的成功做出贡献。我们海豹突击队员冒着极大危险进入到最危险的地区，在高处设立狙击观察点，在他们建立哨站和在哨站附近巡逻时提供掩护。

但是真正加强了我们和"主力枪"迈克和他的战士们之间关系的，是一些看起来不重要的小事。我们当时在猎鹰前哨站街那头的一座高楼上的狙击观察点。两天后那个点需要补给。我们回到猎鹰前哨站进行休整，为下次行动作准备。当我们海豹突击队和伊拉克士兵进入院子，走到前哨站的安全范围中时，我们看到"斗犬"队正从街上的一辆半挂车上把沙袋卸下，然后拖上猎鹰前哨站的主楼三楼楼顶。我们的人已经筋疲力尽，正准备坐下来，脱下他们的头盔和防弹衣，喝点水和准备吃饭。

但是，半挂车上有几千个沙袋。在我看来，在这些战士们劳动的时候，我们坐着休息是不对的。所以我问迈克是否需要我们帮忙。

"我们没问题，兄弟。"迈克回答说，"我知道你们辛苦两天了。而且你们很快又要进行下一次行动。你们都去休息吧。我们会把沙袋弄好。"

我看了下我的士官长托尼·伊伏拉提。他随时准备BTF——做"铁血蛙人"。意思是说我们会冒极大的风险，或者接受极限身体挑战。托尼冲我点点头。那是一个无声的信号：咱们干吧。

"不行。"我对迈克说，"我们要帮忙搬沙袋。"

我让查理排和其他跟我们一起的海豹突击队员放下战斗装备，去拿沙袋。排里有一些牢骚声。他们很热、很累，准备休息了。好像我们中有些海豹突击队员觉得自己做的事应该比搬沙袋高级——不知是什么原因让他们觉得自己是"特殊的"和"精英的"，所以我们应该把这个活儿留给"常规"部队。他们错了。

这些陆军将士是优秀的战士,他们值得让人尊敬和钦佩。他们那时已经开着重火力坦克,把查理排和跟我们一起的伊拉克士兵从一次极危险的敌袭中救出过一次。这些将士是我们的后盾。互相支援是建立关系的关键,这种关系让队伍可以互相"掩护并行动"。此外,我想,我们正在用沙袋加固的屋顶上的机关枪位是对我们有直接帮助的。他们在我们移动的时候掩护我们,我们深入敌占区腹地作战,他们在我们离开和返回前哨站的安全范围时掩护我们。这些机关枪位越安全,当我们在街上穿梭时,他们就越能更好地开枪掩护。

后来,我们上上下下搬了四十五分钟沙袋。那活动量可不小,但是,更多的人帮忙缩短了完成任务的时间,帮助"斗犬"队加强了屋顶的机关枪位的防护。

这看起来是小事,但是显然它对我们建立牢固关系大有帮助。迈克和他的"斗犬"队看到了我们没把自己摆得高高在上,也没有看不上体力活。这显示了我们的谦逊,加强了已经很牢固的关系。

在那之后,"斗犬"队一次又一次地冒着生命危险,为我们查理排的海豹突击队员提供火力援助。每次我们请求援助的时候,他们都来帮我们、救我们——每一次。我爱这些陆军将士们,还有他们叫作"主力枪"的勇敢的指挥官迈克,而且我永远不会忘记他们。

我将永远不会忘记谦逊对一个领导者的重要性。一个领导者必须谦逊,必须会倾听,绝不能傲慢和自大。但是一个领导者必须有所平衡,要知道有些时候应该对上级提出异议,拒绝命令,挺直身板,确保为正当的理由做正确的事。

### 原则

谦逊是一个领导者的最重要品质。在海豹排和行动组，我们把领导者从领导者岗位上拿下来，原因几乎从来都不是因为他们战术不佳、体力不行或者不称职。大部分时候是因为他们不够谦逊，他们不能放下自尊心，他们拒绝接受建设性的批评或者为他们的错误负责。这在商业世界也是一样。我们在《极限控制》中用了一整章讲这个问题（第四章"放下自尊"）。谦逊对与他人建立牢固的关系是必不可少的，这些人包括指挥链的上游和下游，还有处于直接指挥链之外的辅助团队。

有些领导者谦逊过了头。过于谦逊同样对团队有害。一个领导者不能被动。当事情真的很重要时，领导者必须要决意反抗命令，说出自己的顾虑，为团队利益据理力争，向上级反映命令或者战略会将团队置于危险，或者会影响战略任务的成功。

这是个很难做到的平衡。但是对于所有的矛盾来说——比如，要强势，但是不能霸道——仅仅是认识到这样两个相反的力量就已经是领导者的最有力工具之一了。领导者必须谦逊，愿意听取别人的新想法，学习有战略性的见解，乐于实施新的、更好的战术和战略。但是，领导者也必须准备好，当事情明显会对任务造成负面影响和对团队造成损害时，要坚定立场。

### 商业应用

"你们根本就没试过。"CEO 恼怒地说，"没人全面使用了新的软件系统。你们都在抱怨，跟我说我这个软件不会有用，但是你们甚至都没用过。我要所有人都用起来。"

## 第三部分 平衡自己

房间里有些听不清的嘟哝声。但是没人反对CEO的说法或者提出反对意见。我看得很清楚,很多公司的关键负责人不同意这个计划,但是没人站出来反对CEO,起码在公开场合没有。

我们和一家成功的技术公司的30个关键负责人坐在一间酒店的大会议室里。CEO和公司的很多高级领导都读过《极限控制》而且深受该书的影响。CEO把这本书引入到了公司的领导力培训中,努力在他的团队中实践书中的原则。公司把关键领导集中起来,请我去给他们做一个关于领导力的场外培训。

我做了一场宣讲,内容是在拉马迪战役中的领导力,以及我们从中学到的东西,这些都写在《极限控制》中。在宣讲结束的大约一个小时之后,我让这些人开始提问和讨论,目的是帮助他们把这些原则应用到他们的公司中。

"极限控制。"我又重复了刚才仔细说过的话题,"咱们说一下你们在哪些问题上承担责任并且解决了问题。更重要的是,你们在哪些问题上没这么做?在哪些事情上你能承担更大的责任?哪些你责怪别人或者等着别人解决的问题是你应该解决的?"

CEO很想回答。他马上进入了话题。

"在使用新软件系统这件事上我有点泄气。"他说,"我们说这件事已经几个月了。但是,没人负起责任。我听到的都是一堆借口。"

我从他的话中听到了一些情绪,这些话本身就是不负责任,他在责怪团队在使用新系统这件事上实施不力。真正的"极限控制"是指检视自己有什么可以做得更好。这让其"简单,但不容易"。人类的天性就是怪罪别人,把在一个问题上遇到的挫折归咎于别人而不是自己。但是,他说的不是"极限控制",这样指责别人和寻找借口只会造成更多的问题。

这是我们在很多领导者身上看到的,一个好的领导者可能把书读很多遍，赞同书中的概念，但是在实践的时候，他还是会回到自己的旧习惯中。结果，问题永远无法得到解决。

"你们故意不使用新软件有什么原因吗？"我问在座的人。

一阵让人不舒服的沉默。

"你们都没试过。"CEO插话道，"你们都在抱怨，但你们没人用过。我觉得你们的问题是拒绝改变，任何改变——哪怕改变是为了让公司更好。"

显然CEO因为手下的负责人感到很沮丧。很明显，他觉得他们没有在一个提高公司业绩的关键措施上支持他。

"我们已经在这个新软件上投了很多钱了。"CEO继续说，"做这个软件已经花了好几年。我们请了顾问，我们研究了不同的选择。决定做好了，现在就是执行的时候了。"

"有人明白'为什么'吗？"我问在座的其他领导者，"你们明白为什么公司要换新的软件系统吗？"

有几个人点头，但是大半个房间里的人没回答。他们只是坐在那，或者耸耸肩。很明显，在这件事上，需要仔仔细细地解释清楚"为什么"。

"看起来有必要更详细地解释'为什么'。"我对CEO说。

"我已经解释过很多遍了，但是我会再说一遍。"CEO说，"随着我们公司的增长，我们有了更多的客户和项目，我们需要在管理、支持、跟踪和后续行动方面更有效率。我们过时的软件系统远远落后于我们最大的竞争对手们用的。这对他们来说是个大卖点，如果我们不升级的话，我们会继续让对手把客户抢走。"

"大家明白了吗？"CEO问。屋里其他人点点头。意识到他应该展示更多责任感，CEO继续说："我觉得我把为什么说清楚了，但是显然，你们不是所有人都清楚。"

这个解释回答了在座有些人对新系统的疑问，虽然很明显，起码有几个公司高级领导已经知道了需要使用新系统的原因。

"我明白'为什么'。"一个部门负责人说,"我完全支持需要找一个好点的系统的说法。"

"那么为什么新系统没有得到应用呢?"我问,"有什么问题吗?"

"我认为这是因为你们习惯了我们一直以来的做事方法。"CEO 紧接着说,"改变总是很难的。没人想要改变。"

"不,我赞成改变。"部门负责人反驳道,"我知道我们必须改变。我只是不认为你选的这个新软件能行。它能解决一些问题,但是它给我们带来了甚至更大的麻烦。"

这是一个开始。但是 CEO 没忍住,开始介入到讨论中。

"我觉得那是……"CEO 开始了。

我没让他说下去。

"等一下。"我打断了他,"这是很好的反馈,这是我在这里的原因,我来帮你们引发这些讨论。咱们听听他要说什么吧。"

CEO 懂了,然后照做了,冲部门负责人点点头让他继续。

"你能解释下新系统是怎样给你的团队造成更大麻烦的吗?"我问那个部门负责人。

部门负责人解释了,详细说明了很多新系统对他一些最赚钱最高规格项目的负面影响。他不仅只是抱怨。他明显做了研究,并且找到了新系统的主要漏洞,而这些漏洞会严重损害公司的战略任务。

另外一个部门负责人补充说:"我们团队也是这么认为的。新软件理论上看起来不错,但是实际上有大问题。几周前在我们讨论新系统的应用时,有两个我很信任的前线主管向我指出了几个重要缺陷。"

CEO 脸上露出了担忧的表情。"这是我需要听到的反馈。"他说。

"我们尝试过告诉你。"部门负责人强调,"我们好几个人都尝试过要拒绝使用这个系统。"

"你可能这么做过。"我回应道,"但是显然你们没有像刚才那样摆出有效论据。"

我告诉他们,问题不是谦逊与否。他们明显做到了谦逊,承认老板的权威和战略眼光。

"但是你们没有人站出来一起反对新软件的使用。你们可能在一开始说过,但是在 CEO 的权威面前,你们又退缩了。"我继续说,"是的,他是老板。是的,你们需要执行他的命令。但是你们觉得,他想要你们使用一个终将失败的系统吗?"

"当然不是。"我回答道,"这时候你们应该向指挥链上游做出反应,正如我们在你们大多数人都读过的《极限控制》第十章中写的那样。"

我向公司的负责人们解释了他们必须小心地决定哪些是可以拒绝执行的指令,不可能是所有的。如果他们这么做了,当事情真的要紧时,他们的顾虑也不会得到重视。但是当团队的战略任务或者终极利益陷入危机时,领导者必须拒绝。我告诉他们,不这么做的话,他们就不配做领导者:他们辜负了团队,任务失败。

"这不是一个新概念。"我解释道,"两百多年前,拿破仑·波拿巴就说过这个问题。拿破仑在他的《拿破仑军事格言》中说:'每一个在明知计划很糟的情况下还答应去执行的总司令都应该受到指责。他应该说明原因,坚持改变计划,并最终辞去职务,而不是成为毁掉军队的工具[1]。'"

"如果你是被动的,如果你不拒绝命令。"我说,"你没有尽到作为领导者的责任。老板需要,也想要知道你们的真实想法。他甚至可能都不知

---

1. 摘自由 J.Akerly(纽约:威利与普特南出版公司,1845)从法语翻译而来的《拿破仑军事格言》格言第七十二条。——作者注

道。"我开玩笑地说。

其他人都笑了。CEO 也笑了。他很明显地意识到他在这种情况下是霸道的。他热衷于为团队提供战略解决方案，但他没有充分听取他们的意见，回答他们的问题或调查他们的正当关切。

"实话说。"CEO 说道，"我觉得你们都不用新软件是因为你们拒绝改变。不是因为你们对新系统有所顾虑。"

"我现在知道了，我应该征求你们的意见，仔细地听取你们的想法。"他继续说，"而不是在第一次听到你们拒绝执行的时候就把你们拒之门外。"

这是 CEO 学到的很有意义的一课，也是团队以后会大有用处的一课。为了公司和战略任务，CEO 应该征求手下关键负责人的意见并予以解决，他应该鼓励部门负责人说出自己的想法和表达反对意见。CEO 犯了一个普遍的错误，他没有充分意识到自己职位的威力。他是老板。他有威力。大部分人都不会鼓起勇气去迎面反抗这种威力。CEO 应该充分认识到他的职位的威力和大家普遍不愿意去与之对抗的事实，这一点很重要。

对于部门负责人和其他关键团队负责人来说，这点醒了他们，是他们辜负了团队——如果他们没有抵制命令，没有清楚、直接地向指挥链上游说出这个系统对公司战略目标的负面影响的话，他们难辞其咎。CEO 明白了他们担忧的原因后，做出了让步，让前线负责人自主开发新软件系统解决方案。

德尔塔排排长，塞斯·斯通上尉（中左）带领一支由"猛汉"行动组、美国海军陆战队和伊拉克部队组成的联合巡逻队穿过拉马迪东部的马拉博区。当周围的队员锁定潜在危险时，斯通上尉的思绪脱离出来，他扫视周围，计划队伍的下一步行动。

(照片由美国海军二级士官山姆·彼得森拍摄，美国海军提供)

## 第十二章

### 西拉马迪战斗：做合理统筹的领导者

立夫·巴宾

**伊拉克，拉马迪西部：2006年**

嗒嗒！嗒嗒！嗒嗒！

AK47全自动步枪独特的枪声回响在耳边，子弹打在混凝土地板和墙上又弹出来，在烟雾弥漫的小房间里发出震耳欲聋的响声。

"门口那里向我们开火了。"我想，"开始了。"

出其不意的机会不再有了，我们刚刚用破门炸药把大门炸开，用震天的响声把整个社区都惊醒了。一团团尘土和烟雾充斥在空气中，让我们在进入楼内扫视危险时很难看清。但是一旦进入到屋里，我们意识到这只是一个小的前厅，后面还有一道上锁的门通向主屋。碎玻璃和残片散落在地上，此时查理排的海豹突击队员和伊拉克士兵排起了"火车"——射击手排队做好准备，一旦锁住的门炸开他们就会进去。

我们的情报显示，在这个房子里住了一个叛军分子，他计划和执行了多次针对美军和伊拉克部队的致命袭击。最近的一次袭击计划和组织都很严密，叛军携机关枪从多个方向进攻了一个伊拉克陆军前哨站（里面有几个美国军事顾问）。然后，他们以惊人的准确度抛射了迫击炮弹。当站岗的伊拉克士兵慌忙控制住局势的时候，另一个叛军分子开着一辆载满爆炸物的车——一个VBIED(即车载简易爆炸装置)——进入了院子并将其引爆，变成了杀伤力十足的巨大火球。多亏英勇非凡的美国海军陆战队和军事顾问坚守阵地并予以回击，大家才保住了性命。遗憾的是，一名美国海军陆战队员，一名陆军战士，还有六名伊拉克士兵牺牲了，另外还有几个人受伤。本来防御坚固的前哨站成了废墟。但是这对伊拉克部队士气的战略性破坏甚至比死亡和毁灭的打击还大。在袭击发生后的第二天，几乎整个营的几百个伊拉克士兵都跑了。叛军带来的是毁灭性的打击。

当我们等待进入下一道门的时候，突然响起的全自动枪声立刻吸引了所有人的注意。毫无疑问，这是叛军主要武器AK-47的声音。

"他们正从门那边开枪打我们。"另一个海豹突击队员冷静但是大声地说，"准备爽一把。"

他很快就得出了像我一样的结论——所有人都是。我们的目标恐怖分子好像有武装，无疑，他想要、渴望杀死我们，和他一伙的所有人都是这么想的。站在队列排头的海豹射击手把他们的武器指向锁着的门，随时准备向任何出现的威胁开火。队列里站在他后面的海豹突击队员俯身从他的装备里掏出一个手榴弹——一个M67破片榴弹，准备用来消除威胁。如果敌人在向我们开枪，我们要用"默认：积极进取"的态度去解决问题。这么做是常识性的，而不是进入一个有敌人等在那里把我们打死的房间。

但是当那个海豹突击队员把榴弹拿出来，解开固定保险箱的带子时，我感到有些事不太对。我从队列里走出来向四周看了看。屋里防御威胁的武器够多了。但是我的武器指向的最重要地方不是危险所在。我有很多海豹射击手来做这件事,这是他们的主要工作。作为领导者,我的武器不是指向威胁,而是向上指着天花板,我们称之为"高位"——把武器指向上。用高位端枪的我不再通过瞄准镜向下看。相反,我看向四周——我观察正在发生的一切。那给了我最大的视野范围,我可以看到实际发生的事并且分析情况。

我这么做时,看到队列里有一个"军迪[1]"正在不知所措地盯着他的武器——一柄AK47。我能清楚地看到子弹在他脚下混凝土地面上凿出的洞,他就站在他前面几英寸远的海豹突击队员的身后。我一下子明白了,枪击不是来自我们前面的门那边,而是来自我们的后方,是来自我们自己队里的"军迪"。他干的事我们称之为"走火",或者叫AD。他像个白痴一样把AK-47的保险打开了,然后把枪设置成了全自动模式。同时,他不恰当地把手指放到了扳机上,因为紧张,手指一挤让枪射击出了一串子弹。子弹仅差几英寸就打到了他前面的一个查理排海豹突击队员。

与此同时,我们正要破门,把一个破片榴弹扔进下一个房间,把门那边在致命的弹片攻击范围内的所有人都杀死。

"把破片榴弹收起来——这是走火!"我大喊,声音大到让屋里的所有人都能听到。

"啊?"一个站在队尾的海豹突击队员难以置信地说,"谁?"

他很快就看到我和我旁边的一个海豹突击队员正瞪着犯错的"军迪",他的表情带着恐惧、惊讶和愧疚。

当队首的几个射击手枪指着锁住的门时,拿着破片榴弹的海豹突击队

---

1. 军迪(Jundhi 或者 jundi):阿拉伯语"士兵",伊拉克士兵这么称呼自己,美国在伊拉克的军事顾问也通常这么说。——作者注

员把榴弹安全地放回了个人装备系统的榴弹袋里。一个海豹破门手快速上前在门上放置了一个小型炸弹。所有人退到安全距离后。

轰！

门爆开了，然后为首的两个海豹突击队员进去了，后面的海豹突击队员和伊拉克士兵快速跟上。

在下一个房间里，就在门的另一边，我们遇到了一个役龄男子，他是有一个老婆和四个孩子的一家之主。他没有武器也没有试图抵抗。像很多圣战战士一样，他们在外吹捧圣战，但是当几个壮汉带领着武器在夜间破门而入的时候，他们胆小地躲在女人和孩子后面。我们扣押了俘虏，队伍继续向前。

当我们的突击小队清扫房子里其他地方的时候，我听到电台网络上传来了约克的声音。

"立夫，我是约克。"他说，"我听到了枪声。你们还好吧？"

作为地面部队指挥官，约克负责两个不同突击小队（包括我们的）和悍马机动人员，他在房子外面和车在一起。他听到了枪声并且认出这是AK-47，以为我们遇到了来自敌人的抵抗。他知道我正忙着，会在适当的时候向他汇报，于是他耐心地等我汇报情况。

"约克，我是立夫。"我回答，"是走火了。一个伊拉克兵。"

"收到。"约克简单的回复。其他的上司可能会问更多的情况，比如为什么会这样，是谁走火了，有没有伤亡以及目标是否安全，但是约克相信我已经控制住了局势——而且如果我需要帮助的话，我会提出来。

在其他队员清扫了房子里剩余的房间后，我很信任的一位海豹士官，也是本次行动的突击手负责人，找了那个不小心走火的"军迪"对峙。这位海豹负责人恰好就是差点让伊拉克士兵的误击打中的人，他很不高兴。他把AK-47从"军迪"手里夺过来，取下弹匣，把武器放到安全模式。他抓着这个不知所措的伊拉克士兵愤怒地说了一长串话。那个"军迪"不会说英语,但是从那个海豹突击队员的行为和手势来看,意思很明确。他犯了大错,而且有可能使我们中的一些人受重伤或者死亡。他还差点让我们用了榴弹,这会导致一些可怕的平民伤亡。

因为我们还有事要做,我在事态升级前介入了。

"让他出去吧。"我说。我找来一个翻译,让他把命令翻译成伊拉克使用的阿拉伯语,告诉那个"军迪"去外面坐在车后面等。他的 AK-47 步枪现在空了,为确保他服从命令,一个海豹突击队员把他护送出去。

目标安全后,我通过无线电把情况告诉了约克和机动部队的其他海豹突击队员。

我去跟进了处理俘虏的情况,队员正在确认那名役龄男子的身份。我们很快证实这名俘虏就是我们要找的叛军头目。

约克穿过前门进入了目标建筑,来看看我们找到的人以及我们是否需要帮助。

"我们抓住他了。"我说,在约克进门的时候向他举了举大拇指,"这就是我们要找的人。"我指着俘虏说。这个叛军的手用束线带绑着,已经彻底搜过身了。

"刚才差一点。"我对约克说。

"是。"约克说,"你们一破门进去我就听到了 AK 枪声。然后我想:'啊,你们这些家伙要爽一把了。'"他笑着说。

"我以为门那边有人向我们开枪。"我解释道,"我们刚要往下一个房间里扔破片榴弹。如果我们这么干了,我们可能会杀了或者会重伤那个女人和她的小孩们。那将是场灾难。"

"可怕。"考虑到战斗时一片混乱中像这样的事有多么容易发生时,我想。如果发生了,这将是我们每个人良心上的沉重负担。这也会成为叛军的重要宣传材料,为了说服当地人民不要偏向我们和伊拉克政府去和他们做对,他们已经努力把我们和其他美国部队塑造成屠夫了。这会给反叛军的战略任务带来重大负面后果。

"感谢上帝你没让这事发生。"约克说。

我真的快速地在心里做了祷告,感谢上帝没让我们面对这样可怕的结果。

身处混乱中——烟雾、灰尘和弹片——一个人很容易就会陷入小事中,无法认识到起初的结论是错的,注意不到事情出错会带来的悲惨后果,这是很危险的。当我站在队列里,把精力集中在下一道门后的威胁时,我很难看到全局,很难搞清楚发生了什么。但是我转换视角后,当我一走出射击手队伍向四周看时,我马上就看到发生了什么。这是深刻的一课,领导者必须客观冷静,必须把自己分离出来,放到一个比战斗本身更高、可以让他们看到全局的位置。那是唯一可以有效领导团队的方法。否则,结果会是灾难性的。

这仅是对我在拉马迪最初的行动中学到的同一个教训的又一次提醒。我过多地沉浸在琐事中而失去了对战略全局的掌握。

"猛汉"行动组到达拉马迪后不久,我们的情报部门把我们的第一个任务包交给我,其中细节包括一个可疑叛军分子、他的同伙以及他的位置。这将是我第一次在现实世界的行动中做突击队指挥官。我把任务包的内容告诉了约克,并且告诉他我们打算在夜间发起行动。之前在伊拉克执行派遣任务时,约克积攒了丰富的此类任务经验。他让我和我手下的主要负责人做战术规划,并且帮助我们拿到上级的行动许可。让行动得到批准需要大量的文件,一个有数张幻灯片的展示和一个有好几页的文档。此外,我们还要和美国陆军部队合作,他们控制着作战空间——我们计划开展行动的房子。我们还需要通过伊拉克指挥链的批准,这样他们就能和我们一起行动。

我们花了一天里的大部分时间计划行动和拿到必要的许可，但是我没有把自己分离出来。我陷入其中，沉浸在琐事中。我在文件准备上花了太多时间，在计划上花的时间却不够。我没有合理地"划分主次并付诸行动"。在具体事务上花费了太多精力，我就无法看清在有限的时间内团队应该把精力集中在哪些方面。临近行动开始时，我们的任务简报还没有完成，我觉得我们还没准备好。此外，我们还没收到行动许可。在压力下，我向约克表达了我的沮丧。

"我觉得我们不能及时准备好开始行动。"我告诉他，"我觉得我们应该把行动推迟到明天晚上。"

约克不同意。

"立夫。"他用安慰的语气说，"这没那么难。你和你们排都准备得很好了。你会看到的。我们会拿到许可的。去做任务说明吧，然后我们一拿到许可就开始行动。"

当我过度沉浸在任务计划和执行任务这些直接的事务上时，约克转换了角度。他看到了更大的局势，在队伍到达后最初的几天尽可能多地开展行动对我们很重要——对"猛汉"行动组很重要，他明白这是为什么。

"我们需要制造势头。"约克说，"我们需要尽可能多地在派遣的初始阶段开展行动，这样我们就能积攒经验，并且建立任务组对我们的信心。如果我们能在初期制造势头，那就能奠定我们这段时间在这里的基调。"

淹没在得到行动批准和做计划的大量琐事中，我已经失去了战略全局眼光。这时我意识到，在大局中，我们在那晚按时行动是很重要的。

一旦看清这点后，我就决心把事做成。我们完成了任务简报，迅速补全了计划中的其他不足之处，然后向队伍发布了任务说明（即行动命令或者叫作 OPORD）。在任务说明结束后不久，我们获得了行动许可，然后开

241

始了行动。正如约克所料，那不难。我本不需要想太多。我们抓到了那个叛军分子，得到了一些情报，然后安稳地回到基地。我们回来后，我走进了约克的办公室。

"你是对的。"我说，"那不难。"

之后，我认识到我需要更好地"划分主次并付诸行动"。要做到这一点，我要转换视角——不要过分关注具体事务，但要注意规划和审批流程。我的排可以处理具体事务，而且我信任他们可以做好。否则，时间会溜走，而特别重要的事会被忽视。

把我的眼光放在战略全局上，并且把我的理解传达到排里是很关键的，我明白这是为什么。但是，那只有当我没有让战术细节缠身的时候才能做到。

这里有个矛盾，找到平衡很难。我学着脱离具体事务，从而可以有效地领导队伍。但是几周之后，我从一次惨痛经历中学到，如果一个领导者变得过于脱离情况——过分远离具体事务——关键的步骤会缺失，会影响团队的表现。

一次，在我们完成在拉马迪的战斗行动回来时，现实打了我的脸。我们回到了我们的营地鲨鱼基地，几小时后我们的上士告诉我一个坏消息。查理排的首席海豹通讯员（或称无线电技师）告诉他，我们丢了一件非常敏感的通信设备。

我吓了一跳。"这怎么可能？"我问。我惊呆了，我们有严格的流程来确保我们在任何时候对这么高保密级别和如此重要的设备有合理的控制，那些流程适用于所有的美军部队。

我去和我的首席海豹通讯员谈话。

"怎么回事？"我问他。他告诉我他是如何发现设备不见的。显然，他和我们其他的海豹无线电技师没有按照流程做。这是一个严重的事件，也让查理排颜面尽失。更糟的是，它给"猛汉"行动组和我们整个海豹突击队带来了负面影响。

我不得不告诉约克发生了什么。他很不高兴，他自己曾做过海豹无线电技师，他知道那些必须遵守的严格流程，而查理排缺乏纪律性，没有遵守这些流程。

我对手下海豹通讯员的行为感到很愤怒。他们比我知道得多。但是更重要的是，我对自己感到愤怒。"这应该怪我。"指责我的通讯员与"极限控制"相悖。这是我的错，我知道。我变得疏离了，我给了通讯员太多自由。我没有定期检查他们以确保他们遵守了正确的流程，我太不关注查理排的通讯部门的具体事务了。

起初，查理排在一年前开始训练时，我对我们通信设备流程关注得很多。但是在早期一次错误发生后，我们迅速纠正了错误，我的首席通讯员自那以后一直表现得游刃有余。我相信他有能力管好他的部门，所以让他自己管。我把精力放在了其他地方。坦白说，我们到达拉马迪以后，各方面的事都来找我。我太忙了，导致我没找出时间去检查首席通讯员的工作以确保他和其他通讯员遵守了无线电器材使用流程。

在《关于脸面》一书中，大卫·哈科沃思上校提到他从他的陆军导师那里学到的真理："一个组织只会做好上司检查的那些事。"定期对流程进行检查是告诉团队我对其很重视。如果我在无线电设备这件事上也这么做了，我的海豹通讯员们就绝不会松懈，他们会保证按相应的流程行事。我没有提醒过他们这么做对我们有多重要，也没有说过如果我们不做的话会带来什么风险。

现在，"猛汉"行动组必须要承担责任——这是我的失职。对于这样的设备丢失，也有相应的严格流程规定，而我确保我们一丝不差地执行了。我们马上向指挥链上游报告，并且向我们的上级总部汇报了事情经过。我们向全军发送了电子信息，告知所有人我们丢失了一件重要的通信设备。这让我们大大地丢了脸——丢了"猛汉"行动组、查理排，尤其是我自己的脸。但是我必须承担责任。最重要的是，我要保证我们再也不会犯这样的错。

我们取消了查理排当天晚上的作战行动。那本来会是个不错的行动，我们为此计划了几个星期，无法执行计划让我很失望。我们几乎一定能搅起一个"大混战"，杀几个敌人，还有可能会对城市的一个动荡区域带来重要战略影响。相反，我们坐上悍马回到了一个美军前哨站，我们最后一次使用丢失的设备就是在这里。在前哨站的混凝土墙和铁丝网范围内，我们做了彻底查找，但是毫无所获。之后我们做了步行巡逻，沿着我们之前走过的路找——一条经常遇到叛军恶毒攻击的路。搜索很困难，但是我们有足够多的海豹突击队员用武器做掩护，其他人就可以检查路面和垃圾堆。在全面搜索了几百码之后，我们掉头往前哨站走。

当我们往回走的时候，突然间：

嗒嗒！嗒嗒！嗒嗒！

两个叛军分子用AK-47向我们开火了，他们在与我们正在走的这条大路垂直的一条小巷里。几个海豹突击队员立刻进行了反击，把他们吓跑了。马克·李、克里斯·凯尔和我用"掩护并行动"沿着小巷追过去。但是当我们到达他们之前所在的位置时，叛军分子早就跑了，他们消失在城市居民区中拥挤的民居围墙里。

到时间收队回去了。我们最终也没找到丢失的设备。

对我来说，我学到了关于这个矛盾的有价值的一课。为了能够有效领导团队，我必须让自己脱离具体事务。但是我也绝不能让自己太过脱离。我不能太过在意具体事务，尽管如此，我还是应该留意具体事务。这个教训我永远不会忘。

第三部分　平衡自己

**原则**

领导者当然必须关心具体事务。但是，领导者不能过度关注具体事务，以致他们不能掌握大的战略情况而无法指挥和管理整个团队。

作战时，当你从武器的瞄准器看出去的时候，你的视野变得很窄、很集中。武器上那个小孔限制了你的视线。你不能看到你或者队伍周围发生了什么。那么，保证领导者的默认武器位置应该是高位就很重要，枪指向天空，人要站在后方，在最大可能的视野范围内观察。这让领导者能看向四周，甚至移动到他能命令和控制队伍的最佳位置。最重要的是，这让领导者心中始终有一个更大、针对全局的任务目标。这同样适用于非战斗情况。在商业世界是一样的，领导者必须确保他们不要沉溺于具体事务，而要保持旁观的能力。

在《极限控制》第七章"合理安排"中我们写道：

"在面对大型行动计划和错综复杂的情况时，我们很容易陷入具体事务中……对领导者来说，把自己从火线上拉出来，退一步去看全局……是很重要的。"

这个重要概念引起了很多读者的共鸣，而且帮助他们提高了领导力技能。

保持客观冷静也是一直以来很多领导者都在努力解决的问题。领导者不能让自己过度沉溺于具体事务中，从而导致他们失去对全局的关注。很重要的一点是，领导者要明白这应该是他们的默认思维方式，这样他们就能一直知道该怎么做。如果他们不能保持一个更高的视角，那么领导者就辜负了团队，而且无法完成任务。

我们在《极限控制》中没有明确写的是，要在两个极端之间找平衡，在了解具体事务和淹没在具体事务中无法自拔之间找平衡。领导者不能做得太过——太过脱离具体事务——以致他们不知道前线的情况。领导者必须仍旧关注具体事务，知道前线团队在执行任务的时候遇到的难题，让自己可以最大程度支持他们的团队。这是一个必须取到平衡的矛盾：专注于具体事务并且陷入其中，会让任务面临失败的风险，但是如果疏于具体事务，领导者会失去对事态的掌控，无法管好团队也无法完成任务。

**商业应用**

"出于某些原因，我昨天在办公室没有想到这点。"罗伯说，"但是今天坐在这个教室里，我突然明白了，作为一个公司，为了改进我们的流程和提高盈利，我们应该把精力集中在什么地方。"

"模块化。"罗伯继续说，"我们需要想一下把所有事情模块化。现场人工时间产生的费用巨大，模块化可以帮我们降低人工时间。这将会提高我们的效率并且帮助项目经理降低运营成本。"

"听起来很有前景。"我评论道，"这是个很棒的想法，我想和所有人讨论一下更多的具体事务问题。但是在此之前，咱们先稍稍退回来分析一下，为什么突然间你就明白了？为什么你昨天没想到呢？为什么现在就很容易看清呢？"我问罗伯。

对于房间里的这些领导者来说，明白这个问题的答案是最重要的。知道和理解"平衡"——必须相平衡的两个对立力量——是一个有力的领导工具，可以帮助所有人领导团队和取得成功。

我站在一间教室里，面对着一家很成功的公司的十五个高级领导。先头梯队受雇来给他们的高级领导开设领导力培养和整合课程。大部分来上课的都是部门经理，他们对所在行业有丰富的经验和知识。公司取得了前所未有的成功并且建立了良好的声誉，这让他们比对手的盈利多得多，而且提高了他们的市场份额。随着公司的成长，高级领导团队明智地注意到，他们的高级领导者们没有参加过正式的领导力培训课程，于是他们决定要开设一个。他们请先头梯队公司设计一个课程，帮助他们把读过的《极限控制》中的原则融入团队文化中。在和参加课程的人进行一对一谈话以及和他们所有人的上级讨论过之后，我们做了初始评估，然后我们以一次密集的全天培训开始了课程。之后，我们在几个地点轮流安排了几周一次的后续培训，地点覆盖了公司的所有运营区域。

这次是第三次培训，几个负责人从他们的大本营赶来。与我所讲的内容和随后的问题及讨论无关，让每位参与者放开他们的日常事务这一要求带来了极大的好处。这强迫他们让自己旁观。远离具体事务、压力和前线迫在眉睫的最后期限，他们发现，他们能更容易地看清战略上的优先事项，以及如何能最好地完成它们。这个让自己旁观的概念是很重要的领导力技能，无论是在战场上下，还是在商业世界和日常生活中。

我向罗伯和在场的所有人重复了问题："为什么你们昨天没想到呢？为什么突然间就明白了呢？"

"昨天，我打电话处理几个项目上的紧急问题，基本上就把自己埋在邮件里了。"罗伯回答道。

"你沉溺于具体事务中了，做的事太细了。"我同意道，"你得关注那些具体事务。你不能放手太多。但是你不能太执着于具体事务。你作为领导者的工作是去旁观——站在后方看全局。"

"参加这个培训让你们远离了那些具体事务。"我继续说，"你们坐在这间教室里，你们把自己分离出来了。现在，什么是应该做的就变得清楚多了。这是你们必须学会的一课。"

我讲述了一遍我是如何在海豹突击队得到这个教训的。

在战场上，作为领导者，当你通过武器看出去的时候，我解释说，你的视野从周围180°或者更广的范围降到了仅能从瞄准镜上的小孔看到的范围。这样的狭窄视角不是领导者该有的。领导者的工作是看周围和看大局。海豹排会携带大量火力，我认识到我的步枪在排里起不了太大作用。但是如果我不看向四周的话，谁看？没人。这得靠我。

"商业世界中的领导力问题是一样的。"我解释说，"你们所有人，作为高级领导者，应该努力脱离具体事务，这样你们就能站远一点，视角更广，判断出你应该把精力优先放在何处。"

"但是你们也要有所平衡。"我继续说，"你们必须要脱离具体事务。但是你们不能脱离太多，导致你们不知道具体情况。因为你们不知道具体情况，你就不能帮助你的团队，你就不能领导团队。"

为了向学员说明这个矛盾，我告诉他们我是如何作为一个海豹排长在训练屋里艰难地给自己定位的，当时我们在进行近战训练，训练如何在城市环境中清扫房间和走廊。在我之前所属的一个排里，我被告知作为一名军官，我的职责就是站在队尾。

"为什么你在队尾？"约克问我，当时他正看着查理排从上方的窄道跑过训练屋。

"我以为那是我应该站的地方。"我回答。

"你能看到在队首的人是什么情况吗？"约克问。

"我不知道前面什么情况。"我承认道。如果我不知道前面的情况，我怎么带领队伍？我肯定无法帮助队伍解决一个具体难题，无法给我的射击手提供更多指导，或者无法下达正确的命令，合理得管理队伍。

"如果你不知道情况，你就没法领导队伍。"约克告诉我。"你不能在队尾，因为你不知道前面的情况。你不能在队首，因为那样的话，你的注意力就变成了每间房间的清扫，然后你就过分关注了战术细节而无法给队伍提供合理的命令和控制。你的位置应该是中间某处，和你的主力队伍在一起，位置要足够向前，能让你看到前面的情况，但是也要足够向后，这样你就不会去做具体的作战工作。"

很有道理。它很简单，但是约克的指导很有启发性。我获得了信心，并且完全理解了作为领导者我的位置应该在哪里。最重要的是，我意识到我没有把自己固定在某个位置。我可以四处移动看看情况，协助最需要帮助的队员。那是我永远都不会忘记的一课。

"要找到平衡。"我对这些公司的高级领导说，"就要确保你们不走向另一个极端。我看到过一些海豹突击队领导者和一些企业领导做得太过。你必须保持平衡。脱离具体事务，但是别太远，以致你不知道具体情况而无法领导团队。"

"任何领导者，在情况对团队非常不利时，必须介入其中，去帮助他们解决问题。我见过有些领导者觉得自己该做的事应该要高于解决问题。这是脱离事务的极端形式，我们称之为'远离战场'。这不是好事。它会带来惨败。"

我告诉学员约克是如何用这个词形容一个过于脱离具体事务的海豹领导者的，当时我们正在观察一个海豹行动组做训练任务。

那个人是行动组组长，是一次在MOUT(城市地形作战)设施野外训练的地面部队指挥官。他的排正在一座煤渣砖建筑中面临巨大的战术难题，数名角色扮演者正在用彩弹攻击他们。行动组已经把车停在了目标建筑外，他们的突击手已经下车进入了房子。立刻，他们就与几个防御坚固的敌人——实际上是海豹教官和角色扮演者——进行了激烈交火。很快，几个海豹突击队员中弹了，教官让他们倒下了，意思是他们假装死亡或者重伤了。其余的海豹突击手困在了目标建筑里。他们需要帮助、资源、指导和命令。约克和我,在房子里观察者海豹排的行动,等着有人介入和协助他们,但是什么都没来。

"行动组组长呢?"约克问,看到问题在几分钟内升级了之后,他很不痛快。我看了看周围,但是没看到行动组组长。

"我觉得他还在外面的悍马里。"我说。

约克和我走出了目标建筑。我们没看到行动组组长。

最后,我们走到了停在目标建筑外面街上的一排悍马那里。我们找到了那个行动组组长,他正舒服地坐在车里。我们打开了他包裹着重装甲的悍马车门。

"什么烂情况?"我借用了我们兄弟,前"猛汉"行动组德尔塔排排长塞斯·斯通最喜欢说的句子。行动组组长什么也没说。

"情况如何?"约克指着困住他队伍的目标建筑问行动组组长。

行动组组长没有答案。他看着他的地图,但是从未从他悍马后面的位子上挪开过。

"我在等情况汇报。"他回答说,好像一切都尽在他的掌握中。

他拨通了无线电。"你们情况如何?"他问他手下的排长,那是房子里的突击手指挥官。约克和我都带了无线电并且监听着行动组的通信网络,以便我们听到他们的交流以及对领导层之间的交流做出评估。

无线电上没有回答。排长和他的大部分队员都困在屋里可怕的枪战中了。他们正试图把几个模拟伤员拖出热闹的走廊——意思是走廊里正子弹乱飞。排长甚至都无暇去听无线电内容,更别提让他去回应无线电通话了。

"我需要一个情况汇报。"行动组组长在无线电上重复了一遍。

情况汇报没有来。又安静地过了半分钟。

"所以,情况如何?"约克又问了一遍。

"我不知道。"行动组组长回答,"我在等情况汇报。"

约克不解地转过身看向我。

"可能你应该走到你的突击手指挥官那里去,去拿一个情况汇报。"我说,"你可没粘在车里。你要四处移动,到你能给队伍提供最好的指挥和控制的地方去。或者,你可以坐在你的悍马里等着所有人死。"

听到我这么说,行动组组长下了车向目标建筑移动过去,试图确定情况。

"远离战场。"约克说,"对这种程度的脱离战况,我能想到的最佳描述就是这个词。"这说的是领导者太过脱离具体事务,他不知道发生了什么。如果出现问题,他指望别人去解决问题。实际上这个行动组组长看起来很气恼,因为他不得不从悍马上下来去领导队伍。但是他很快学到,当队伍濒临灾难时,高级领导者这时应该把旁观状态放到一边,介入到争斗中,解决问题和帮助团队。这是应该"领导"的时候。一旦问题得到解决,领导者就可以退后进入旁观状态。

我用这个故事向教室里的领导者们说明了平衡这个矛盾是多么的必要。保持精力集中,但是也要脱离具体事务。这时,学员明白了他们可以怎样应用这个概念,找到平衡,然后去带领团队取得胜利。

"猛汉"行动组查理排的海豹突击队员们在结束行动后步行回到友军占领区,这是第1战斗旅(美国陆军第1装甲师第1战斗旅)的行动,他们的战略是通过"抢占、清扫、据守、建设"把拉马迪从叛军手中夺回。"猛汉"行动组和伊拉克士兵通过狙击观察掩护、巡逻以及与第1战斗旅的勇敢陆军和海军陆战队一同进行清扫行动来支持这一战略中"抢占、清扫"的部分。回到友军区域后,他们会快速地重新装填和调试武器,然后计划"猛汉"行动组的下一次行动。这张照片是在第三章开头描述的事件之后的第二天拍摄的。

(照片由作者提供)

# 后记

我们在本书中强调的平衡二元领导力法则只是领导力众多方面中的一小部分，领导者必须将其与他的每一个动作或者决策相平衡。这样的矛盾是数不尽的，每一个都可以在书里自成一章。领导者可能会过于依赖标准，而不注意他们员工和客户的心情和想法——或者他们的做法正相反，过于关注别人的感受而忽视数据。领导者可能会在讲话中太直接，恫吓团队和下级，或者让他们有所抵触。但是他们也可能言语不够直接，而不能清楚地表达他们的意思。领导者有可能过度投资或者投资过少。他们可能把团队扩张太快而使工作标准降低，或者扩张太慢而让团队忙不过来和手足无措。领导者可能因为太专注于工作而忽视了家庭，导致他们的个人生活一团糟，或者他们忽视工作而把时间花在家庭上，导致他们丢掉工作和养家糊口的手段。领导者可能玩笑开太多，而让人无法认真对待他说的话，或者他们从不开玩笑，致使团队处于一种一本正经、凄凄惨惨的文化氛围中。领导者有可能话太多而让人不再注意他说了什么，或者说的不够让团队无从得知他的立场。

这张关于二元领导力的单子是无限长的。因为对于一个领导者全部应有的正面行为来说，都有可能因为做得太过而走向极端，变成了负面行为。通常一个领导者最大的优点也可能是他最大的缺点。但是知道和理解这些矛盾的存在，是防止让它们成为问题的第一步。

本书第二部分要求领导者小心注意，这样他们就能发现事态是在什么时候失衡的。如果团队失去主动性，那么领导者可能要进行微观管理。如果团队整天嘻嘻哈哈不做事，说明领导者玩笑开得太多了。当领导者感到他的领导没有效果，那么他应该仔细检查哪里失衡了。他要采取行动，重新找回平衡。

当领导者重新找平衡的时候，他还必须小心不要矫枉过正。这是一个普遍错误，当领导者感到他们走了极端时，他们有可能反应过度，走向另一个极端。这是没有用的，而且会让情况更糟。所以相反，领导者应该谨慎地、有计划地进行调整和观察结果，然后继续做小幅的、重复的修正，直到达到平衡。

一旦取得平衡，领导者必须认识到平衡是不会持久的。情况会变，下属、领导者、员工、敌人、战场、市场、世界——所有都会变。而那些变化会破坏平衡。领导者必须继续观察情况，在变化发生时，重新进行调整以恢复平衡。

领导团队面临着诸多挑战，找到平衡和维护平衡是不容易的。但是正如我们在《极限控制》中写到的，正是因为领导过程中遇到的巨大挑战，成功的回报才让人如此有成就感。对二元领导力的深一层了解和理解会带来最好的业绩，让领导者和他的团队能够在战场上称霸，能够领先他人并取得成功。

所以，迎接挑战吧。成为最高效的领导者。虽然你绝对应该在你管辖范围内进行极限控制，但是你也必须在你做的所有工作中取得平衡——和

第三部分　平衡自己

你的下属、上级、同侪，和你的决策、情绪、生活。做一名领导者，你会遇到挑战，你会得到奖励，你会挣扎，你会有成就感。但是作为一个领导者，如果你能在思考和行动时有所平衡，你就会达到所有领导者和团队的目标：胜利。

2006年，立夫·巴宾上尉（左）和约克·威林克少校（中）与"猛汉"行动组在伊拉克拉马迪。右边是德尔塔排的排长，约克和立夫亲密的朋友塞斯·斯通上尉。这次任务派遣结束之后，塞斯接手了"猛汉"行动组，又一次接受派遣到伊拉克。他在2008年平定巴格达萨德尔城那次大获全胜的战役中，带领海豹突击队完成了数次积极大胆的行动。2017年9月30日，塞斯死于一次训练意外。我们永远都不会忘记他。

（照片由作者提供）